实用主义与美国思想文化译丛

丛书主编　陈亚军

The Threefold Cord:
Mind, Body and World
Hilary Putnam

三重绳索
心灵、身体与世界

［美］希拉里·普特南　著
孙　宁　译

复旦大學出版社

国家出版基金
上海市新闻出版专项资金
复旦大学哲学学院
复旦大学杜威中心
资助出版

国家社会科学基金青年项目"科隆建构主义学派视域中的古典实用主义研究"
（项目批准号：14CZX036）成果

作者介绍

希拉里·普特南(Hilary Putnam, 1926 – 2016) 美国著名哲学家。洛杉矶加利福尼亚大学哲学博士,曾任教于普林斯顿大学和马萨诸塞理工学院,后任哈佛大学哲学教授和现代数学与数理逻辑教授。1976年应邀在牛津大学作洛克演讲,1979年应邀作斯宾塞演讲。其著作在国际哲学界有着广泛的影响和声誉。

译者介绍

孙 宁(1983 –) 美国南伊利诺伊大学哲学博士,复旦大学哲学学院讲师,主要研究方向为古典实用主义、新实用主义、美国思想史和心灵哲学等。已在国内权威期刊发表论文多篇,并翻译杜威著作两本。曾在美国杜威研究中心做访问学者,并参与杜威课堂笔记的编定。

内容提要

本书呈现了美国著名哲学家希拉里·普特南的知觉观（同时也是心灵观与世界观）和对身心问题这一古老难题的思考。普特南对知觉问题的兴趣由来已久，随着他思想的不断推进，这一问题更是成为他的思考焦点。普特南的这部分思想不仅是他思想的关键部分，更和他的基本哲学立场息息相关，并且还是他思想中的"新实用主义"特征的基本落脚点。

本书的第一部分是普特南于1994年3月22日、24日和29日在哥伦比亚大学所作的杜威讲座。第二部分则是普特南应美国哲学协会委员会之邀，于1997年11月3日、5日和7日在布朗大学所作的罗伊斯讲座。

总 序

陈亚军

二十世纪七十年代以来,实用主义在西方思想学术界强劲复活,引起人们的广泛重视。它的影响正越过学院的围墙,深入到美国社会、文化的各个层面。实用主义和美国思想文化互为表里,形成了紧密的关联与互动,以至于要了解当今的美国思想文化之精髓,不能不了解实用主义;反过来,要理解实用主义,也不能不研究美国思想文化。

研究的第一要事是翻译。没有对研究对象的全面系统的翻译,深入的研究便是一句空话。说得更加极端一些,翻译本身就是研究的一部分。套用康德的话说:"没有翻译的研究是空洞的,没有研究的翻译是盲目的。"出于这一考虑,在主持"实用主义与美国思想文化研究"系列丛书的同时,我们也主持翻译了这套译丛。希望二者可以相互支撑,形成互补。

多年来,我国学术界对于实用主义尤其是古典实用主义经典的移译取得了令人瞩目的成就。新近《杜威全集》(38卷)中文版的问世,是这些成就最为醒目的标志。然而,我们也应该看到,相对而言,在实用主义的庞大家族中,我们对于皮尔士、罗伊斯、米德、席勒这些实用主义者的重视还远远不够,对于过渡期的实用主义者如刘易斯、莫里斯等人还缺少关注,对于新实用主义者的最近成果的追踪也不够及时,而对于相关的实用主义与美国思想文化的相互影响,更是难见一瞥。所有这些不足,都是本译丛立志要改变的。

本丛书的译者多是相关领域的专家学者、青年才俊。我们会尽自己的最大努力,为读者提供可靠的优秀翻译成果。但翻译从来就是一项艰苦的事业,由于能力水平的局限,出现错误是可以想见的,我们将努力减少错误,同时也衷心期待来自各位方家的批评指正。学术乃天下之公器,对此,学术共同体的每一个成员都责无旁贷。

最后,我要衷心感谢复旦大学出版社和复旦大学哲学学院,感谢你们对于本丛书的大力支持!

献给George Boolos, 1940 – 1996

人之荣耀始于何处又终于何处?
交此挚友乃吾之荣耀。

——叶芝

目 录

001 / 译者引言
001 / 前言

第一部分　意义、无意义和感觉：对人类心灵力量的探究

002 / 第一讲　实在论的二律背反
024 / 第二讲　成为奥斯汀的重要性："二次天真"的需要
048 / 第三讲　认知的面相

第二部分　心灵与身体

082 / 第一讲　"想象一个我所谓的'自动甜心'"
104 / 第二讲　心理条件是"内部状态"吗？
121 / 第三讲　心理物理相关性

第三部分　后记

148 / 后记一　因果关系与解释
163 / 后记二　表象是"感质"吗？

192 / 索引

目 次

译者引言

本书的第一部分是普特南于 1994 年 3 月 22 日、24 日和 29 日在哥伦比亚大学所做的杜威讲座;第二部分则是普特南应美国哲学协会委员会之邀,于 1997 年 11 月 3 日、5 日和 7 日在布朗大学所做的罗伊斯讲座。这两部分一起呈现了普特南的知觉观以及对身心问题这一古老难题的深刻洞见。这里,我们不希望用一个冗余的概述来剥夺读者探索文本的乐趣,况且文本本身的结构和论述已经足够清晰和简洁。相反,我们想把本书的文本放到一个特殊的语境中,并利用这一文本来界定普特南思想的一个重要面相。这个特殊的语境是:作为新实用主义者的普特南。新实用主义是一个非常模糊的概念,而在何种程度上将某个带有实用主义要素的思想家称为新实用主义者亦缺少恒定的标准。事实上,"新实用主义者普特南"这一界定在很大程度上掩盖而非揭示了普特南的思想厚度。我们应该承认,就思想史而言,抽象的流派划分并不能澄清思维进程的具体流变,相反,这种人造的便利性往往阻止我们进入思想的细部和深处,从而真正体会到思维的乐趣。即便如此,我们还是想尝试在以下有限的篇幅中充实"新实用主义者普特南"这一界定的内涵,希望能在一定程度上还原被抽象概括削减的厚度。

普特南与古典实用主义者之间的关联并不是一个有待揭示的事实。普特南在 2007 年的一个讲座中告诉我们,他首次接触实用主义是在宾夕法尼亚大学读本科的时候。当时他的第一位科学哲学老师丘奇兰德(C. West Churchman)是一位实用主义者(丘奇兰德是辛格[E. A. Singer Jr.])的学生,而后者又是詹姆士的学生。他从丘奇兰德那里学到的重要一点是:事实、理论与习俗三者之间是相互纠缠的。1950年,普特南又在UCLA学习了两门课程:卡普兰(Abraham Kaplan)开设的课程(卡普兰当时受杜威的影响)以及皮亚特(Donald Piatt)开设的杜威《逻辑:探究的理论》研讨班。普特南告诉我们,虽然他通常并不称自己为实用主义者或任何主义者,但对于人们称他为实用主义者不会不开心。诚然,他并不赞同罗蒂对古典实用主义的解读,也不赞同皮尔士、詹姆士和杜威的真理理论,但我们"不需要分享伟大哲学家的所有信念才能向他们学习"[1]。在这些信念中,普特南认为有两点最值得借鉴:第一,取消描述与评价的两分。虽然这一主题主要见于后蒯因和后维特根斯坦哲学家,但在詹姆士和杜威的著作中已普遍存在(也存在于皮尔士的著作中,虽然不是普遍地)。第二,哲学应该关注我们的道德生活和精神生活。实用主义者的态度是:我们应当避免非理性,但避免非理性的方法不只一种,我们不应该在哲学内部人为地设立坚固的界限。[2]我们知道,这两个主题一直都是普特南哲学思考的主线索,但阐明这一点还不能展现普特南作为"新"实用主义者的真正面貌。

　　事实上,从受实用主义影响到成为一位新实用主义者,普特南在这期间经历了漫长的思考累积和思想地形的巨大变迁。普特南在20世纪的最后十年才开始严肃阅读詹姆士,他曾在《缺少绝对的实在论》(1993)一文中指出,正是詹姆士和奥斯汀对知觉问题的思考激发了他对知觉理论中的自然实在论的长期兴趣。[3]事实上,这些围绕知觉问题展开的思考才是普特南对实用主义所作的建设性解读和更新,也是在学理上体现两者间深度关联之处。在这个意义上,本书的价值是不言而喻的。它向我们呈现了普特南是如何以知觉问题为切入口建构自己的实用主义式心灵观和世界观的。

　　在普特南看来,知觉问题可以追溯至一个更为基本的哲学问题,或者说哲学的唯一问题,即心灵与世界的关系。他指出:"在写作《理性、真理与历史》时,我并没有意识到将指涉问题与古典知觉问题联系起来的重要性。从根底上来说它们是同一个问题：思维与世界的关系问题。"[4]关于知觉研究，普特南有两点明确的看法。第一，我们不应该简单抛弃古典知觉理论，而应对此进行改造，并且这种改造必须从两方面进行：首先是基本思考模式的更新，其次是对关键概念的再定义。换言之，知觉理论的建立不需要新的地基，旧有的地基可以为我们提供足够的材料，我们所要做的只不过是用新的方法去组织这些材料。第二，考察心灵对世界的指涉对知觉理论来说是一个不可或缺的层面。

古典知觉理论的基本形式是，知觉的实现必须借助一个非物理性质的中介物，也就是感觉材料。感觉材料在现代知觉理论中进一步演化为表征。同感觉材料一样，表征同外部世界的联系只是因果性的（causal），而非认知性的（cognitive）。普特南认为这一古典图式及其现代版本对于形而上学和认识论的每一部分都是灾难性的。他指出："需要为这一灾难负责的关键元素在于这样一种观念：在我们的概念化力量与世界之间必须存在一种'界面'（interface），我们的概念化力量不能一路达及对象本身。"并且，在古典理论及其现代变形中，这种界面是"内在于我们而非外在于我们的"。[5]在普特南看来，所予神话的破灭并没有消灭这种内在界面，反而进一步强调了界面的存在，因为所予神话破灭的同时也取消了一切被直接给予的对象（即使是最初级感知层面上的对象），任何主体的认识活动都无法一路达及对象本身。换言之，我们在取消所予的同时也取消了心灵直接把握世界的可能性，于是只能转而探讨心灵与世界的关系，或者说心灵是如何把握世界的。但在普特南看来，这一步推进地过于极端了。他认为，在所予神话破灭之后，我们仍然可以探讨世界是如何被给予心灵的，也就是说，心灵直接和世界发生关系的可能性并没有被完全消解，我们需要做的是找到并揭示出这种隐藏的直接关系。因此，知觉理论不能只是探讨心灵的概念化力量，相反，知觉理论必须一次次地回到老问题：何谓所予？而对于这一问题，我们远没有达成共识和得出定论。

普特南认为,世界的所予性并不能够通过理论分析抽象得到,相反,世界的所予性只有在世界被给予的实际过程中才能得到理解。换言之,对所予性的探讨必须在经验中展开。不过,和古典实用主义者不同,普特南将语言作为经验组织的基本形式。这也是语言学转向的一个最为重大的后果。普特南在《模式与实在》(1980)一文中指出:"在说出这就是我的问题时,我知道如何去使用我的语言。至于要问我是如何挑出这一阐释的,这个问题毫无意义。语言的使用已经固定了'阐释',除此之外没有其他可能性。"[6]但普特南后来也承认,当时他并没有正确认识到这里的"使用"究竟意味着什么。他在《缺少绝对的实在论》中谈到,在写下上面这段话时自己仍然是一个"功能主义者"。虽然"在那时我也并不认为'使用'的概念可以被大脑中的计算机程序所穷尽",但"使用还是在很大程度上被描述为大脑中的计算机程序"。并且,"作为一个指涉的'外在论者',我认为人们不应该只谈论语言者大脑的功能性组织,还必须界定语言使用者身处其中的环境。简言之,当时我是一个社会功能主义者(social-functionalist)"。[7]但普特南逐渐意识到还有另外一种后期维特根斯坦意义上的"使用":语言游戏中词语的运用只有在该语言游戏的词汇中才能得到说明。因此,普特南要求将自己口号从"意义就是运用"转换为"理解就是拥有运用语言的能力"。[8]正是这一步骤帮助普特南克服了内在实在论的思路(世界可以在因果性上独立于人类心灵,但世界的意义一定依赖于心灵),而转向自然实在论。在普特南看来,世界的内在性和外在性并不是我们首要需要探讨的问题,因为正如我们在运用语言的同时就获得了理解,我们在经验的同时也就自然而然地把握了世界,我们无法也无须跳脱经验世界去探讨把握世界的可能性。因此,我们应该以一种"慎思的天真"(deliberate naiveté)态度去看待知觉问题:不是运用知觉去把握世界,而是在知觉的过程中自然而然地把握了世界。这样一种自然主义的态度能够让我们摆脱知觉是如何把握世界的问题,而直接进展到关于心灵与世界之原初关联的洞见。这种经过慎思的天真是能够将我们从灾难性的现代认识论图景中赈救出来的天真。

普特南在本书的杜威讲座中着重探讨了这一态度,并称其为"二次天真"(second naiveté)。他指出:"基于奥斯汀和詹姆士的观点,我指出问题的出路在于实现一种我所谓的'二次天真'。这一立场充分意识到17世纪哲学家所指出的深刻困难,但它试图克服这些困难,而不是屈服于它们。这一立场看到,这些困难的存在最终并不需要我们拒斥下面这一观念,即我们可以在知觉中无中介地与我们的环境接触,我们不需要接受界面的概念。"(原书第44页)不过,普特南的主要启发者显然是詹姆士。关于这一点,我们可以在《永存的威廉·詹姆士》(1992)一文中找到明确的线索。普特南指出,詹姆士让他看到兼容以下两个观点的可能性:一方面是直接实在论的立场,即知觉能够直接把握对象;另一方面则是彻底的经验主义立场,即知觉和对象都是"纯粹经验"的一部分。在实用主义的语境中,前一立场对应于反怀疑论,后一立场则对应于可错论的立场。普特南指出:"一个人可以同时持可错论和反怀疑论的立场,这也许是美国实用主义最基本的洞见。"[9]

虽然普特南并没有像詹姆士那样将世界本身也把握为纯粹经验的一个片段,但是他赞同詹姆士的如下观点:知觉中主体和对象的区分只能通过事后的反思实现,知觉过程本身是一个不可再分的自然事件。因此,任何对心灵与世界的区分都必须以两者的原初关联为基本前提。普特南认为詹姆士在传统的感觉材料理论之外提出了另一种可能性——"天真实在论"(naïve realism),这种立场认为对于对象的直接的、无中介的感知是可能的。在普特南看来,詹姆士提出的可能性虽然不能推翻传统的感觉材料理论,但至少能证明后者也仅是假设性的,并不能成为认识论的基础。这是詹姆士对普特南一个主要启发。

詹姆士对普特南对另一个主要启发是,阐明了纯粹经验中既包含了知觉(percept)又包含了概念(concept),纯粹经验既包含了知觉的直接性,又包含了概念的建构性。[10]普特南认为詹姆士的这一举动是"将概念放到了知觉的层面上"[11]。普特南试图阐明，如果我们能够通过某个步骤将概念放到知觉的层面上，那么我们就能摆脱长久以来的困境，即需要在直接所予与间接所予（经过知性建构的所予）之间作出非此即彼的选择。直接性和建构性可以同时存在于所予当中，这是自然实在论或天真实在论立场要求我们欣然接受的结论。但是，我们要问，如果我们将建构性的要素引入所予当中，所予还能按其字面意思维持其所予的特征吗？这里的困难是，所予本来就是用于指称感觉材料的概念，如果我们对此加以改造，就势必要进行来自主体方面的添加和修改，而感觉材料论者完全可以不接受这种经过改造的所予。他们会说，尽管你将概念放到了知觉的层面上，但归根到底，你还是在概念与知觉之间作出了区分。但是我们不能忘记，直接性和建构性不但共存于所予当中，并且两者还是相互关联，无法分割的。被直接给予我们的所予实际上只是一种单纯的理论抽象，它可以被思维，但不能进入真实的知觉运作。我们不能从知觉过程中还原出所予，并在此基础上进行建构。普特南希望通过自然实在论指出一个简单但经常被遗忘的洞见：知觉并不是我们认识世界的开端（传统认识论认为，在感知的基础上，知性或理性进一步展开建构），恰恰相反，知觉是我们认识世界的结果。换言之，认识的建构并不是一步步实现的，而是自然地、整体性地发生的。而普特南试图指明的就是这种心灵与世界之间的整体性状态。

现在的问题是，如果知觉中不但包括直接性，还包括建构性，那么知觉理论是不是永远无法跳脱唯我论的泥潭？自然实在论必须对这一点作出解释。事实上，詹姆士在《彻底的经验主义》中也试图通过《两个心灵是如何知道一个事物》一文对此作出回答。但在普特南看来，詹姆士用纯粹经验之流包容不同心灵的解决方案太过神秘，而奥斯汀的实证主义路径则更能解决问题。我们可以来看奥斯汀本人的一段阐述。奥斯汀写道："任何人作出的某物看起来是如此这般的陈述在原则上一定不是最终的、结论性的和无法驳倒的。在受压的情况下，或者如果我们更加留心观看事物,即便在说完'……现在在我看来是……'的之后,我也许还会希望撤销自己的陈述或者至少对此进行修正。将其他人和其他时间排除在外的做法并不能完全排除不确定性,也不能排除每一个受到挑战以及也许会被证伪的可能性。下面这一点也许更为清楚:大体来说,事物看起来如此这般的方式就是关于世界的一个事实,这些事实向公共的证实或挑战敞开,而就是事物存在的方式。当我说汽油看起来像水一样的时候,我并不是在公开一个关于我自己的事实,而是在公开一个关于汽油的事实。"[12] 当然,问题的关键还在于我们能不能接受"事物看起来如此这般的方式就是关于世界的一个事实"这样的立场。在奥斯汀那里,这是知觉理论必须接受的前提,如果我们不接受这一前提,就永远只能在唯我论的漩涡中打转。而普特南则将这一立场更加推进了一步。他认为这一立场揭示了一个基本的事实,那就是心灵的事实与世界的事实一定是一致的。因此,知觉的建构性要素并不会引向唯我论,而只是会引向詹姆士意义上的多元论(pluralism)。知觉的多元性也为我们指明了世界的多元性,并且,两者并不互为因果,而是"心灵/世界"这一关联体(这一关联体是詹姆士"主体/对象"这一关联体的扩大化)的一体两面。这样一来,下面这个实用主义立场也就在普特南那里获得了关键性地位:"进入一个普遍实在不需要我们进入某些前概念性的东西,相反,它要求我们能够形成一些共享的概念。"[13]

不过,我们也应该看到,普特南所持的自然实在论立场并没有和詹姆士式的实用主义图景完全重合。普特南承认詹姆士的图景是实在论的,但他认为詹姆士过于夸大了知觉过程中建构性的一面,而这威胁到了詹姆士的实在论立场。因此我们可以说,普特南的立场比詹姆士的立场更偏向实在论。普特南在本书中指出:"我同意传统实在论者的观点,即世界独立于任何描述者的兴趣。我强烈反对詹姆士的建议,即我们所知的世界是我们自身心灵的未决定的产物。"但普特南又说:"我自己并不完全赞同詹姆士,也不完全同意传统实在论者的批评。"传统实在论者的错误在于,他们在"指出詹姆士立场的错误时包含了一个形而上学的幻相",即"认为存在一个形式、一般概念或'属性'的总体,这一总体一经固定便永远固定"。普特南指出:"詹姆士正确地拒斥了这幅图景,但从这种过度形而上学的后退又驱使詹姆士去质疑世界的独立性。"(原书第6页)基于这一思路,普特南这样界定他的自然实在论:这一立场并不包含丹尼特所谓的"伪装的麻木"(feigning anesthesia)[14],它并不"否认意识现象和主观经验(连同其所有的感官丰富性)的存在。相反,它坚持认为'外在'事物,比如卷心菜和国王,是可以被经验的"(原书第20页)。在这个意义上,普特南的方案可以说是延续了上一辈自然主义者的思路。塞拉斯(Roy Wood Sellars,Wilfrid Sellars 的父亲)曾经指出,可以通过界定一种自然主义的实在论在实用主义与观念论之间寻找一个适度的位置:"极端实用主义者太过强调功能、重构、变化和个体性的事实,而极端理性主义者则只看见形式的、结构的和无时间性的东西,因而有可能陷入了认识的复制观。在大多数争论中,一种中间的位置最有可能是正确的。"[15]

不过,这一方案存在一个无法解决的问题:这种静态的界定无法将感知描述为一个动态的过程。普特南清醒地认识到了这个问题,他建议我们到杜威那里去寻找有益的补充。他在本书中指出,他完全可以将第一部分的讲座命名为"脱离亚里士多德式形而上学的亚里士多德式实在论",或者命名为"杜威式的实在论"。(原书第4—5页)不过,"杜威式的实在论"的一个有待商榷的表述,因为我们知道,在实在论和观念论的争论中,杜威特有的自然主义将他放到了一个极为尴尬的位置。实在论发现自然,观念论创造自然,而杜威式的自然主义则致力于建构自然;实在论者敦促杜威对建构的材料给出说明,而观念论者则试图强调建构主体在杜威那里的决定性地位。因此,在2009年的一个访谈中,普特南建议将杜威和他自己的立场界定为"交互论"(transactionalism)。普特南指出,析取论(disjunctivism)、意向论(intentionalism)和现象论

(phenomenism)这些知觉理论都犯了一个共同的错误:"它们没能看到我们的知觉在何种程度上依赖于我们和环境之间的交互,因而也没能看到我们知觉到的属性既依赖于我们的天性,也依赖于环境的天性。"[16]我们可以在2012年整理出版的杜威晚年手稿中发现这样的论述:"活生生的存在不断地(即使是在睡眠中)与环境进行互动。或者说,站在构成生命的事件角度来看,生命是一个交互行为,如果对此进行分析性的检查,我们会发现在有机体结构及过程与环境条件之间存在着交互行为的连续序列,这些交互行为是自然的,就像碳、氧和氢在糖中进行有机的自然交换一样。任何将构成生命(从最简单到最复杂的形式)的交互行为作为出发点的人都会看出下面这一观点的荒谬性,即在'看'这一事件中,眼睛(或者说视觉器官)同构成光线的物理震动可以分开来看。"[17]普特南应该会很乐意用这段话来界定他和杜威共享的交互论立场。

同詹姆士一样,杜威也试图提出一种常识化的知觉理论和一种天真的态度。他在《经验与自然》中指出:"我们无法恢复到原始的天真,但是我们可以实现一种经过教化的、观察、聆听和思考上的天真。"[18]但两者之间的区分也是显而易见的。首先,詹姆士在指出主体可以无中介地接触环境的同时又强调主体了对知觉的关键贡献,而杜威则将有机体和环境的交互整体(在杜威那里被称为"原始经验")放在首要位置,他指出任何理智运作都必须从原始经验出发并最终回到原始经验接受检验。其次,正如普特南所指出的,詹姆士认为自然实在论是"另一种形而上学观"(原书第41页),而杜威则倾向于将这一立场限制在方法论的范围内。根据普特南的解读,杜威认为认知并不需要一个"关于每一个事物的理论",相反,我们需要的是"关于人类如何解决问题性情境的洞见"[19]。鉴于普特南试图将哲学讨论从灾难性的现代认识论图景中赈救出来的意图,我们可以说他更倾向于杜威的选择。再次,詹姆士的思路仍然处于"实在论/观念论"的语境中,而杜威则试图用具体的交互过程消解这一语境。普特南欣赏詹姆士的实在论诉求,但他认为必须用杜威式的交互论使这一方案真正运作起来。交互论的彻底之处在于以关系而非关系项作为理解的基本单位。正如普特南在《实在论的多重面相》中指出的:"如果我们一定要用隐喻性的语言,那就说:心灵与世界一起构成了心灵与世界。"[20] 在这个意义上,普特南在古典实用主义语境中的落脚点已经发生了从詹姆士到杜威的微妙转移。细心的读者可以在本书中找到或隐或显的线索。

不过,杜威对普特南的启示还不止于此。普特南从杜威那里获得的另一个重要启示是,生命的承受(sufferings)与享受(enjoyments)并不是被动地接受,这些直接的生命形式本身已经包含了价值评估,并在接下来的生命历程中不断地接受价值的重新评估。[21] 因此,我们所处的环境(杜威意义上的经验或文化)是我们感知世界唯一的出发点,除此之外并不存在任何先定的材料和基础。联系到麦克道威尔对"第二自然"对强调,我们或许可以将这样的理论旨趣视为新实用主义者之为实用主义者的基本特征。

最后,我们需要再一次指出,这篇简短的引言只是利用本书的文本澄清了普特南和古典实用主义的一些关系,文本本身的广度与深度远不止于此。以何种角度切入并利用这一文本是读者自己的任务。但毫无疑问,这些讨论都是围绕知觉问题而展开的。近年来,知觉问题更是成为普特南思考的焦点,并仍然处于不断推进和发展的过程中。我们听说,普特南正和雅各布森(Hilla Jacobson)合写一本关于知觉问题的专著。遗憾的是,在译者搁笔不久之后,就传来了普特南去世的消息(2016年3月13日)。我们已经无法看到普特南就此论题的进一步展开了。但幸运的是,本书中材料已经能够为我们的思考提供一个坚实的场地和一些明确的线索。并且,这些材料对于我们澄清普特南和实用主义的关系以及探索实用主义的理论可能性也是极有助益的。

译者尽可能清晰准确地还原了普特南的思考历程,译稿中仍然存在的问题甚至讹误,当由译者独自承担全部责任。谨将此译本献给一位真诚、无畏、谦逊,并永远行走在思想途中的哲学家。

注释

1 参见 Hilary Putnam, *Philosophy in an Age of Science: Physics, Mathematics, and Skepticism* (Cambridge, MA: Harvard University Press, 2012), pp. 69 - 70。
2 参见 Ibid., pp. 70 - 71。
3 参见 Hilary Putnam, *Words and Life* (Cambridge, MA: Harvard University Press, 1994), pp. 292 - 293。
4 Ibid., p. 281.
5 Ibid., p. 282.
6 Hilary Putnam, *Philosophical Papers, Vol 3: Realism and Reason* (Cambridge, MA: Harvard University Press, 1994), p. 24.
7 Putnam, *Words and Life*, p. 283.
8 Ibid., p. 284.
9 Hilary Putman, *Pragmatism: An Open Quest* (Oxford: Blackwell, 1995), p. 21.
10 在詹姆士那里,纯粹经验的流动性打破了知觉与概念的二分,将它们同时把握为纯粹经验中的协同项(coordinate)。这一步骤是对传统经验论模式的彻底颠覆:知识的获得不再是通过对上一级材料的复合而实现,经验本身的连续性展开就是知识。换言之,传统经验论将分离性(disjunctive)关系和连接性(conjunctive)关系作为经验背后的组织原则,而在詹姆士看来,这两种关系本身就是纯粹经验的组成部件。
11 Hilary Putnam, *Realism with a Human Face* (Cambridge, MA: Harvard University Press, 1990), p. 250.
12 John Austin, *Sense and Sensibilia* (Oxford: Oxford University Press, 1962), pp. 42 - 43.
13 Putman, *Pragmatism: An Open Quest*, p. 21.
14 丹尼特认为行为主义者为了否认某些意识性特征的存在,只好假装不拥有某些我们确乎拥有的经验。在丹尼特看来,关键的问题不在于假装这些经验不存在,而在于说明这些经验是幻觉性的。参见 Daniel Dennett, *Consciousness Explained* (New York: Back Bay Books, 1992), p. 40.
15 Roy Wood Sellars, "Professor Dewey's View of Agreement", *The Journal of Philosophy*, 4:16(1907), p. 434.
16 Putnam, *Philosophy in an Age of Science*, p. 636.
17 John Dewey, *Unmodern Philosophy and Modern Philosophy* (Carbondale:

Southern Illinois University Press, 2012), p. 235.
18 LW 1:40.
19 Hilary Putnam, *Renewing Philosophy* (Cambridge, MA: Harvard University Press, 1992), p. 187.
20 Hilary Putnam, *The Many Faces of Realism* (La Salle, Ill.: Open Court, 1987), p. 1.
21 Putnam, *Words and Life*, p. 201.

前　言

本书的第一部分是我于1994年3月22日、24日和29日在哥伦比亚大学所做的约翰·杜威讲座（讲座的题目与这部分的标题相同，即"意义、无意义和感觉：对人类心灵力量的探究"）。经哥大同意，这三个讲座的修订版于同年9月发表于《哲学杂志》上。除了编辑体例上的修订，本书并未对它们作进一步的修改。

本书的第二部分是我应美国哲学协会委员会之邀、在布朗大学哲学系的参与下，于1997年11月3日、5日和7日在布朗大学所做的约书亚·罗伊斯讲座（讲座的题目与这部分的标题相同，即"心灵与身体"）。

这两部分一起呈现了我对知觉（因此也就是对心灵和世界）和对身心问题这一古老难题的看法。我试图想出一个能够同时涵盖这两方面的书名，于是我想到了"不会轻易断裂的三重绳索"。有人认为书名中的"心灵、身体与世界"这部分是多余的，因为心灵与身体是世界的**一部分**。但是这个反对如果成立，那么我们也应该基于同样的理由排除像"心灵与世界"这类熟悉的标题。因此我不得不决定忽视这个反对意见。

在布朗大学做了约书亚·罗伊斯讲座之后，我注意到金在权（Jaegwon Kim）写的一篇有趣的阐释性文章。金有风度地为我的讲座扮演了掩护者的角色。金区分了"内在论者"与"实在论者"的观点，我觉得如果将对这一区分的讨论加进来，我在这些讲座中所持的立场就会变得更加清楚。这就是第三部分中的第一个后记。这部分的第二个后记来自我和不同的人就"感质"（qualia）展开的讨论（包括与伯吉［Tyler Burge］共进的那次值得纪念的午餐）。

我还要感谢其他许多人,他们提出了有价值的建议与批评,我把这些建议与批评都放在了脚注当中。我要特别提到我的老朋友,斯查夫斯泰恩(Ben-Ami Scharfstein),他在最后阶段仔细阅读了本书。我还要感谢戈麦斯(Cesar Gomez),他是探索"弦理论"这个深奥领域的世界顶尖的数学物理学家,也是一位杰出的"业余"哲学家。在1988年马德里的一次会议中,戈麦斯和我讨论了我在《理性、真理与历史》中提出的理论模型论证,戈麦斯提出了一个卓越的建议。他说:"也许奥斯汀的《感觉与可感项》中包含着整个问题的出路。"那时我对此并不认同,但是在几年之后,我逐渐意识到戈麦斯的建议是完全正确的(这其中的一个重要原因是我研读了威廉·詹姆士这个"自然实在论"的有力拥护者的哲学)。本书的第一部分就是我根据戈麦斯的提示对奥斯汀式的洞见展开思考的结果。

第一部分
意义、无意义和感觉:对人类心灵力量的探究

第一讲
实在论的二律背反[1]

> 在视觉上欺骗我们的理论都不是好理论。——亨利·詹姆士致罗伯特·路易斯·斯蒂文森的信，1891年1月12日

哲学家背负着一个不断受到攻击的罪名，那就是将婴儿同洗澡水一起倒掉了。从古至今，每一波哲学上的"新浪潮"为了提出自己的观点，都会选择对前人的洞见忽视不计。临近世纪末的今天，新的哲学洞见层出不穷，而与此同时，我们对于之前成百上千年洞见的遗忘也是前所未有的。

不过，要我们极端保守地去相信两百年甚至两千年前哲学家的信念也是荒谬的。对此，约翰·杜威会说，他们处于完全不同的环境，面对的是完全不同的问题，这种返回在任何情况下都是不可能的。即便我们有可能回去，我们也会由此忽视了后世哲学家对这些已经被抛弃的立场所作的正确批判。尽管如此，我仍然强烈主张我们要在人类可能的限度之内试图理解并克服一种"后退"（recoil）的模式，这种模式让哲学从锅内跳到火中，又从火中跳入另一个锅内，再从另一个锅内跳到另一堆火中，循环往复，没有尽头。[2]我将试图通过这些讲座指明，这种理解与克服也许需要我们考察实在论这个核心的形而上学问题。

这个问题与我们的目的特别契合，因为在当下对实在论的讨论中出现了许多可以以此为例的后退现象。哲学家们从过量的形而上学实在论版本当中后退出来，却退到了各种不同的特殊立场——当下最出名的是解构主义，我们还可以提出古德曼（Nelson Goodman）的"非实在论"

(irrealism)或达米特(Michael Dummett)的"反实在论"(antirealism)等这些分析哲学家作出后退的例子。另一些哲学家则认为这些反实在论立场丢失了世界,他们由此后退到去接受像"可能的形而上学世界之间的同一性""关于世界的绝对概念"这种神秘的观念。[3]当今人文思想中的两极分化是前所未有的。人文学科的大多数"新浪潮"思想家们都在颂扬一种解构主义、马克思主义和女性主义的结合体,而大多数分析哲学家们则在颂扬一种唯物论、认知科学和上面提到的神秘形而上学观的结合体。在人文思想的两极分化(这种两极分化也逐渐出现在艺术中)中,最明显的就是对实在论的看法。一个阵营将实在论称为"逻各斯中心主义",另一阵营则视之为"对客观知识的辩护"。我相信存在一种方式可以公正地对待我们的感受,即知识能够为实在负责,并且不需要后退至形而上学的幻想中去。如果是这样,那么找到这种方式就变得至关重要。这个世界上已经有太多的不负责任,包括装扮成负责任的不负责任。思想家的工作是教导人们分辨这两者,现在如此,永远如此。

我在一开始就说,我们丢失了洞见,又在哲学争论的过程中获得了它们(诚然,哲学争论是被我称为后退的现象中的一个基本部分——在我们被必须在自己与某个特殊的哲学立场之间尽可能拉开距离这种感觉主导之后,我们就很难认识到那个哲学立场的辩护者拥有**任何**洞见)。并且,我提到了之前两个千年的原因是想说明有些洞见是非常古老的。我或许可以将这几个讲座命名为"脱离亚里士多德式形而上学的亚里士多德式实在论",但我也可以将它们命名为"杜威式的实在论"。根据我对杜威的解读,他试图指出我们可以保留一些亚里士多德为常识世界辩护的精神,以反对形而上学家和智者们的过度思辨,同时又不接受亚里士多德所提出的任何形式的形而上学本质主义。[4]因此,我乐意将这几个讲座归在"杜威讲座"的名下。我确信我在这些讲座中的考量——在保守的形而上学和不负责任的相对主义之间寻找一条中间道路——也是杜威整个哲学事业中的一个考量。

传统实在论的预设

杜威的实在论反过来受到另一个美国实用主义家威廉·詹姆士的影响。詹姆士追求一种从形而上学实在论过剩的传统形式中解放出来的实在论。[5]这让其他哲学家很难将詹姆士视作一位实在论者。詹姆士在去世前写信给他的一位朋友，痛苦地抱怨自己被误读了。[6]詹姆士写道，他从来都没有否认我们的思维必须要符合实在才算是真的，而别人却一而再再而三地指控他否认这一点。他在信中举了一个例子——怎样去描述被扔在桌上的豆子。根据描述者的不同兴趣，几乎有无限多的方式去描述它们，而每一种对的描述都会**符合**豆子和描述者所组成的实在，并同时反映出描述者的兴趣。詹姆士问，为什么这样的描述不能被称作是真的？他坚持认为不反映任何特殊性缺的描述是不存在的，并进一步认为，我们在持非理论性或解释性兴趣时所给出的描述可以像我们在持"理智"兴趣时所给出的描述一样是**真**的。詹姆士写道："如果仅仅是持这样的观点就被指控说是否认了豆子，或者否认我们的认识受到了豆子本身的限制，那就是太愚蠢了！"[7]

传统实在论哲学家也许会这样回应詹姆士："如果你的观点**仅是如此**，那么我认为你对那些相信'既成世界'的哲学家的严辞谴责都是不成立的。如果我误解了你的意思，那么就只能怪你自己的语言表达。"这个想象中的传统实在论者也许会继续说："经院主义实在论正确地回应了他们的唯名论对手。假定你决定将豆子按颜色分类，或是按大小或任何其他方式分类，这种分类得以可能并且能够在将来拓展至类似豆子集合的原因是，存在颜色、大小、邻近关系等**属性**。你所珍爱的'兴趣'也许可以决定哪些属性的组合在你看来是值得讨论的，甚至引导你为某个特殊的属性组合发明一个名称（如果我们语言中还不存在这样一个名称），但它丝毫没有改变世界。世界就是其所是，它独立于任何描述者的兴趣。"

我自己并不完全赞同詹姆士,也不完全同意传统实在论者的批评,这一点将在后面变得明朗起来。我同意传统实在论者的观点,即独立于任何描述者的兴趣。[8]我强烈反对詹姆士的建议,即我们所知的世界是我们自身心灵的未决定的产物。[9]但是传统实在论者在指出詹姆士立场的错误时包含了一个形而上学的幻相。

这个形而上学的幻相是,认为存在一个形式、一般概念或"属性"的总体,这一总体一经固定便永远固定,一个词的每一种可能的含义都必须符合其中一个形式、一般概念或属性。所有可能思维的解构都由形式提前固定了。詹姆士正确地拒斥了这幅图景,但从这种过度形而上学的后退又驱使詹姆士去质疑世界的独立性,而这种做法反过来又促使他的对手要么后退到原先的这幅图景,要么后退到另一幅同样过度的图景,那就是那些反对詹姆士的绝对观念论者所提出的图景。

传统实在论者的一个问题是,他们对意义的看法太过天真了。我们倾向于认为,一个词的意义就是一个属性,这个属性被这个词所指示的所有事物所分享。的确,所有纯金都具有一个共同的属性,也就是由同位素 79 的原子所组成,但英语中**黄金**这个词并不等同于"79 号元素"。我们完全无法将**黄金**这个词的通常含义表达为属性或属性的组合。[10]正如维特根斯坦所指出的,有许多词我们可以完美地使用,一个著名的例子就是**游戏**这个词,虽然我们用这些词所正确指示的所有事物并不存在一个共同属性。

传统实在论者的另一个问题是,他们轻松地假定存在一个能够被分类的明确对象总体,并且还存在一个所有属性的明确总体。[11]实在论的这两个问题是相互关联的。诚然,一个知识断言必须为实在负责,并且在大多数情况下,这意味着有一个实在独立于陈述者。但是如果我们反思人类经验,就会发现,恰恰与传统实在论者的假设相反,所有知识断言的形式以及它们为实在负责的方式都不是提前一次性决定的。

实在论的传统形式断言,我们的命题与所有"对象"的某个固定总体相关这样的说法是有意义的。我们可以谈论战争，但"第二次世界大战"是否是一个**对象**呢？在戴维森（Donald Davidson）看来，事件也是对象，所以答案是肯定的，但很少有传统的形而上学家愿意将事件视作对象。诚然，用来辨识事件对象之身份的标准是模糊的。[12]我们可以谈论天空的颜色，但天空是否是一个**对象**呢？我们可以谈论镜像，但镜像是否是**对象**呢？我们可以谈论"欲望的对象"，比如我想写的一部小说，但这些"内在对象"是否真的是对象呢？我还可以继续列举下去。分析哲学家普遍持有这样的观点：当我在"所有数字""存在一些镜像""《白鲸》中的所有角色"这些表达中使用"**所有**""**一些**""**存在一些**""**不存在任何**"这些词（所谓的量词）时，如果我不打算将这些令人不愉快的表达"翻译"成人们所偏爱的与时空对象和时空集合相关的词汇，那么我就"承诺"了某些对象（也许是"抽象"对象）的存在。上面这些例子提示我们这种观点是彻底错误的。[13]

事实上，在我们考虑战争、天空或镜像这些很成问题的"对象"之前，问题就已经出现了。在古代哲学中，成为单一对象的一个标准是，对象的部分必须随此对象的移动而移动。但是我屋子里的一盏台灯恰恰违反了**这个**标准。每当我移动台灯时，光线就变弱了！那么这盏台灯就不是一个对象了？虽然哲学家并不是出于这个动机发明了"部分性整体"（mereological sums）的概念（即以任意对象为组成部分的对象），但这一概念也许还不一定能够将我的这盏台灯涵括进"对象"的总体当中。如果我们承认**任何**两个（或更多）对象的"整体"就是一个对象，甚至承认存在一个由我的左耳和你的鼻子所组成的"对象"，那么我们就能**确保**有这样一个对象，这个对象是台灯（灯泡）和光线所组成的部分性整体。但我们要为此付出太高的形而上学代价！[14]

一些哲学家也许并不关心天空或镜像这样的例子，因为他们也许打算承认这些东西实际并不存在（那么描述天空的颜色就变成了一个假断言？）但他们又会说，所有在科学上重要的对象都可以被等同于分子和终极微粒的部分性整体。他们忘记了现代物理学的微粒并不是微小的台球,因此也就忽视了"对象"观的另一种延伸(这种延伸事实上是迄今为止最彻底的)已经在物理学中发生了这一事实。

量子力学的"微粒"并不是传统意义上对象,其原因是,在当代量子力学中,微粒(在大多数"状态"下)并没有明确的数量!而传统对象总是具有明确的数量。这意味着如果我们熟悉的桌子和椅子(还有我的台灯)是部分性整体,它们就不可能是由量子力学的微粒所组成的。另外,量子力学"场"的逻辑属性也同样地离奇。(顺带一提,时空点的本体论并不是解决这些问题的灵药,因为量子力学上的"态叠加"所引发的问题不只影响着它的"物质性内容",也影响着时空本身。)量子力学是一个极好的例子,这个例子说明随着知识的发展,我们关于什么才算是**可能**的知识断言、**可能**对象以及**可能**属性的观念都会发生改变。[15] 传统实在论者认为通名只是或多或少地一一对应于"对象"的不同"属性",而这些"对象"和"属性"在某种意义上一经固定便永远固定了,并且,知识断言只是简单地将"属性"分配给"对象"。

传统形而上学家坚持实在的独立性,并认为我们有责任在认知上正确对待我们的描述对象,他们在这一点上完全正确。但传统的实在图景控制了可能描述的总体,它一劳永逸地保存了**上面这些**洞见。这样做的代价是丢掉了詹姆士实用主义的**真正**洞见——"描述"永远都不只是简单的复制,我们在不断地添加语言对实在负责的方式。在我们急于从詹姆士的另一个不明智的观点——我们(部分地)"创造了"世界——抽身后退的时候,一定不能丢掉上面这个洞见。

但是,基于以上的批评,我对**实在**这个概念的使用是否也是误导性的呢,是否也会潜在地引发哲学上的困惑?像**实在**、**理性**(我们还可以加上**语言**、**意义**、**指涉**等)这种一般概念当然会引发深层的哲学困惑。但简单地丢弃这些词语并不是我们的解决方案。一个不是由我们发明的实在限制着我们的词语和生命,这个观念在我们的生命中扮演着深刻的角色,必须得到尊重。困惑源自一个常见的哲学谬误,即认为**实在**这一概念必须指涉一个单一的超事物,而不是去考察——随着我们的语言和生命的发展——我们(**被迫**)与我们的实在观进行无休止的再商议的方式。这些话同样适用于上面所列举的其他概念。[16]

实在论为什么会变成一个问题?

现在我们要问:关于"外在世界"的实在论为什么会成问题?早期现代哲学家认为知觉的直接对象是心理的,而心理对象则是非物理的。[17]甚至他们的那些唯物论对手也经常提出与这些"笛卡尔式的"观点非常接近的知觉理论。[18]在当代的认知科学中甚至也流行着在脑部计算机中假设"表征"存在的做法。如果我们界定心灵是一个**器官**,并将心灵等同于大脑,那么我们就会无法抗拒地认为:(1)一些"表征"类似于经典知觉理论家的"印象"(脑部计算机或心灵至少从一些"表征"——也就是知觉进程的输出——中作出**推论**,就好像经典理论中心灵根据印象作出推论一样);(2)这些"表征"与有机体环境中对象的联系只是因果性的,而不是认知性的(就好像印象与"外在对象"的联系只是因果性的,而不是认知性的一样)。[19]

在1991年的约翰·洛克讲座中[20],麦克道威尔令人信服地证明,这一图景(不管是经典版本还是现代唯物论版本)对于形而上学和认识论的每一个部分来说都是灾难性的。在麦克道威尔看来,需要为这一灾难负责的关键假设是,在我们的认知能力与外在世界之间必须存在一个界面(interface),也就是说,认为我们的认知能力不能一路达及对象本身。

拒斥这一断言的知觉观一般被称作"直接实在论"(虽然这并不是一个令人愉快的名字)。[21]但是对直接实在论的某些版本来说,我们要做的并不像表面上那么多。有时候直接实在论被用来指称任何否认"可正式"知觉的对象是感觉材料的立场。在这种用法下,成为一个直接实在论者是很容易的。我们只需对视觉经验持**这种**意义上直接实在论立场，我们只需说："我们并不是**知觉**到视觉经验，而是**拥有**它们。"只需在语言表达上稍作改变，一个直接实在论者就诞生了！[22]

哲学上的进展并不是如此容易就可以实现的，为了说明这一点，在通常所谓的"直接实在论"与我所谓的"自然实在论"之间直接作出区分是有帮助的。（这一表达是我从詹姆士那里借用过来的，詹姆士希望实现这样一种知觉观，这种知觉观能够正确对待"平常人的自然实在论"。）我所谓的自然实在论者的确也认为（正常"可证实"）知觉的对象是"外在"事物，更一般地，是"外在"实在的某些方面。[23]那些持旧的因果知觉理论（再加上一些语言表达上的掩饰）的直接实在论者也能轻易认同这一点。他们会说："我们知觉到外在事物，也就是说，那些外在事物以某种适当的方式造成了我们拥有某些主观经验。"相反，詹姆士意义上的自然实在论者认为，成功的知觉是对"外在"实在的某些方面的**主动感觉**，而不仅仅是这些方面对主体性的影响。[24]我赞同詹姆士和麦克道威尔的看法，**必须**以因果性理论分析知觉的错误信念植根于所有形式的知觉观当中，这一信念从17世纪以来就主导着西方哲学。詹姆士的观点是，将感觉经验视作我们与世界之**中介**的传统断言并不能得到很好的证明，更糟糕的是，这一断言让我们无法看清个体究竟是如何与世界进行真正的认知性接触的。[25]

最近三十年来的趋向是抑制知觉理论中那些不断困扰我们的问题，但这种做法又阻碍了我们在那些让人入迷的更广阔的认识论和形而上学问题取得进展。为了说明当下的这种抑制是多么严重，我想讲一则轶事。刚开始在伯克郡起草这些讲座稿的时候，我到威廉姆斯镇华特街上一家极好的书店去看那里的哲学书籍。我想看一看关于**知觉**的书有哪些。那里有维特根斯坦，有艾耶尔（不只是《语言、真理与逻辑》），还有当代哲学家麦卡金（Colin McGinn）与安格（Peter Unger）的著作，但没有一本约翰·奥斯汀的著作，后者的《感觉与可感项》为我所谓的"自然实在论"作出了哲学史上最有力的辩护。那里既没有任何自然实在论者的著作(除了维特根斯坦,虽然维特根斯坦的著作没有被低估,但他关于自然实在论的思考则是被低估了),也没有任何一本关于知觉的专著(虽然人们通常天真地认为这类专著要被归到"认知科学"的类别下)。

不过情况并不总是这样。在 20 世纪初,直接实在论是一个炙手可热的议题。对此进行深入讨论的不但有詹姆士、美国的新实在论者,还有摩尔和罗素(后两者的讨论采取了与其他人不同的方式)。但是从 30 年代中期开始,在知觉者与"物质性对象"之间设置界面的传统知觉观再一次取得了主宰地位。[26] 奥斯汀的《感觉与可感项》(于 1960 年奥斯汀死后出版)对这一传统观念展开了新一轮毫不留情的批判,赖尔的《心的概念》也以其较不令人满意的方式对此展开了批判。也许是因为奥斯汀没能活着对他的观点作出解释和辩护,英美哲学家鲜少有人对奥斯汀和赖尔作出回应。当然,他们不再谈论"感觉材料",而开始谈论"经验"(或类似的概念),他们所做的就是我之前描述过的语言表达上的改变。即便是斯特劳森(Peter Strawson)——这个经常对这些问题作出深刻思考的伟大哲学家,也经常将自然实在论与完全不相容的"因果知觉理论"混杂起来。[27] 不过绝大多数分析哲学家都不讨论知觉,并且,随着 50 年代之后兴趣逐渐从现象学转移,绝大多数"大陆"哲学家也开始不再讨论知觉。

为什么我说知觉理论对语言哲学中的"实在论问题"是至关重要的?我们不妨设想一下:"语言如何同世界挂钩?"这个问题是如何成为一个难题的?为此,我们首先需要不去拒斥"为什么谈论我们一直**看到**的房子和树会是一个问题?"这个问题,我们不能认为这个问题是想当然的或是出自一种"毫无希望的天真"。从根本上说,"语言如何同世界挂钩?"替代了对"知觉如何同世界挂钩?"这个旧问题。上面提到的几位哲学英雄将以挑战 17 世纪以来的知觉观为己任。无怪乎在这个任务几乎被忽视了三十年之后,思维和语言能与实在相联的观点越来越成问题了;如果不提及知觉，人们也无法理解思维和语言如何同世界挂钩的。

"实在论的二律背反"

在我哲学生涯的大约头二十五年里，我都在向世人阐述什么是真正的形而上学问题和认识论问题，以及知觉理论对于这些问题的（微小）意义。然而在过去的十五年里，我越来越认识到当下不同的哲学观点乃是基于同一个非常宽泛的，也可以说是模糊的对知觉本质的理解。我在这一讲余下部分所采取的策略是，通过提纲挈领地梳理我近二十年来的思想发展史来大致描述我是如何得出这一结论的。不过我得坦白，还有一些附加的动机促使我进行这种思想自传。第一，我们有必要将某人的哲学立场同其他人的立场区分开来，而我特别想澄清我保留了哪些过去的立场，又在哪些地方觉得我过去二十年通过不同的讲座和著作所为之辩护的"内在实在论"是错误的。如果我没有完成这个任务，我在这几个讲座中所阐明的立场就一定会遭到糟糕的误解。第二，在之后的几个讲座中我会大致给出一个解决这些这些问题的方向，而在这第一讲中，我希望阐明我所理解的问题本身是什么。因此，我要做的不仅是描述我之前的观点，还要描述是怎样的一种哲学上的心态让我得出了这些观点。基于这种心态，整个实在论问题在我看来就是一个巨大的理性的二律背反。现在我想向你们说明这种想法，但我知道很多人并不想这么做。很多哲学家都想消解知觉理论中的传统问题，他们认为我们已经在这些问题上浪费了太多时间，而且现在我们已经超越这些问题了。（在这些哲学家看来，我所做的是再次将哲学婴儿化了。）今天的许多哲学家要么完全接受教条式的实在论观点，要么完全接受教条式的非实在论观点。我相信，只有当我们认识到这两种观点同样地令人无法满意，并且互为对方的镜像，认为对方是除自己之外的唯一选项，我们才能在这些问题上取得进展。我相信**深刻**的哲学总是从认识到困难（这种困难似乎排除了任何澄清的途径)和感觉到悖论开始的,而就我所知,在实在论问题中感觉到悖论的最好方式就是我所经验到的那种方式。

首先,我在20世纪70年代中期写了《实在论与理性》和《模式与实在》两篇文章[28],这是我就实在论问题发表的最初两篇文章。那时我并没有看到实在论问题是与知觉问题或是与关于人类心灵力量的一系列特殊假设紧紧联系在一起的,否则我是不会对这两篇文章中提出的"证实主义语义学"(verificationist semantics)感到满意的。那时我认为我们必须在对语言的熟练使用中获得对语言的理解。我这样写道:"为了谈论我的问题**是什么**,我已经知道如何去使用我的语言了。如何在语言中挑选出一种解释的问题是完全没有意义的。语言的使用**已经**固定了'解释',除此之外**没有其他可能性**。"[29]

至今我仍认同这些**句子**,不过其中的含义却大大改变了。改变之处在于"使用"异词所包含的意义。当时我是在"认知科学"的层面上使用这个词的,也就是说,"使用"在很大程度上被描述为大脑中的计算机程序。不过即便在那时我也并不认为"使用"的意义可以被大脑中的计算机程序所穷尽。我之所以这样认为的原因有很多,对此一一评述会花费我们太多时间。我当时的想法是,我们不仅要谈论语言使用者的大脑功能性结构,还要明确语言使用者置身于哪一类环境当中。[30]因此,当时我所理解的"使用"是混合性质的:使用既是大脑中的计算机程序,又是对语言使用者所用词语之外部成因的描述。

但是后来我对"使用"有了本质上完全不同的理解。根据这种理解(我在其他地方指出,这种理解也是后期维特根斯坦的理解),在大多数情况下,我们在描述某个语言游戏中词语的使用时一定会用到此游戏的词汇或与此游戏的词汇内在相连的词汇。[31]为了描述"我面前有张咖啡桌"这个句子的使用,我们必须承认这个句子与"我知觉到了咖啡桌"这类事实有着内在的关联。这里,"知觉到咖啡桌"并不是指最小化的"看到"或"感觉到"(也就是说,即便我们对咖啡桌毫无概念,也能够说我们

"看到"或"感觉到"了一张咖啡桌),而是指完整的感觉,也就是说,看到咖啡桌是指看到了我面前的那张咖啡桌。

当然,我刚刚归于维特根斯坦的这个观点中存在着一种"教化后的天真"(cultivated naïveté)。以色列哲学家萨吉(Avi Sagi)认为我的观点是一种"二次天真"(second naïveté),我高兴地接受了这一描述。科学家对"意义就是使用"这句口号的理解明显与维特根斯坦的理解不同。科学家的理解完美地适用于我之前描述过的笛卡尔主义兼唯物论图景:在这个意义上,语言的"使用"可以被描述为对"心理表征"作出反应的倾向。如果我的以下看法是正确的,即"我们如何知觉自己身体外部的事物?""我们如何指涉自己身体外部的事物?"这类问题要比表面上看到的深刻,那么科学家对"使用"的理解并不会让"意义就是使用"这句口号对我们起到丝毫帮助。

当然,维特根斯坦对这句口号的理解也存在问题。(在维特根斯坦的语境下,这句口号实际并不是"意义就是使用",而是**理解就是我们在使用语言时所拥有的能力**。)这里的困难在于阐明"二次天真"这一经过慎思之后所采取的步骤如何可能在现代哲学发展了三个世纪之后(更不用提已经发展了一个世纪的脑部科学和现在的认知科学)帮助到我们。指出返回詹姆士所谓的自然实在论的**可能性**,这是我的哲学"英雄"和我自己所面对的问题。

为了解释为什么我认为需要这种返回,我将继续回顾之前我在这些问题上的困扰。我开始看到早期现代哲学家引入哲学的那些假设给实在论造成的困难,几年之后,我开始看到这种实在论还有另外的出路。在写作《实在论与理性》和《模式与实在》之前,我并不知道如何为实在论辩护,但也不认为有**其他**的方式去理解语言与实在的关系。我认为自己陷入了无望的二律背反当中!(虽然我逐渐对我在这些文章中提出的解决方案感到不满,但正是这些文章让我第一次认识到了问题的深刻性。)

数学哲学中所谓的斯科伦悖论(Skolem Paradox)是促使我产生这

种想法的一个原因。根据这一悖论,针对每一个自恰的理论都可以有大量不同的可能解释,甚至是非同构性的(nonisomorphic)解释。[32] 因此,即便是在**同构性的语境下**,数学语言所表达的关于数学"对象"的真理总体并不能固定我们所指涉的对象。[33]

我的理由是,斯科伦用来证明斯科伦—勒文海姆定理(Skolem Lowenheim Theorem)的工具,或者与这一定理同属一个逻辑分支("模型论")的其他定理同样也可以被用来证明**任何**语言(包括日常语言和我们在经验科学中使用的语言)中的类似结论。[34] 我认为,如果我们明确在某类特殊的对神经电脑的"输入"下(比如"知觉模块"的输出),特定的谓词必须应用于特定的对象,从而对可接受的解释作出限制,那么斯科伦的论证(以及其他"模型论"论证)仍然是可以成立的。基于明显的理由,我将这些限制称为"运作性限制"。虽然运作性限制限制了谓词对"知觉输入"本身作出的解释,但是语言中所有其他的谓词(除了那些在运作性限制过程中被明确定义的谓词)仍然具有大量没有被我们意识到的解释,包括那些非常离奇的解释。[35]

我认为这里产生了一个问题,理由是,根据"笛卡尔主义兼唯物论"(当然也包括笛卡尔式的二元论立场)的知觉理论,知觉输入是认知过程的外在界限,任何处于这一界限之外的东西与心理进程的联系都是因果性的,而非认知性的。即便我们将"输入"的界限尽可能远地推至我们身体的表面(就像蒯因所谈论的"表面神经元"和"表面刺激"那样),所有外在于我们皮肤的东西依然外在于我们的认知进程。而我的"模型论论证"指出的则是,语言的解释——即便是那些每一个句子都"真的正确"的解释,并且这种正确是由"上帝之眼"所确认的正确(假定上帝之眼像传统实在论所认为的那样是有意义的)——可以一方面认同这些输入,另一方面又完全不认同我们的概念实际所指涉的对象。因此我的结论是,如果我们所熟悉的早期现代以来的那种实在论(包括因果知觉理论)是正确的,那么在认知领域**内部**的每一个过程中,我们的概念都完全不能决定对象的绝大部分指涉。

这个论证成形于我发表头两篇"反实在论"文章之前的两三年。同时我又主张"语言的使用**已经**固定了'解释',除此之外**没有其他可能性**"。一个对我们的词语进行解释,并将"理智之光"从外部射我们脑中(当时我仍然认为心灵是一个东西,因此无需证明就可以将其等同于大脑)的世界是一个魔法和幻想的世界。当时我并没有看到幻想世界是可以有意义的,也没有看到只有在幻想世界有意义的前提下,指涉才是有可能的。因此那时我觉得遇到了一个真正的二律背反。我早期的内在实在论就是为了解决这个二律背反而作出的一个并不令人满意的尝试。

"内在实在论"

达米特(Michael Dummett)做了大量的工作将实在论问题重新带回到哲学讨论的中心,我认为他发表于 1975 年至 1976 年的文章为这个二律背反指明了一条"出路":我们对语言的理解乃是基于我们对将确证的程度分派给句子这种技能的熟练掌握,这个观点也就是"证实主义语义学"。[36]但达米特的那些文章并没有就**真理**的观念作出我所希望的解释,我将这个任务留给了《理性、真理与历史》。我在那本著作中提出,我们不应该像达米特那样将正确等同于被证实,而是应该将正确等同于在足够的程度上得到证实,也就是能够在足够好的认识条件下被有根据地接受下来。[37]

虽然这个"内在实在论"的早期版本受到达米特"全局性反实在论"(global antirealism)[38]的启发,但它与达米特的立场之间存在着两个主要的不同。不同于达米特"全局性反实在论",我并不认为被证实的经验命题就不能被证伪,反之亦然。[39]达米特立场中过度的"观念论"色彩从一开始就让我觉得很困扰,比如,达米特怀着对**过去**观念论的尊敬坚持一种强烈的反实在论立场。而我则试图避免这种强烈的反实在论立场,我的做法是不像达米特那样将陈述者对陈述意义的把握等同于陈述者是否有能力指出某个陈述现在是不是真的,或者在陈述者能够实际说明的条件下是不是真的,而是将陈述者对陈述意义的把握等同于陈述者是否拥有这样一种能力,这种能力能够让一个足够理性的陈述者决定某个陈述在足够好的认识条件下是不是真的。

有的反对意见认为这仍是一种观念论的立场。我对此的回应是,这当然不是一种观念论的立场。我的理由是,虽然陈述者实际指派给一个句子的确证程度也许只是其感觉经验的一个功能(注意:那时我仍持标准的——也就是早期现代的——感觉经验观!),但是**足够好的认识条件**这个观念已经是一个"包含了世界的"观念了。[40]这也是为什么根据我的这一立场,人类实际感觉经验的总体并不能决定真理总体(即便是以长远的眼光来看)的原因。

但"二律背反"依然存在,只不过藏到了表面之下。如果说我们承袭自早期现代哲学的图景中存在一个问题,那就是我们无法不通过设定某种形式的魔法而对外在事物作出指涉,那么另一个问题也同样存在,那就是我们无法不通过设定某种形式的魔法而对"足够好的认识条件"作出指涉或以其他方式触及后者。我提出的(与达米特对立的)图景是,世界可以决定我是实际上处于还是自认为处于足够好的认识条件下。这样我就保留了来自常识实在论的重要观点,但认识条件这个概念从根本上来说仍然是一个传统的认识论概念。我的这一图景仍然保留了在认识者与所有"外在"事物之间设置界面的基本前提。尽管如此,我从未如此强烈地感到需要在早期现代实在论与达米特式的观念论之外寻找"第三条道路",这条道路,正如麦克道威尔一再主张的那样,必须**削弱**认为有二律背反存在的观念,它不能只是简单地将早期现代实在论的要素与观念论的要素粘贴在一起。没有一个保留了传统感觉材料观念的概念可以为我们提供出路,这样的概念最后总是让我遭遇一个看似无解的问题。[41]

我是从哪里走上歧路的？

我在《理性、真理与历史》中(第78—82页)大致描述了功能主义的特征,这些评论说明当时我仍然在假设一种类似于感觉材料的图景。我对我所说的"功能主义者"进行了解释,认为功能主义者将心理属性等同大脑的计算属性。我这样写道:"今天我仍然倾向于认为这一理论是正确的,或者至少对身心关系作了正确的自然主义式的描述。其他对这一关系的'心理主义的'描述也是正确的。……('理性''真理''指涉'这些观念的确也是**属于**心理主义的版本。)不过我感兴趣的是**其中一个**正确的版本,也就是自然主义的版本,这一版本认为思维形式、印象、感觉等都是对物理事件的功能性描述。"(第79页)在这段话之后,我还指出,我认为感觉具有某种无法被加以功能性描述的"质性"层面,并将这一层面等同于大脑功能的某些物理层面。[42]

我并不是没有意识到将知觉视作对事物的知觉而非对"感觉材料"的知觉这一可能性。比如,我在讨论语言解释中的"运作性限制"时就考虑过这种可能性。不过,我虽然提及了这种可能性,但是并没有对此展开探索。那篇文章主要强调了我们有可能撤退到这样一种立场,即只知觉到我们自己的感觉材料。让我得出这一结论的原因并不难寻:当时我所持的心理功能图景不过是一幅"笛卡尔主义兼唯物论"的图景,根据这幅图景我们必须借助魔法才能触及任何外在于"输入"(也就是被我等同于"物理事件"的"感质")的东西。[43]我意识到有一种立场叫作"直接实在论",这一立场只不过是语言表达上的肤浅改变,只不过是将传统图景换一种方式表达出来罢了。如果有人像我一样坚持传统图景,那么这种表达上的改变(这种改变允许我们**说**我们"观察到了"外在事物,但这种说法必须被**理解**为哪些事物"以某种适当的方式"导致我们拥有某些"感质")从根本上来说不过是在隐藏一个问题,即特殊的外在事物何以能够决定知觉的。我认为当我指出我们可以对语言解释作出运作性限制以便指涉感觉材料时,上面这个问题就被"揭示"出来了。

今天我提出的这幅不同于早期现代的图景并不包含"伪装的麻木"(feigning anesthesia)。[44] 这幅图景并不像丹尼特(Daniel Dennett)有时所做的那样否认意识现象和主观经验(连同其所有的感官丰富性)的存在。[45] 相反,它坚持认为"外在"事物,比如卷心菜和国王,是可以**被经验**的。(并且"被经验"不能被曲解为外在事物**导致**作为主体情感的"经验",也就是感质。)我将在下一个讲座中向你们论证这幅图景是必然且可行的。[46]

我还将在下一个讲座中考虑下面这个反对意见,即自然实在论的某些地方是"非科学的"(或**反科学**的)。这一幻觉的起因是,自17世纪初以来,对自然的数学化将传统知觉观**强加**到了我们身上。自然实在论与科学之间并不存在冲突,一种关于我们的概念能力的恰当的常识实在论与科学之间也并不存在冲突,为了看清这一点,我们需要对我在本讲开始提到的传统实在论的其他假设——所有知识断言的形式以及它们对实在负责的方式都是一劳永逸地提前固定的——进行讨论。

注释

1. 诚挚感谢詹姆士·科南特不辞辛劳地对这个讲座以及接下来的两个杜威讲座作出了批评,并提出了有益的建议。其他提出建议和提供信息的人还有:波顿·德雷本、萨姆·弗雷斯查克、理查德·赫克、恩斯特·拉波雷、大卫·麦克阿瑟、西德尼·摩根贝瑟、阿尔瓦·诺埃、罗伯特·诺齐克、丹·奥康纳和茹斯·安娜·普特南。以上名单如有遗漏,在此致歉。
2. "后退"这个概念来自约翰·麦克道威尔,参见他的 *Mind and World*, Cambridge: Harvard University Press, 1994)。虽然我希望麦克道威尔为我在这些讲座中提出的观点负责,但我希望在此指出《心灵与世界》对我所起到的无处不在的影响,这本书重新加固了我对知觉理论中的自然实在论的兴趣,这个兴趣最初是由对威廉·詹姆士的思考而再度唤起的。
3. 索尔·克里普克(Saul Kripke)、大卫·刘易斯(David Lewis)和伯纳德·威廉斯

（Bernard Williams）也许是当下这些神秘观念最有影响力的制造者。
4 但我并不想将此论断作为杜威解读亚里士多德的定论。玛莎·努斯鲍姆在《善的脆弱性》中令人信服地证明了亚里士多德的本质主义并不是经院哲学家所解读的那样，是一种强意义上的形而上学本质主义。我同意我们可以以一种比传统更不形而上学的方式去解读亚里士多德，虽然我无法将亚里士多德的所有著作都涵括进这一解读当中。杜威的《经验与自然》（New York：Dover，1958）特别标示了他与亚里士多德的亲缘性。
5 不幸的是，这一点并没有阻止詹姆士滑向观念论和泛灵论。
6 参见詹姆士致米勒（Dickinson S. Miller）的信（1907 年 8 月 5 日）。William James, *Letters of William James*, vol. 2（Boston：Atlantic Monthly Press），p. 295.
7 同上，p. 296.
8 不过，我还认为兴趣本身就是世界的一部分。关于这些兴趣的真理会因为这些兴趣的不同而不同。但是传统实在论者所指出的是，当我在谈论某个不在因果性上受我自身兴趣影响的事物时，比如当我说世界上存在几百万种蚂蚁时，我能同时说，如果我没有这些兴趣，如果我没有给出这一描述，世界在这方面并不会改变。对于这一点我完全同意。
9 参见詹姆士《实用主义》的第七个讲座"实用主义与人文主义"，William James, *Pragmatism*, eds. Fredson Bowers and Ignas K. Skrupselis（Cambridge：Haward University Press，1975）。比如詹姆士说："我们创造了真命题的对象，也创造了假命题的对象。"很遗憾我自己也在《理性、真理与历史》（Cambridge：Cambridge University Press，1981）中谈到世界"对心灵的依赖"！
10 关于这一点，参见我的文章"Is Semantics Possible?"和"The Meaning of 'Meaning'"，*Philosophical Papers*, vol. 2, *Mind, Language, and Reality*（Cambridge：Cambridge University Press，1975）。
11 注意，詹姆士分类豆子的例子并没有挑战第一个假设。这一点也许反映了詹姆士的形而上学中仍然存在"某物"（etwas）——"纯粹经验"，虽然纯粹经验并不全然是所有"对象"的总体，所有的概念化过程都受到纯粹经验的限制，但纯粹经验本身并不受概念的束缚。我们完全不应该赞同詹姆士思想中的这一要素。
12 这一标准最初是由戴维森提出的，即两个事件具有同样的效应和原因。但是在某个事件的边界不清楚的情况下，这一标准无法解决任何问题。比如，一位认为事件必须具有明确的"身份标准"的哲学家无法确定 1942 年至 1945 年间的食糖配给事件是否是"二战"的一部分或者是"二战"所引发的效应！
13 我反对蒯因的"本体论承诺"，原因是，本体论承诺——也就是"对某种对象存在的承诺"——似乎只是一种确定了的"承诺"，因为它假定**存在**是**单义**的，也就是说，当我说艾姆街的砖房存在和当我说大于一百万的质数存在时，我说的是同一类东西，尽管这两种词语的用法（经验性的描述和数学上的用法）存在着巨大的差异。当然，我们也不能武断地为这种差异寻找原因，说**存在**具有不同的意义,就好像辞典对此有不同的解释。认为词语的意义(传统意义上)决定了我们每一次在使用这些词时所**说**的东西,这样的语言功能观在我看来是犯了深刻的错误。(蒯因当然会同意这一点,但这让我更加不解他为什么会认为存在是单义的!)我认为在这一语境中区分词语的"sense"和"meaning"是有帮助的,参见我的文章"Reply to Conant",in *Philosophical Topics*,vol.20,no.1,*The Philosophy of Hilary Putnam*(Spring 1992)。

14 代价高昂的原因是,如果我们将"部分论"视作是关于"世界之构成"的最高新真理的体系,那么它在形而上学上就是肆意无度的。当然,如果我们只是将"部分性整体"视作是对对象的习惯性谈论的**延伸**,那么上面这个反对意见就不会出现。没有人能挑战我们引入新的谈论模式的权利(虽然 Alva Noe 要求我们弄清,**这种谈论模式是出于何种目的被认为是有用的延伸**)。这就是我对对象观的延伸性的看法。事实上,这种部分论的延伸本身并没有给我们提供一个足够大的、可以让我们重构所有预测、一般性概括和生存性概括的"对象"(或"实体")总体。天空并不是由对象构成的、范式性的(像动物、植物、岩石、山脉等这类范式)部分性整体,事件和镜像同样也不是如此。

15 关于量子力学知识的反常性,我在"Realism with a Human Face"一文中有更完整的讨论,参见我的 *Realism with a Human Face*(Cambridge:Harvard University Press,1990)。

16 詹姆士·科南特(James Conant)在 *Words and Life*(Cambridge:Harvard University Press,1994)的引言部分很有帮助地讨论了我在这里和其他地方所作的区分,即考察像"实在"这样的观念在我们的实际生命中所扮演的角色和哲学家经常对此所作的分析。

17 关于那些直接对象,存在许多不同的理解方式——笛卡尔的"观念"、休谟的"印象"、马赫的"感觉"或罗素的"感觉材料"。这也标志着这些经典知觉理论家为形成自恰的假设所作的不断斗争。

18 我在这里忽视了笛卡尔主义的另一个对手,即贝克莱的主观唯心主义。

19 麦克道威尔在"Putnam on Mind and Meaning"(*Philosophical Topics*,*The Philosophy of Hilary Putnam*)中极力主张心灵既非物质性器官也非非物质性器官,而是一个能力系统。麦克道威尔反过来受到了加雷勒·埃文斯(Gareth Evans)的 *Varieties of Reference*(Oxford:Oxford University Press,1982)的启发,几年前我为《伦敦评论》写了一篇关于此书的评论,很遗憾当年我并没有意识到此书的重要性。

20 由哈佛大学出版社以《心灵与世界》为题出版。

21 正如奥斯汀在 *Sense and Sensibilia*(Oxford:Oxford University Press,1962)中花大量篇幅所指出的那样,传统认识论对"直接"与"间接"的使用是很成问题的。

22 John Searle 的 *Intentionality* 第 37 页就是这样一个例子。

23 我在这里加上引号的原因是,"外在"和"内在"的概念引入了一个错误的关于心灵的图景,即心灵是"内在的"。注意:对二元论的拒斥并不能帮助我们摆脱这一图景,相反,将心灵等同于大脑的流行倾向反而让这幅图景看起来像是正确的!

24 参见詹姆士 *Works of William James*:*Essays in Radical Empiricism*,eds. Frederick Burckhardt and Fredson Bowers(Cambridge:Harvard University Press,1976)和我的 *Realism with a Human Face* 中"James's Theory of Perception"一文。

25 甚至那些唯物论者也持这样的观点,只不过在唯物论的版本中,主体性所受的影响变成了我们的大脑状态。

26 在新实在论宣言(1910)发表多年之后,Ralph Barton Perry 和 W. P. Montague 互相问对方:"我们提出的改革方案现在变成怎么样了?"参见 Herbert W. Schneider,*A History of American Philosophy*,2d ed.(New York:Columbia University Press,1963),p. 512。

27 斯特劳森认为知觉是一个因果性概念,参见 Peter Strawson,"Perception and Its Objects",in G. F. McDonald,ed.,*Perception and Identity*:*Essays Presented to A. J. Ayer*(Ithaca:Cornell University Press,1979)。斯特劳森认为我们拥有经验是因为经验对象的呈现这一常识本身就等同于因果知觉理论。

28 "Realism and Reason",in *Meaning and the Moral Sciences*(London:Routledge and Kegan Paul,1978);"Models and Reality",in *Philosophical Papers*,vol. 3,*Realism and Reason*(Cambridge:Cambridge University Press,1983)。

29 参见"Models and Reality",p. 24。

30 对这些原因的详细讨论可参见:"The Meaning of 'Meaning'",in *Mind*,*Language*,*and Reality*;*Representation and Reality*(Cambridge:MIT Press,1988)。

31 关于对维特根斯坦的这一解读可参见我的文章"Does the Disquotational Theory of Truth Solve All the Problems?",in *Words and Life*;还可参见 *Renewing Philosophy*(Cambridge:Harvard University Press,1992)的第 7 和第 8 章。

32 虽然有人会反对说这里并不存在"悖论",因为斯科伦并没有像著名的罗素悖论那样从直觉性数学的假设中推出(并声称推出)矛盾。而那些倾向于柏拉图式的数学哲学(数学涉及的是"抽象对象",我们不需要与之进行因果性的活动就能神秘地认识这些对象)的人则会认为这里至少存在着"二律背反"。如果我们不假设一种让我们认识这些对象的神秘心灵力量,那么我们自然只能说,我们对这些对象的理解完全是由我们对数学真理的理性把握构成的。

33 与通常的观点相反,如果我们将数学当作一种二级逻辑,这个问题就不会出现,那些可能的解释不过是二级逻辑本身并没有关注到的解释。

34 比如可参见《理性、真理与历史》的附录。

35 细节性的探讨可参见《理性、真理与历史》第 2 章及附录,对数学逻辑有所了解的读者还可参见"Models and Reality"。

36 有些读者因为粗心而误读了《实在论与理性》中的一句话，他们认为我提出了一个新立场，也就是"内在实在论"。我在《实在论与理性》中所使用的"内在实在论"表达的是我在《"意义"的意义》和一系列"功能主义"文章中所持的立场。《实在论与理性》中的"内在实在论"并不是我的新立场，它表达的是我在此之前所持的那种科学实在论，并且现在我认为，无论是实在论者还是非实在论者都可以接受那种科学实在论立场。但是我很快就发现每个人都用"内在实在论"来命名我的新立场（或者他们所理解的我的立场）。虽然我在从发表《实在论与理性》和《模式与实在》到出版《理性、真理与历史》的期间修正了自己的立场，但最终还是屈服了，在《理性、真理与历史》中将我的"新"立场称为"内在实在论"。盖里·埃伯斯（Gary Ebbs）（参见他在 *Philosophical Topics*，*The Philosophy of Hilary Putnam* 中的文章)认为"内在实在论"这个标签误导了我的读者，我承认这一点。

37 在达米特看来，一般情况下（模糊的情况除外），句子要么被（结论性地）证实，要么不被证实。而在我看来，证实从来就是程度上的问题。我在《理性、真理与历史》中使用了"理想认识条件"的概念，关于这个问题所引起误解可参见 *Realism with a Human Face* 前言。

38 参见 Michael Dummett, *Truth and Other Enigmas* (Cambridge：Harvard University Press, 1978)。

39 达米特的这一观点也许源自希望将布劳维尔（L. E. J. Brouwer）的直觉主义逻辑（布劳维尔的试图将直觉主义逻辑与一种反实在论的数学哲学联系起来）运用到经验语言中这个他曾公开表达过的想法。实现这种想法的一个最简单的方法就是将"证明"这个数学直觉主义语义学的基本观念拓展到一个更宽泛的观念，那就是"结论性的证实"，后一观念既适用于数学语言，也适用于非数学语言。达米特建议的正是这一方法。

40 我的这一回应参见 *Representation and Reality* 最后一章。

41 有人会问，那么当时我是否已经放弃了"内在实在论"？我在《实在论的多副面孔》(LaSalle, IL：Open Court, 1987)将《理性、真理与历史》中的"内在实在论"等同于"温和的证实主义"。这一等同拒斥了传统实在论的四个假设：(1)假设存在所有对象的固定总体；(2)假设存在所有属性的固定总体；(3)明确区分我们在世界中"发现"的属性与我们"投射"到世界中的属性；(4)以"符合"这个固定关系来定义真概念。我认为这些假设并不是错误的假设，而是让人最终无法理解的假设。现在我仍然认为这四个假设是无法理解的，虽然我会以不同的方式得出这个结论。那么，现在我是否在某种意义上仍然是一个内在论者？我想这个问题的答案取决于我想将多少内容放到这个令人不开心的标签下面。

42 这观点中有一个悖论：根据这个观点，主体性的情感可以被等同于大脑的物理状态，也就是被等同于某种客观的东西。不过反过来，任何一种唯物论的观点也都在试图去拥有"感质"并将它们"自然化"。参见注 23。

43 同样的图景还出现在"Computational Psychology and Interpretation Theory"（in *Philosophical Papers*，vol. 3，*Realism and Reason*）和"Reference and Understanding"（in *Meaning and the Moral Sciences*）当中。后一篇文章正好写于我转向"内在实在论"之前。

44 艾耶尔曾以此来形容心灵哲学中的行为主义立场。

45 比如可参见 Daniel Dennett，"The Absence of Phenomenology"，in Tapscott and Gustafson，eds.，*Body*，*Mind and Method*：*Essays in Honor of Virgil Aldrich*（Dordrecht：Reidel，1979）。

46 我想还有一个原因使我没有在所谓的内在实在论中严肃思考知觉**对象**的问题。我认为即便我们采取了"直接实在论"的立场，关于物理学中的"理论实体"以及关于电子、夸克、电子场等的问题仍然会再次出现。即便我们可以认为"可观察事物"与"不可观察事物"之间的界线是任意而武断的，但**无论**我们将"界线"划在何处，我在《模式与实在》中所描述的问题都会出现。

这个观点之所以吸引我的原因是因为当时我支持"功能主义"、计算性的心灵观以及与这一心灵观相连的笛卡尔主义兼唯物论认识论。如果知觉需要仅仅作为主体性情感的"感质"或"感觉材料"，而心灵（包括它的"感质"）又等同于大脑（"感质"等同于大脑中的物理层面），那么知觉就不能等同于任何**外在**于大脑都东西。我们已经看到，根据这个观点，内在于"心灵"中的对"感质"的知觉与对"外在"对象的知觉之间就存在着根本区分。我可以接受（事实上也在《模式与实在》中这样做了）延伸"观察"的概念，让它包含借助工具进行观察的做法，但我不认为这一让步可以帮助我克服那个"二律背反"，因为我甚至无法理解我们通常所说的知觉可以是**离开**工具帮助的知觉。真正困扰我的问题并不是"无论我们将可观察事物与不可观察事物之间界线划在何处都会出现的问题"（虽然我曾经这样认为），而是某个特殊的划界之处，也就是"感质"，似乎具有绝对的形而上学的优先权，虽然当时我并没有认识到这一点。

第二讲
成为奥斯汀的重要性:"二次天真"的需要

传统的实在论形而上学包含了下面这个观念,即所在一个所有对象的明确总体(至少在哲学上,这里的"对象"被认为是一经固定便永远固定的)和一个所有"属性"的明确总体。[1]我们用一个通名指涉具有某些共同体属性的对象。这个观念并不只存在于历史的垃圾箱当中,比如福多(Jerry Fodor)最近提出的指涉理论背后就是这个观念。根据福多的理论,所有词语(即便是"女巫"这个词)都对应于某些"属性",而这些属性与对应词语的使用则是通过"法则"联系起来的。而此理论的另一个变种(此变种受到唯名论的轻微影响)则抛弃了属性,改用了类别。比如刘易斯(David Lewis)相信,至少那些基本的指涉包含了他所谓的"上层类别"(elite classes)或"自然类别",对象的类别不仅存在于实际世界当中,还存在于由实在自身挑出的其他"可能世界"当中。[2]很明显,刘易斯用这些存在于不同可能世界中的事物类别来替代旧的"属性"。知识断言是将属性分配给对象的断言,以及这些断言的逻辑功能(否定、析取、合取与多重概括)。根据这一图景,也就存在一个所有可能的知识断言的明确总体,这一总体独立于语言使用者或思考者,一经固定便永远固定。语言使用者或思考者的本质可以决定他们要谈论或思考哪一个可能的知识断言,但不能决定可能的知识断言本身是什么。

与这一立场相连的认识论通常都包含了因果知觉理论。根据这一理论,我们所知觉到的对象导致了事件链(括我们的感觉器官),并最终导致了心灵中的"感觉材料"。[3]这一理论的唯物论版本将"感觉材料"等同于大脑中的物理事件,而晚近受认识科学启发的唯物论变种则认为这些大脑中的事件是"心理表征"的子集或某些"模块"的输出。

17世纪前占主导地位的知觉观是亚里士多德的理论(经过阿奎纳与经院哲学家的解释)。[4]亚里士多德的理论具有强烈的直接实在论要素(虽然其陈述令人困惑)。比如,亚里士多德在《论灵魂》的第3卷中写道:"灵魂的思维部分虽然不可打动,却能够接收对象的形式,也就是说,这部分灵魂可以在不成为对象的前提下潜在地与对象相同。"[5]在亚里士多德看来,一个可知觉物的形式也许就是某个可知觉的属性,比如"热"或者热的匮乏,也就是"冷",一个青铜球体的形式也许就是它的形状,而一个人的形式也许就是其理性的动物性。我们之所以对亚里士多德的理论感到困扰,是因为我们不理解当心灵知觉到某个热的或冷的东西时,它在何种意义上"变成了"热的或冷的(即便是在"潜在"的情况下);当心灵知觉到某个青铜球体时,它在何种意义上"潜在地"变成了球体;当心灵知觉到某个人时,它又在何种意义上"潜在地"变成了一个特殊的理性动物。不过亚里士多德理论的重点是清晰的:我们所知觉到的是外在的热或冷、外在的形状,以及谈话者的理智和动物性。对这种旧的思维方式来说,下面这种观念是完全陌生的,即我们只经验到自身之内的事件,这些事件与热或冷、形状、理智、动物性的唯一联系是后者**导致**了前者。后面这种观念只有在贝克莱和休谟之后才变成了唯一**可能**的思维方式。[6]

为什么只有这种观念变成了唯一可能的思维方式?这是一个困难的问题。就经验论者而言,"观念联合"的新心理学无疑在其中扮演了一个角色。[7]就笛卡尔而言,对亚里士多德传统的反动同样存在:亚里士多德传统强调知觉,而笛卡尔则需要通过将知觉在知识中的角色最小化来缓和他的怀疑论忧虑。[8]诚然,经验论者和理性主义者开始考虑怀疑论是当时时代的一个特征。但是还有一个被反复提及的新要素至少可以部分地解释这个问题,那就是**对自然的数学化**。[9]"自然"首次在现代意义上

(**这个**意义在17世纪之前几乎并不存在)被理解为数学法则与几何关系(这种几何关系很快变成了由代数和运算所表达的关系)的领域。这种自然观中没有颜色和冷热的位置,后者被驱逐至心灵(拉美特利[Julien Offray de La Mettrie]和霍布斯所说的大脑)的主观情感。[10]基于数学公式对自然的描述,我们只好说对事物的日常描述不可能被应用于事物"本身",这种观念很快变成了一个强制性的观念。

早期现代实在论的心灵哲学试图为我们的日常描述保留一点空间,但同时又完全接受上面这种观念。根据这种新的心灵哲学,我们的"经验"完全发生于心灵(或大脑)中,也就是说发生在一个"内在"的领域中,这个领域中当然不存在桌子、椅子、卷心菜或国王,它完全与"外在"世界脱节,因此(正如贝克莱坚持认为的那样)说经验类似于经验对象是毫无意义的。[11]但是,那些不想跟随贝克莱走向观念论的哲学家则认为"外在"事物是"内在"经验的**成因**,并且,虽然普通人错误地认为他们可以"直接知觉到"外在事物,但我们确实可以"间接直接到"这些事物,因为后者导致了我们的经验。另外,即便颜色、冷热和其他(所谓的)"第二性"可以被认为是实在的某种衍生,它们也不是事物"本身"的"本质属性",相反,它们是"关系属性",并作为倾向以某些方式影响我们的心灵(或大脑)。

我在上一个讲座中指出,这种知觉理论不可能说明我们是如何**指涉**"外在"事物的。我指出我们必须恢复直接实在论(我更愿意称之为自然实在论),更确切地说,我们需要恢复这一旧观点的精神,但又要抛弃它的形而上学包袱(比如心灵"潜在地""变成"它的对象,又比如心灵获得了知觉对象的"形式"而不是它的"内容")。在上一个讲座中,我指出詹姆士是第一个明确主张这种知觉观的哲学家,并认为胡塞尔、维特根斯坦和奥斯汀分享了詹姆士的观点,认为哲学上的进展需要我们恢复"普通人的自然实在论"。

奥斯汀对抗对"天真实在论"的传统驳斥

但是这种自然实在论是否站得住脚呢？从17世纪到罗素的《哲学问题》，认识论理论家提出的论证难道不是有效地阻碍了我们去复兴"天真实在论"（这是我在读大学时的叫法）？即便是对上面提到的四个哲学家作大致的诊断和讨论也需要一个比这个讲座长得多的系列讲座。并且，虽然这几位哲学家在知觉理论上存在着惊人的趋同，但在哲学体系的其他方面却有明显的不同。詹姆士[12]讨论知觉的语境是一种"纯粹经验"的形而上学；胡塞尔[13]讨论知觉的语境是一种纯粹的现象学（包括下面这个重要观点：物理学中的"第一性的质"并不是我们所发现的事物"属性"的集合，而是**观念化抽象**的集合[14]）；奥斯汀讨论知觉的语境是一个野心十足的计划，他试图说服哲学世界，仔细检查日常语言（和哲学）运用概念的方式是非常重要的；而维特根斯坦讨论知觉的背景则是对哲学混乱之本质与来源的深刻反思。并且，人们在很大程度上忽视了维特根斯坦与其他三位哲学家之间的对应关系，因为与知觉理论深刻联系在一起的著名的私人语言论证（我认为这一论证散见于《哲学研究》第一部分的大部分地方）首先被误读为对某种行为主义版本的辩护，其次又被误读为否认我们的知识断言必须对任何外在于公共赞同或批准的实在负责[15]。目前，我们很难在完全不丢失线索的前提下穿过这一大片误读的沼泽。我将在第三讲中再次回到如何解释维特根斯坦的话题。[16]因此，我在这里只对奥斯汀的论证稍作讨论。我之所以在四个哲学家中选择奥斯汀是因为他最仔细地回应了每一个反对天真实在的传统（也就是现代早期）论证。《感觉与可感项》是一部受到不公正忽视的分析哲学经典，我强烈主张你们每一个人都应该对它一读再读。

奥斯汀指出，早期现代认识论理论家使用了一个策略，而这个策略于20世纪在罗素、艾耶尔、普赖斯（H. H. Price）等人那里得到了延续，那就是"建立"某些非"证实性"的"视觉经验"（"听觉经验""触觉经验"等）。在笛卡尔看来,梦就是这样一个特别令人信服的例子。

从某种意义上说,笛卡尔选择梦作为例子更适合他的目的。因此虽然普通错觉（illusion）的例子（水中的棍子看起来是弯的、镜中的影响被误认为是对象本身等）泛滥于认识论著作中（包括笛卡尔自己的著作）,但如果用它们作为证据来证明"我们所观察到的东西至少在有一些时候是心理的",其效果比梦的例子更难让人信服。这些例子确实说明知觉并不是不可错的,但"知觉并不是不可错的,因此知觉不能是直接的"这个推论就显得很奇怪了,此推论明显需要一些很成问题的前提来支撑。当我看到水中的一根棍子时（甚至当我看到一个镜像时）,我毕竟还是知觉到了某些"外在"的东西,只不过这些东西看起来像其他东西,这也是我**误认为**它们是其他东西的原因。如果我们没有做梦的经验,幻觉（hallucination）作为我们"知觉到某些心理事物"的例子也会存在问题。谢天谢地,我们大多数人都从未经验过幻觉。幸亏每个人都会做梦,否则我不知道我们会怎样**看待**那些出现幻觉的人。所谓的幻觉是不是说一个人的面前分明没有匕首,但还是说"我看到我前面有一把匕首,它的柄就在我手边"？这一行为本身足够离奇,但它是否说明这个出现幻觉的人知觉到了某些"感觉材料"？

然而我们都会做梦,足够生动和现实的梦给了我们一种经验范式：虽然并没有物理对象呈现给我们,但我们还是看到、听到或感觉到了某些东西。正如奥斯汀所强调的,梦通常并不"像"我们的日常知觉经验,这并不只是因为梦中的事件（通常）是"支离破碎"的,更是因为梦中的经验具有不同的现象学法则。我们说一些经验"像做梦一样",或者说内心状态在某些情况下"像梦一般",我们的意思是,这些经验或内心状态与通常的知觉经验或内心状态之间存在某种**不同**,这种不同提醒我们前者具有梦的"性质"。[17]不过,有些梦比其他的梦更"不像梦",有时候我们会分不清究竟是醒着还是仍然在做梦。如果有人说自己的梦是"如此真实,完全就像真的一样",我们是无法在先验的层面上驳斥他的描述的。上面这些思考并不只是哲学家的思考,"所有一切是否只是梦"这个老问题同样也让艺术家着迷。几个世纪以来,几乎每个说西班牙语的人都知道卡尔德隆(Pedro Calderon de la Barca)的伟大诗行:"生命是梦,是关于梦的梦。"

让我们假定一个叫海伦的人梦到这样一个经验,她完全就像真的到了某地,只不过这个地方她从未去过,比如泰姬陵(这种情况也许不可能,但姑且让我们假定这是可能的)。传统感觉材料的认识论理论家会说:"海伦当然在经验某种东西,但她经验的当然不是(几千英里之外的)泰姬陵,也不是任何物理对象(她闭着眼睛,头枕着枕头),所以她经验的是某些心理的东西。因此,知觉对象至少在**有些**时候是心理的。"[18]

接下来让我们想象一年之后海伦有了"完全相同的视觉经验",她实际到了印度并看到了泰姬陵。这时传统感觉材料的认识论理论家会说:"我们刚才同意海伦在梦中直接知觉到的是某些心理的东西。难道我们不应该说,物理建筑与心理性的感觉材料这两种不同本质的东西至少看起来是不可能完全相似的吗?难道我们不应该得出结论:一年后的海伦也直接知觉到了心理性的感觉材料,这些感觉材料与一年前的感觉材料完全相似,但又存在着重要的区别——一年后的感觉材料是由泰姬陵(以某种对知觉经验来说恰当的方式)实际导致的,而一年前的感觉材料则不是?一年后的海伦间接知觉到了泰姬陵,而一年前的海伦甚至没有间接经验到它,但她在两种情况下都直接知觉到了她的感觉材料。"

在《感觉与可感项》中,奥斯汀用非凡的一章指出了这一"论证"的所有错误。[19]第一,这一论证毫无理由地假设做梦者在知觉**某些东西**。如果他们知觉到的不是物理对象,那就是知觉(或"经验")到了其他类型的对象。第二,这一论证假设不是物理的东西就一定是"心理的"(罗素和摩尔质疑了这一点,但接受了这一论证剩下的部分)。第三,这一论证对"直接"与"间接"的使用是奇怪的(它认为我们看近在眼前的对象就好像是在一个内在屏幕上看这个对象的影像)。第四,这一论证假设醒时的经验与梦中的经验"在质上不可区分"。最后,即便我们接受了最后一个假设,也不能像这一论证那样完全没有理由地声称"本质"完全不同的对象不可能**显现**成完全相似的东西。事实上,詹姆士和奥斯汀都指出,即便做梦和错觉等情况下的知觉**确实是**非物理性的,即便某人梦中的经验**确实**或多或少地与"可证实经验"(比如举詹姆士爱用的例子,哈佛纪念堂)完全相似,我们也不能简单地得出结论说,可证实经验的对象不能**就是**纪念堂本身。[20]

一个可能的回应

感觉观念或感觉材料的理论最初是为了在哲学上对普通知觉经验的现象学作出精致的描述而提出的。20 世纪,这种理论逐渐受到激烈的批判,被认为是错误地描述了知觉经验。尽管如此,有时人们还是不只将感觉材料理论当作对知觉经验的描述,还认为它是对各种众所周知的知觉事实的最好解释。[21] 我要在下面几分钟内讨论的是,一旦我们放弃对知觉事实的单纯反思就能证明这一理论的观念,我们是否还能在这一理论中找到任何解释?

一个持感觉材料理论的认识论理论家会这样回应奥斯汀:"认为我们在某些情况下能够直接(无中介地)知觉到物质性事物的部分和(或)属性与认为我们在另一些情况下(比如做梦)能够知觉到主观事物(让我们称之为'感觉材料',且不预设它们的终极形而上学本质)这两个观点在**推演**上是不一致的,这一点你说得很对。[22] 但我们感觉材料论者并没有声称我们的论证是**推演性**的证明。只要看一看奥斯汀对艾耶尔和普赖斯的引用,你会发现奥斯汀回避了感觉材料论者的这个强烈声明。而你自己在转述感觉材料理论时不是也使用了'至少不应该'这种推演性论证不会用到的表达吗?"

（这里我要停一下指出，一旦感觉材料论者承认我们直接知觉到感觉材料，而感觉材料又不能通过推演得到确证，他就已经抛弃了我们可以非推论性地获知感觉材料这一论断。这一结果虽然没有给更彻底的基要主义留下空间，却给传统认识论中的"融贯论"留下了空间。）

想象中的感觉材料论者继续说："詹姆士和奥斯汀所持立场的问题在于，他们完全无法解释做梦者（比如你所举例子中的海伦）会**觉得**自己实际看到了泰姬陵。即便奥斯汀是正确的，即梦中的经验与后来得到的可证实经验在质上并不完全相同，他们也无法解释这两种经验的性质为什么看起来会**相似**。而两种情况下海伦直接知觉到了相同（至少是相似）的感觉材料这一假设却**可以解释**它们为什么是相似的。"

但是，感觉材料论者提出的这种"解释"是很奇怪的。首先让我们考虑它的非唯物论版本。归根到底，"笛卡尔式的"认识论理论家并不能提供任何能够解释事件**如何**在大脑中制造"感觉材料"或者心灵如何"直接观察到"假设对象的机制。（非唯物论的）感觉材料论者自己甚至都无法就以下这些问题达成共识："感觉材料"是（像休谟所认为的那样）个体心灵的一部分，还是属于个体心灵但不是后者的一部分（贝克莱曾谈论"精神与它们的观念"？感觉材料是殊性（particulars）还是性质（古德曼甚至认为殊性**就是**性质）？[23]同一个感觉材料是否可以被几个心灵"直接知觉"？是否可以想象有些感觉材料可以在不被知觉的状态下存在？（后两个问题是20世纪的问题。）就解释海伦梦见自己实际知觉到了泰姬陵这一事实而言，非唯物论的感觉材料理论毫无成功的希望。它的解释从一个众所周知的事实开始，那就是，对我而言梦到了某物就好像是看到了某物，然后又诉诸完全神秘的实体与进程，这种理解在关键的地方缺少一切细节，且不具备任何可检验性。在严肃的自然科学看来，这种"解释"甚至是**无法理解的**。[24]当然，如果"海伦在两种情况下拥有同质的感觉材料"不过是"对海伦而言她梦中看到的就是她后来实际看到的泰姬陵"在哲学上的翻版，那么前者说法就完全是可以理解的（除了我们是否真的可以在"质上"区分梦中看到的东西与实际看到的东西这个问题),但单纯用特殊的行话复述某个事实并不能算是对这个事实的**解释**。

空洞的"同一性理论"

虽然感觉材料理论已经声名狼藉,但它背后的假设依然非常流行。这些假设包括:存在一个独立的经验或心理现象领域;这些现象发生于心灵/大脑中;发生的地点是人的头部;知觉包括与某些"内在"经验的特殊认知关系,并通过"恰当的因果链"将这些经验与"外在"对象连接起来。

我曾经不止一次地指出,笛卡尔主义兼唯物论这个现代形而上学实在论和认识论实在论的唯物论版本几乎退回到了笛卡尔主义本身(比如狄德罗和拉美特利的笛卡尔主义)。而认为感觉和思维不过是大脑进程的"同一性理论"在20世纪后半叶之前都没有真正成为哲学讨论的主要话题。我在《理性、真理与历史》中讨论了"感质"(那段话我在上个讲座中读过),那时我还持这种"同一性理论"。那么,同一性理论是否能够避免我们刚刚提到的对感觉材料理论的反对意见呢?

如果感觉材料("感质")就是大脑事件,而非大脑事件的非物质性效应,那么大脑中的物质性事件如何导致心灵中的非物质性事件这个问题就完全能够避免。至于我刚才提到的第二问题——感质如何被**观察**到,也就是说,我们如何**意识**到感质——是否也能够避免则不像第一个问题那样确定。福多在《心灵的模块性》中将他假设的"知觉模块"输出称为**表象**。也就是说,如果某个假设模块制造了某个"输出"事件,这个事件依据事实就是一个意识事件。这一点很难让人接受。比如,如果我们假设视觉"表象"的模块在视觉皮质中,就会与下面这个事实发生矛盾,即视觉皮质的某些部分(比如那些只服务于单边视域的部分)可以同"语言区域"**脱离**。我们是否可以说,在这种情况下("盲点"或"脑裂"[split brain]）存在一些**本人并没有意识到的视觉感觉材料（"表象"）**？如果我们的技术发展到一定程度，能够让我们从大脑中移除某些视觉辨识（比如辨识椅子）的"模块"，让它存活于缸中并保持运作（也就是回应由计算机提供的刺激），我们是否就可以在没有任何人经验的情况下获得"椅子的感觉材料"？如果在一小组神经元中可以存在"感觉材料"（或"表象"），为什么我们不能说一恒温装置中可以存在感觉材料呢？这就是这条思路疯狂的地方。

另一方面，在大脑中寻找"祖母神经元"（grandmother neuron）的做法是没有益处的。这种观点认为当来自视觉皮质的信息到达**大脑**时，它们就**变成**了感觉材料或感质。大脑拥有语言中心和各种记忆区域，但没有意识中心。（如果你对此有怀疑，丹尼特在《意识的解释》中提供的出色证据应该可以说明你。我认为，丹尼特同时否认主观意识与客观指涉的原因只是因为意识和指涉不能被等同于明确的大脑功能（或者说明确的物理关系）。这是哲学中"后退"现象的另一个例子，这一次是从笛卡尔式的二元论一直退到了"现象学的退场"。

因此，对感觉材料的"直接知觉"是一个完全没有得到解释的过程，这个过程仍然存活于同一性理论的唯物论版本中。但是我认为同一性理论还有一个更为严重的问题，那就是此理论的语境中，同一性究竟意味着什么？

20 世纪 50 年代有一个广为传播的反对同一性理论的论证：感觉材料（一个典型的例子是同质性的视觉感觉材料，比如一大片蓝天所呈现的表象）和神经进程有着非常不同的"特性"（grain）——神经进程是不连续的，有许多不同的种类和不同的部分，而蓝天的感觉材料则完全是统一且未经区分的。说如此不同的两种东西是"同一的"没有任何意义。[25]

这一反对将感觉材料（为了辩论姑且假定它们是存在的）等同于大脑状态的"特性论证"虽然不佳，却是一个不错的"直觉泵"（intuition pump)。因为这一论证让我们提出下面的问题：当我们说感觉材料和神经进程是"同一的"时，我们说的是哪一种"同一性"？如果这种同一性是自成一类的，而"心物平行论"所假设的"相关性"也是自成一类的，那么认为"同一性"与"平行性"是相互排斥的两个选项的观点就是一个错觉（它们只是用不同的词表达了相同的东西）。

目前，让同一性理论（感觉经验等同于大脑进程）变得有意义的两个最流行的提议是：(1)"同一性"的意思是理论同一(theoretical identification)；(2)"同一性"是"不规则的个例同一"(anomalous token identity)。让我们来大致考察一下每一个提议。

(1) **"同一性"的意思是理论同一**（比较："光等同某种电磁辐射"）。我在《理性、真理与历史》中赞成的正是这个提议。[26] 当时我区分了两种关于"感觉材料"（当时我称之为"感质"）的观念，即功能性观念（在这个意义上，拥有"蓝色的感觉材料"就等于我们通常根据公共标准看到蓝色东西时候所拥有的那种感觉材料）和"质性"观念（在这个意义上，拥有"蓝色的感觉材料"就等于拥有我个人与"蓝色"这个词联系在一起的"性质"，不管其他人是否将这种性质与这个词联系在一起）。[27] 而我则将自己的观点描述为：感觉材料就是大脑状态。根据这一观点，当我们根据功能性特征将感觉材料集合在一起的时候，我们用到的是功能性观念（因此，在这种情况下，我们谈论的是以计算性为特征的大脑状态）；而当我们根据质性特征将它们集合在一起时，我们又是以某些神经学特征为基础的（虽然在通常意义上我们并不会这样看）。

这个提议假设（像很多同一性理论一样），在这种"理论同一"的帮助下，感觉材料（或感质）的概念属于（或潜在地属于）可以被"还原"为物理学或物理学兼计算机科学的科学理论。

然而我们并不清楚是否存在一种感觉材料**理论**（无论基于哪一种观念）。如果我们认为当人们在谈论"看到""梦到"的时候是在描述**感觉**（日常语言对这一概念的使用深受现代哲学的影响），并将这个意义上的感觉等同于感觉材料，那么我们也许可以将看到、梦到、想象与幻觉，以及某物"看起来像"某物的日常信念视作是一种简陋的感觉材料"理论"。但是将感觉材料的这层特殊的"质性"意味分离出来的做法更像是出于哲学思辨的奇想，而不像是以解释和预测为目的的理论。不过暂且让我们接受下面这个极成问题的假设，即这样一种理论**能够**成立，并且可以被整合进日常心理信念的网络当中（否则我们很难想象这个"理论"会是怎么样的）。在接受这一假设的前提下，现在我要考察我们是否能在理论同一的帮助下让这种假定存在的"同一"变得有意义起来。

日常心理信念的网络主要是由意向性观念和命题性态度组成的。（下面这个例子说明了"感觉"概念与命题态度的关系："当我拥有看到绿地的视觉经验时，我通常相信我正在看一片绿地。"）能否通过"理论同一"将一种科学（比如光学）中的观念"还原"为另一种科学（比如物理学）中的观念，取决于第一种科学法则的近似真理是否有可能在理论同一系统（比如"光等同于某种波长的电磁辐射"）的帮助下从第二种（更为"基础"的）科学法则中**推得**。[28] 比如，为了还原**光**的概念，我们必须同时还原**阴影、半影、反射、折射**等概念。类似地，如果要将"理论同一"的模式应用于感觉材料，我们必须能够对包含了感觉材料法则（也就是包含了**感觉的法则**）中的概念——比如某个感觉看起来是如此这般的——进行还原。如果一个概念真的是某个理论的一部分，那么为了说明这个概念是可还原的，我们必须对理论也进行还原。如果意向和"感觉材料"真的同我们平常所谈论的看到了什么和认为自己看到了什么联系在一起，那么成功还原感质（如果感质真的存在）就必须以成功将意向语言还原为物理兼计算机概念为先决条件。

最近几年我写了很多文章试图指出，这个方案并不像初看起来的那样是一个明确的科学方案，而是一种妄想。[29] 这个方案有两种形式。其中较为简单的形式是将思维（这里的思维被认为是一种内部书写）的意向性简单等同于（至少在基本情况下）和意向对象联系在一起的**因果性**

共变（causal covariation）。我相信劳尔（Barry Loewer）和我已经在不同的文章中指出，对这一点进行阐明的各种尝试之间存在着灾难性的矛盾。[30] 更为复杂的形式是我自己的"功能主义"。此观念用到了刚才解释过的理论同一，并致力于寻找那些可以被等同于各种命题性态度的计算状态。事实上，我一开始是希望这种计算状态的观念**已经被既存的计算理论公式（比如图灵公式或自动机理论）明确阐明了**。在我认清计算状态的形式化属性非常不同于心理状态的形式化属性之后[31]，原来的功能主义很快被希望找到一种理想的"心理理论"这一想法取代。但我仍然认为这种理想的心理理论具有同计算理论公式一样的特性。

计算理论公式将每个计算状态**绝对地定义**为这一状态与某个特定系统内所有其他状态之间的计算关系（比如相继关系或可能相继关系）的总体。换言之，某个特定系统的整个计算状态集合是**被同时绝对定义**的，而这个绝对定义又**个体化**为每一个状态，从而与所有其他状态区分开来。但是没有一种心理理论能够像这样个体化或"绝对定义"它的状态。因此，功能主义对它所谓的理想心理理论的理解是非常奇怪的。实际上没有一种心理理论会假装提供一组法则去区分奥赛罗幻想中苔丝狄蒙娜对凯西奥的嫉妒与每一个其他实际或可能的命题性态度。而这正是将命题性态度等同于"计算状态"会导致的结果。因此，功能主义将一个有力假设引入了对于心灵的研究，这一假设试图告诉我们真正科学的心理理论应该是怎么样的。

我们没有理由不认为这种心理理论（今天这种理论通常被称作"概念角色语义学"）是一种乌托邦。虽然思考我们现在尚不能实现的科学上的可能性并没有什么害处，但我逐渐认识到这种理想心理理论不过是一种"空想"。没有人知道如何去构建这样一种理论，也没有人对此有任何概念。今天我们听到很多人谈论认知科学，但是我们需要区分提出一个科学理论或繁荣一门问题明确的科学学科与承诺某种可能的理论却又在原则上不知道如何兑现的做法。如果我的看法是对的，那么这种心理理论提出的还原——将包含在日常心理活动中的心理学整体都还原为物理学兼计算机科学——就不具有任何清晰的内容。如果我们不清楚**作为还原目标**的理论的本质(且对**被还原**理论的本质所知甚少),就不能通过将一个理论还原为另一个理论来说明"将感觉材料等同于大脑的功能性状态"这一未经解释的观念。

在我看来,如果我们认为感觉材料是功能性的,那么以上的反对意见就是决定性的。我们如何对"质性"的感觉直接进行物理性的描述呢?

在上面这种情况中,我们知道作为还原对象的理论,即关于大脑的物理学和化学,但**需要被还原的"理论"**又是什么呢?让我们姑且假定需要被还原的是"视觉感觉材料"理论。如果我们要还原的是颜色之间的关系,那么就有很多可能性。每一个我们能够觉察的颜色关系都对应于一个视觉进程,而这些进程之间又存在着相互关系[32],并且,除了这些关系,视觉皮质中还存在其他各种关系(福多的"知觉模块")。但我们不会将感觉材料等同于视觉进程,原因很简单:即便是失明了,我们也能有颜色的感觉。这也告诉我们,对"质性"感觉材料的限制必须将我们意识到感觉材料这一事实也包括进来,但我们能够在不"还原"命题性态度的前提下对包含了**意识**的(假设性)"法则"进行还原的理由何在?意识概念(也就是与**认识论**相关的意识概念)就是**思维的可用性**(availability to thought)概念。我要再一次指出,我们要么不知道我们所谈论的"还原"理论究竟是什么,要么必须让这种理论实质性地包含命题性态度。但我们不能将命题性态度还原为关于大脑的物理学和化学,理由有很多,比如众所周知的"外在论者"理由:命题性态度的内容依赖于外在于有机体的东西(不过这些东西出现在有机体的环境中),又比如命题性态度与物理学及化学具有不同的可实现性,等等。[33]总之,"理论还原"和"理论同一"的观念在当下的语境中不具有任何实际的内容。

(2)现在我想考察另一个让心灵与大脑的"同一"理论变得有意义的提议,即**这种同一是**戴维森所谓的**"不规则的个例同一"**。[34]理论同一

(比如光等同于某种波长的电磁辐射)将符合某一描述的所有事件(某一"类型"的事件)等同于符合另一描述的所有事件(另一"类型"的事件)。正如我刚刚指出的,戴维森认为属于心理描述的事件与属于物理描述的事件之间并不存在"类型"同一,但他还是声称,每一个个体事件(某人如此思维或如此经验)都"等同于"某个物理事件。[35]用戴维森的术语来说,每一个"个例"心理事件都等同于一个"个例"物理事件。

关于这种同一戴维森提出的标准是,如果两个事件具有同样的原因和同样的效应,那么这两个事件就是等同的。但是,正如蒯因所指出的,这一标准是没有希望的循环论证。蒯因指出,为了分辨"个例事件 A"是否**具有**同"个例事件 B"相同的效应(或原因),我们必须知道它们是否是等同的。因此,蒯因说,戴维森的标准是一种"恶性循环"。[36]

为了证明蒯因是对的,想象我们想要决定一小组神经元的运动(福多的"模块"之一)是否可以被"个例等同"于一个"蓝色经验"。这组神经元的运动会造成大量效应(我们一般不会将这些效应等同于经验到蓝色这一效应),比如激发了其他神经元。如果我们将蓝色经验等同于这组神经元的运动,那么其他被激发的神经元就变成了"蓝色经验的效应"。但是如果我们将蓝色经验等同于包含其他神经元的更广泛的大脑活动,那么那些其他的激发事件就会变成"蓝色经验"的**一部分**,而不是后者的**效应**。我们不可能用戴维森的标准去决定一组激发的事件是否等同于"蓝色经验"。因此,我们的手头没有任何标准,有的只是自成一类的"同一"。[37]

人们诉诸同一理论的很大一部分原因是因为害怕陷入一个似是而非的困境——要么选择某种形式的同一理论(或消除性的唯物论),要么就被迫退回到黑暗的二元论旧时代去。但放弃"同一理论"就一定要接受二元论吗?答案是否定的。我想提出一条走出困境的出路,这条出路需要我们意识到感觉经验并不是"心灵"的被动情感,而是(在绝大部分时候)一个活的存在对世界各方面的经验。谈论心灵并不是谈论我们当中的一个非物质性部分,而是在描述我们如何运作自己所拥有的能力。这些能力附加在我们的大脑活动以及与环境的各种交互上,我们并不一定要用物理学和生物学,甚至用计算机科学的词汇对此进行还原性的解释。[38] 我提出的形而上学上的改造默许了概念来源的多元性以及相互之间无法还原的不同词汇的共存(无论我们的一元论者如何幻想,这种默许在实践上明显存在),并要求我们不是回到二元论,而是回到"平常人的自然实在论"。

知觉相对性论证

我们刚刚回顾的争论焦点在于,为了证明"可证实经验与不可证实经验的相似性"(按照传统的说法),我们是否需要将"感觉材料"放到中心位置。但是从 17 世纪到罗素的《哲学问题》以来的传统认识论理论家还采取了另一种策略,那就是否定绝大多数我们通常认为自己知觉到的外在事物的**属性**(特别是颜色、质感、冷热等所谓的第二性的质)是放在"**外面**"供我们去知觉的。这些性质不是"事物本身的属性",从这个(所谓的)事实出发,传统的结论是,这些性质存在于"心灵当中"。[39] 第一种策略(也就是同一理论的策略)是"自内向外"的运作,它反对用自然实在论去解释我们的心灵;第二种策略是"自外向内"的运作,它反对用自然实在论去解释"外在"事物。当然,两种策略都来自承袭自早期现代实在论(以及它的唯物论和"中立一元论"变种)形而上学图景的那些背景性假设。[40]

我无法在剩下不多的空间中详细讨论自然实在论者对这一策略的不同回应。但是我要提醒你们注意我之前大致提到过的胡塞尔的一个重要观点:所谓的第一性的质并不是等我们去发现的一组事物"属性",而是一组**观念化的抽象**。胡塞尔否认第一性的质是属性,他并不是要否认物理对象真的具有质量和冲力,而是要指出"完全精确的质量"和"完全精确的冲力"(或位置等)这样的观念只不过的一些有用的观念化。胡塞尔的这个观点完全契合詹姆士的观点(杜威也热情地采纳了这一观点[41]),即被我们经验到的事物的颜色属性并不是"第二性的"。我无法就这一点在这里展开讨论。对此问题更晚近一些的讨论可以在斯特劳森(Peter Strawson)的《知觉及其对象》中找到,这本著作非常漂亮地探讨了这个问题。虽然我并不赞同斯特劳森的每一个观点,但斯特劳森对我的影响是显而易见的,这一点将体现在我接下来就这个重要问题所作的评论上。[42]

正如我刚刚指出的,传统对第一性的质和第二性的质所作的二分是基于这样一幅形而上学图景,即第一性的质代表的是事物本身真正的样子,而第二性的质代表的则是事物影响人类感觉器官的方式。第二性的质之所以是第二性的,是因为它们只是真实世界的**表面**属性。我在其他地方已经作了很多努力去攻击这幅图景背后的假设。[43]根据这幅传统图景,我眼前的事物并不真的具有互相对比的颜色。但是如果(正如贝克莱所认识到的那样)我们认为事物的颜色是它们看起来的样子,我们同样可以说事物的**形状**、**硬度**等也是它们看起来的样子,那么我们为了对世界作出科学解释而进行的**材料**描述就会出现大量**错误**。[44]如果传统认识论是对的,那么科学(以及科学所宣称的认识论上的深刻性)就**削弱了它自己的材料**。不过先让我们来考察一下传统认识论反对事物本身具有颜色的论证。

对我来说,与这一论证最值得回忆的相遇发生在我的学生时代,当时我第一次读到罗素的《哲学问题》。罗素指出桌子背光的部分看上去不同于向光的部分,并通过这一事实得出结论:我们看到的桌子颜色不可能是桌子本身的属性,而是桌子"在正常条件下"制造某些感觉材料的倾向。这种观点认为,如果我们"在正常条件"下去看桌子的某个部分,这个部分就会制造一种明确的"颜色感觉材料"。

但是颜色要比传统的知觉理论家(包括罗素)普遍认识到的更为抽

象。一种颜色(比如街上房屋屋顶的颜色)在阳光直射时和在背光时看起来并不一样,但两种情况都不是"非正常的"。(如果你要说在背光时看东西并不是"在正常条件下看它们",那么你就要说当我们处在大部分无阳光直射的室内时,我们就是在"非正常"条件下看东西。)而我们认为很理想的条件——在从天花板透进来的非直射性阳光的"自然光线"下看东西——就是非常罕见而不正常的(这时我们看到的东西既不同于阳光直射的状态也不同于背光的状态。)每一种颜色都有许多不同的"面貌"。

如果你喜欢,你可以说颜色就是在不同条件下拥有这些"面貌"的潜能。而"面貌"本身又一定是**关系性**属性。但罗素自己也成功地质疑了长期以来**由此**将关系性属性视作是"心理内容"的形而上学倾向。颜色面貌的关系性本质不需要我们说颜色潜在地造成某些感觉材料,而"感觉材料"仅仅是主体的情感。[45]因为这种观点只有在感觉材料(像科学实体那样)比颜色或事物的"面貌"更优越的前提下才能帮助我们去(科学地)解释颜色的本质。但是正如我们所看到的,事情并非如此。

那么这种情况是否是一种"僵局"呢? 也就是说,以下两种观点在形而上学上同等地有利:(1)认为事物的面貌是实在的不可削减的方面(尽管是关系性的),而实在则取决于事物反射光线的方式,以及在何种条件下被看到等因素;(2)认为事物的面貌是制造某些感觉材料的倾向,而感觉材料则是与大脑状态关联在一起的、实在的不可削减的方面。对此的回答是否定的。因为按照第一种观点,颜色和颜色的面貌完全可以得到(公共性的)描述,实在对经验性因素的依赖同样也是如此;而按照第二种观点,所有我在第一讲中提出的问题都会出现。[46]从认识论上来说,我们完全有理由去选择一种能够让我们的经验从一开始就与公共世界相遇的解释。

这里我们可以以有名的"反转色谱"(inverted spectrum)难题为例。这个难题不是说病人的眼睛或视神经出现了问题,也不是说他的大脑线路出现了问题,使得他看到的颜色与实际的颜色(或者"我们通常看到的颜色"这种误导性的说法)不同。因为这些缺陷都是可以被发现的,在这种情况下我们就可以将病人的行为解释为误看。相反,这个难题是说某个拥有正常视力、大脑和视神经的人可能会有不同的"视觉感质",这种可能性完全取决于将心理内容视作一个(封闭于头部的)独立领域,而我在这里反对的知觉理论的那些很成问题的假设则助长了这一观念。如果我们接受自然实在论的观点并拒斥传统现代实在论的观点,那么这一难题强加给我们的这种很成问题的可能性就不会出现。(我认为,只要我们对私人语言论证作恰当的理解,就会得出这一结果。如果这一点是正确的,我们就在奥斯汀对知觉的思考与维特根斯坦对心理状态之本质的思考之间建立起了尚未为人所知的联系。)

以上这些话似乎将问题设定为在两种"观点"之间作出选择。但这样说就太过了。我们已经在讨论"感觉材料理论"时看到,无论是否诉诸"同一理论",传统认识论都假设某些"实体"存在,这种实体的行为没有得到解释并且也是无法解释的。最后,这种"假设"只不过为我们提供了另一种行话以供我们重述下面这些事实:在某些情况下,我们似乎看到(听到、感到、闻到等)了并不存在的东西;事物的面貌并不是独立于知觉条件的属性。说到底,奥斯汀与维特根斯坦主张的"自然实在论"并不是"另一种形而上学观",虽然詹姆士是这样主张的。坚持自然实在论要求我们看到在我们自己与世界之间设置界面的图景是不必要的,也是不可理解的。坚持自然实在论是完成哲学任务的一条路径,约翰·韦斯顿(John Wisdom)曾经称这一任务为"从熟常到熟常的历程"。

注释

1 在这几个讲座中,我将关系也函括进属性的概念。长久以来,哲学家都否认关系在形而上学上的地位同属性一样基础,这个哲学观念一直到弗雷格和罗素那里才被瓦解。

2 参见 David Lewis, "Putnam's Paradox", *Australasian Journal of Philosophy*, vol. 62(September 1984), pp. 221-236。至少我并不清楚"上层类别"是如何被挑选的。刘易斯的读者往往假定上层类别是那些遵守好"法则"的类别,然而这并不是刘易斯自己的解释,因为:(1)我在 *Reason, Truth, and History* (Cambridge: Cambridge University Press, 1981)中给出的模型论论证指出,某些非上层类别遵守与上层类别同样的法则(刘易斯非常清楚地意识到了这一点);(2)刘易斯的上层类别是不同世界中的事物类别,而在无限多的可能世界中,有时上层类别并不遵守好的法则,而非上层类别反而遵守好的法则。

3 许多概念被用来表达我所说的"感觉材料",比如印象、感觉印象、感觉、德语中的"Empfindungen"、经验、感质、原始感觉等。

4 参见我的文章"Changing Aristotle's Mind"(与玛莎·努斯鲍姆合写)、"Aristotle After Wittgenstein", in *Words and Life* (Cambridge: Harvard University Press, 1994)第 2、3 章。

5 参见亚里士多德,《论灵魂》,第 4 章(429a 14-17)。

6 笛卡尔和洛克是此观念的根源,但笛卡尔和洛克认为至少存在一些感觉观念"类似于"它们的成因。

7 关于这种新心理学对当时思想的巨大影响,可参见 Walter Jackson Bates, *From Classic to Romantic: Premises of Taste in Eighteenth-Century England* (New York: Harper and Row, 1961)。

8 参见 John Carriero, "The First Meditation", *Pacific Philosophical Quarterly*, 58(1987)。

9 参见 Edmund Husserl, *The Crisis of the European Sciences and Transcendental Phenomenology*, trans. David Carr (Evanston, IL: Northwestern University Press, 1970)。

10 有观点认为现代科学明确排除了将颜色等同于客观属性的可能性,对这一观点的批判可参见 Jonathan Westphal, *Colour: Some Philosophical Problems from Wittgenstein* (Oxford: Blackwell, 1991),另可参见 *Renewing Philosophy* (Cambridge: Harvard University Press, 1992)第 5 章。

11 里德明白这其中的问题,他(在 *An Inquiry into the Human Mind* 和 *Essays on the Intellectual Powers of Man* 中)主张回到类似于阿奎纳的那种直接实在论。关于这一点,可参见 John Haldane, "Reid, Scholasticism, and Current Philosophy of Mind", in M. Delgarno and E. Mathews, eds., *The Philosophy of Thomas Reid* (Dordrecht: Kluwer Academic, 1989)。但我并不认为里德真正拥护我所谓的"自然实在论",因为至少根据我对里德的解读,他保留了感觉是非概念性的内在"符号"(与对对象的实际感觉相对)这个观念,并将其作为认识论和本体论的一个基本部分。同样的评论也适用于皮尔士的"直接实在论"(皮尔士也的确将里德作为一个典型)。

12 William James, *The Works of William James: Essays in Radical Empiricism*,

eds. Frederick Burckhardt and Fredson Bowers（Cambridge: Harvard University Press, 1976）。

13　Husserl, *The Crisis of the European Sciences*.

14　这种简略的陈述会让这一观点听上去像是实证主义，但解读《危机》的关键就在于认识到它并不是任何意义上的实证主义。维特根斯坦曾指出，现代物理学的"微粒"并不是"一把沙子"，记住这一点是很重要的，参见 Ludwig Wittgenstein, *Lectures on the Foundations of Mathematics*, ed. Cora Diamond（Chicago: Chicago University Press, 1989）, p.252。

15　我想到的是 Saul Kripke, *Wittgenstein on Rules and Private Language*（Cambridge: Harvard University Press, 1982）。

16　读者也许还可参考收在 *Words and Life* 第 4 部分"Essays After Wittgenstein"中的文章。

17　有人告诉我，那些出现过幻觉后来又恢复心理平衡的人说幻觉的"质"与日常知觉完全不同。这说明奥斯汀的猜想很有可能是对的。不过我们要注意奥斯汀并没有完全否认这样一种逻辑上的可能性，即我们无法在"质上"区分梦中的经验或幻觉与醒时的经验。

18　参见 John Austin, *Sense and Sensibilia*（Oxford: Oxford University Press, 1962），第 2 章。

19　同上。

20　我在这里使用的"非物理性"与 20 世纪早期至中期的形而上学与认识论相连。它涵盖了两个理论：第一，"不可证实经验"的假设性"对象"（比如罗素和摩尔的"感觉材料"）是心理的；第二，这些对象是"中立的"（这些对象虽然在其他情况下有可能是物理性的，但在"不可证实经验"中不可能是物理性的）。
詹姆士的观点可参见我的文章"James's Theory of Perception", in *Realism with a Human Face*（Cambridge: Harvard University Press, 1990）。虽然詹姆士确实认为"纯粹经验"的某些部分包含了想象、做梦等，但他似乎并不认为我们与这些部分的关系一定就是知觉性的。相反，詹姆士坚持"心灵的捆束理论"（bundle theory of mind），他认为"纯粹经验"的这些部分是我们心灵的**一部分**。奥斯汀并不认为"仿佛知觉到"某些物理性的东西并不一定要同某些心理或"中立"的东西发生关系。他否认我们在"**仿佛知觉到**"某类对象（比如"中等大小的干货"）的同时也必须实际知觉到另一类对象（"感觉材料"），或者与另一类对象发生其他的认知关系。

21　参见 Hans Reichenbach, *Experience and Prediction*（Chicago: University of Chicago Press, 1938），他将感觉材料等同于大脑状态。亦可参见 R.J. Hirst 对《感觉与可感项》的回应，R.J. Hirst, "A Critical Study of Sense and Sensibilia", in K.T. Fann, ed., *A Symposium on J.L. Austin*（London: Routledge, 1969）。

22　注意这个感觉材料论者不是说"直接（directly）知觉"，而是说"无中介地（immediately）知觉"，这已经对奥斯汀作了部分让步（参见《感觉与可感项》，第

14—19页)。事实上,这个想象中的感觉材料论者还对奥斯汀和詹姆士作了进一步的让步,比如,他并没有说感觉材料是"心理的"。

23 参见 Nelson Goodman, *The Structure of Appearance* (Cambridge: Harvard University Press, 1941), 4th ed. (Dordrecht and Boston: Reidel, 1977)。

24 也许这也是大多数传统感觉材料论者并没有明确作出以上这种回应的原因。不过,通过考察这些理论家手头的选择,我们发现,他们在论证的关键阶段用到了"看似有理/看似不有理"的区分,这一点暗示他们认为感觉材料理论是一个解释性的假设。更为一般的做法是声称我们在梦中是"直接意识到"某物的,也就是说,将**梦中的经验(以及想象、错觉、幻觉等)分析为如下的形式:"知觉者——直接意识——对象",这一形式同下面这个事实一样具有经验上的确定性,即我们在梦中看到的对象就好像是实际的对象**。但是这个观点是错误的。否认我在梦中意识到(或"直接知觉到")任何真的对象并不等于否认我自认为意识到了某些对象(这些对象并不是感觉材料,而是人、地点等)。在日常语言中,我们完全可以说,"我不知道任何事情,我睡得很熟"(即便我记得我在做梦),同时又说,"在梦中,我突然意识到房屋在摇晃"。我们可以谈论"虚构角色"这一事实并不意味着"虚构角色"这种对象真的存在(虽然有些"本体论理论家"认为这种对象是存在的),同样,我们可以谈论梦中对象的事实并不意味着这些对象真的存在。

25 参见 Richard B. Brandt, "Doubts About the Identity Theory", in Sydney Hook, ed., *Dimensions of Mind* (New York: New York University Press, 1960)。

26 早先,在我的一系列"功能主义"文章中(第一篇是《心灵与机器》),我用"理论同一"来支持将命题性态度等同于大脑的计算状态的做法。关于我作为一个心灵哲学家的思想历史,可参见我的文章"To Functionalism and Back Again", in Samuel Guttenplan, ed., *A Companion to the Philosophy of Mind* (Oxford: Blackwell, 1994)。

27 我的立场当然是从一开始就拒斥这种二分。

28 更精确的表达可参见 *Representation and Reality* (Cambridge: MIT Press, 1988), pp.76-80。

29 参见 *Representation and Reality*; *Renewing Philosophy*; "To Functionalism and Back Again", in Samuel Guttenplan, ed., *A Companion to the Philosophy of Mind* (Oxford: Blackwell, 1994); "Functionalism: Cognitive Science or Science Fiction", in David M. Johnson and Christina Erneling, eds., *The Future of the Cognitive Revolution* (Oxford and New York: Oxford University Press, 1997); *Words and Life* (Cambridge: Harvard University Press, 1994)第21,22,23,24章。

30 参见 *Renewing Philosophy* 第3章以及 Barry Loewer, "From Information to Intentionality", *Synthese*, vol.70, no.2 (February 1987), pp.287-316。

31 关于这一点的原因以及由此导致的对功能主义的修正,可参见我的文章"The Nature of Mental States", in *Philosophical Papers*, vol. 2, *Mind, Language, and Reality* (Cambridge: Cambridge University Press, 1975)。

32 杰瑞·莱特文(Jerry Lettvin)提出了一个令人印象深刻的视觉知觉理论:计算直接发生在人眼中,而不是发生在大脑中。

33 我试图在 *Representation and Reality* 中证明内容依赖于有机体的环境(即"语义外在论")。

34 参见 Donald Davidson, *Essays on Actions and Events* (New York and Oxford: Oxford University Press, 1980)。

35 对此的讨论可参见我的文章"Computational Psychology and Interpretation Theory", in *Realism and Reason*;以及我的文章"Information and the Mental", in *Essays on Truth and Interpretation*, ed. E. Lepore (Cambridge: Blackwell, 1986)。

36 参见 W. V. O. Quine, "Events and Reification", in E. Lepore, ed., *Actions and Events: Perspectives on the Philosophy of Donald Davidson* (Oxford: Blackwell, 1986), pp. 161-171;以及 Donald Davidson, "Reply to Quine on Events",收录于同书 pp. 172-176,戴维森在此文中承认蒯因是对的。

37 实际上,戴维森在前引的"Reply to Quine on Events"采纳了蒯因提出的一个同一标准,那就是双方事件同处一个时空领域当中,但是对于这一标准,我们同样可以举出一些众所周知的反例,并且,戴维森所遇到的问题同样也存在于这个标准当中。

38 这里,麦克道威尔的 *Mind and World* (Cambridge: Harvard University Press, 1994)再一次启发了我。

39 不过也有例外。比如罗素后来就越来越倾向于认为所有性质都是"中立的",我们可以在此基础上"建构"起心灵与物质性事物。早在《哲学问题》中,罗素就认为感觉材料(比如我所知觉到的颜色)本身并不是心理的,而我对感觉材料的意识(作为"感觉"与"感觉材料"相对)则是心理的。这里,感觉材料已经是"中立的"了。到写《我们关于外部世界的知识》时,这种"中立一元论"似乎已经从罗素的知觉理论中消失了。参见 Morris Weitz, "Analysis and the Unity of Russell's Philosophy", in *The Philosophy of Bertrand Russell*, ed. P. A. Schilpp (Chicago: Open Court, 1944)。

40 伯纳德·威廉姆斯认为世界是有颜色的观点是一个"巨大的错误",参见 Bernard Williams, *Descartes: The Project of Pure Enquiry* (New York: Penguin, 1978),我在 *Renewing Philosophy* 的第5章中详细讨论了威廉姆斯的观点。

41 参见 John Dewey, *Experience and Nature* (New York: Dover, 1958)。

42 参见 Peter Strawson, "Perception and Its Objects", in G. F. McDonald, ed., *Perception and Identity: Essays Presented to A. J. Ayer* (Ithaca: Cornell

University Press, 1979)。
43 特别是 *The Many Faces of Realism* (LaSalle, Ill.: Open Court, 1987)。
44 这一观点来自斯特劳森的《知觉及其对象》。
45 认为感觉材料是"中立"的罗素当然会同意这一点,但他的理由却是错误的!
46 虽然罗素认为感觉材料并不一定要与大脑状态联系在一起(因为根据他和摩尔所坚持的那种奇怪的"实在论",感觉材料可以独立于知觉存在),但在他看来,感觉材料仍然不是物理桌子的属性,它们在科学上的状态甚至更成问题。

第三讲

认知的面相

我在前两讲中指出，我们在心灵如何能够真正接触"外在"世界的问题上遇到困难的主要原因在于以下这个自17世纪以来作祟于西方哲学的灾难性观念，即在知觉中，心灵与知觉到的"外在"对象之间存在一个界面。在早期现代形而上学和认识论的二元论版本中，这种界面是由"印象"（或"感觉""经验""感觉材料""感质"）组成的，而后者则被认为是非物质性的。而在唯物论版本中，这种界面则一直被认为是由大脑进程组成的。我所描述的"笛卡尔主义兼唯物论"立场只不过是合并了这两个版本：界面是由"印象"或"感质"组成的，**并且**，后者"等同于"大脑中的进程。（我在前面提到，我在《理性、真理与历史》中采纳了后一部分观点。）

一旦我们像17世纪的哲学家那样相信这是思考知觉的唯一**可能的**方式，我们的手头就只剩一个任务（如果我们不希望将"意向性"当作是一种魔法），那就是指明思维对其对象的指涉性定向（referential directedness）可以由对象对我们的**因果性**作用构成，或者可以通过某种方式"还原至"因果性作用。这一任务的实现是如此没有希望以至于哲学家们一而再再而三地后退至各种观念论版本，他们要么否认没有被我们知觉到（或者至少没有被我们思维到）的对象这种观念具有任何意义，要么认为这种观念不过是帮助我们"处理"问题的理性构造物。[1]自17世纪以来，哲学就在实在论和观念论这两个都行不通的立场间摇摆。

基于奥斯汀和詹姆士的观点，我指出问题的出路在于实现一种我所谓的"二次天真"。这一立场充分意识到17世纪哲学家所指出的深刻困难,但它试图克服这些困难,而不是屈服于它们。这一立场看到,这些困难的存在最终并不需要我们拒斥下面这一观念,即我们可以在知觉中无中介地与我们的环境接触,我们不需要接受界面的概念。

当然,拒斥"笛卡尔主义兼唯物论"并不意味着退回至笛卡尔式的二元论当中去。我们不应该认为拒绝将心灵等同于大脑就等于是承认心灵是我们当中的一个非物质性部分。[2]我主张,我们最好将对心灵的谈论理解为谈论我们所拥有的某些能力,这些能力依赖于我们的大脑,也依赖于有机体与环境之间的所有各种交互,但我们并不一定要用物理学和生物学,甚至用计算机科学的词汇对此进行还原性的解释。[3]

关于概念的"天真实在论"

我在第一讲中还讲过,对早期现代的形而上学和认识论的接受伴随着丢失世界的威胁,并且这种威胁只有在实现了我所谓的关于概念的常识实在论(与我为之辩护的关于知觉的"二次天真"相伴)之后才会最终消失。现在我想对此进行解释,我将同样跟随维特根斯坦的指引,我在这几个讲座中一直对他赞叹有加。但是,我将反对维特根斯坦的极具影响力的流行解释,这种解释将维特根斯坦视为新的反实在论立场之父。[4]我自己近年来持有的实在论越来越受到维特根斯坦的启发和影响,因此我将在本讲中阐明,我是如何在维特根斯坦后期的著作中发现概念是以"二次天真"的方式进入我们谈论和思考的事物的,并且维特根斯坦还极为深刻地指出,这种进入的方式本身又是多样的。

之前我们的焦点全部集中在知觉上,让我们把考察**想象**作为从这个焦点移开的第一步。假设有个人想象有一群鹿在草地上吃草,便去那里寻找它们。传统上是如何看待这样一个"心理事件"的?

传统上认为想象鹿群(姑且让我们假定其中包含了视觉形象)的形式类似于看到这样一幅画面,只不过这幅画面是"心理的"。这幅"心理画面"所扮演的角色正是"印象"(作为界面)在传统知觉理论中扮演的角色。心理画面完全"处于心灵当中"或"处于头脑当中"(这一领域中当然不存在**鹿群**),并因果性地或神秘地同"外在的"鹿群和草地联系在一起。**现代早期认识论和形而上学不仅将界面的概念强加给了知觉,也将这一概念强加给了概念**。我要再一次指出,笛卡尔主义兼唯物论只是简单地保留了界面,并将其等同于大脑中的某种东西,当下"认知科学"中对"心理表征"的讨论就代表了这种观念。[5]

我相信,除开其他目的,维特根斯坦对"鸭兔图"的著名讨论[6]就是为了反对这种界面概念。这幅草图本质上画的既不是鸭也不是兔,它既可以被看作是鸭也可以被看作是兔。对于这幅模糊的画来说,我们很难形成一个同样模糊的"心理形象"。(通过努力,我可以形成一个"鸭兔图"的心理形象,但这个形象本身并不模糊;我经验到的是一个"鸭兔图"的形象,而不是一个活生生的鸭或兔的形象。)维特根斯坦指出,当我们看到"鸭兔图"时,我们一般将它**看作**是一幅鸭子的画或**看作**是一幅兔子的画(但不能同时看作两者)。他指出这一点的其中一个原因是想让我们看清"视觉经验"根本不像是可以传达"自己看起来像什么"的物理图画,从而也就破坏了"感觉材料"这一经典概念。[7]这确实是维特根斯坦所做的一部分工作,但维特根斯坦同样还想指出,我们在**思考**或**回忆**时形成的"心理形象"同样也根本不像是物理图画。我们不应该认为对草地上鹿群的想象中所包含的"心理形象"是一幅可以对此**作出**解释的图画,就像我们不应该认为关于"鸭兔图"的"视觉经验"是**第二幅**"鸭兔图",只不过这第二幅图是"心理的"而不是物理的。

维特根斯坦对**词语和句子**在思维中所扮演的角色持相似的看法。[8]诚然,语言中的词语和句子本身并不具有意义;如果改变英语的历史,"雪是白的"这几个词的意思也可以是"化油器堵住了"。但这只揭示了不到一半的真相。如果我们知道并能很好地使用一种语言,这种语言就变成了我们思考的载体,我们不需要将它翻译成某种我们更加熟悉的语言,我们不需要像罗蒂那样认为我们所经验到的词语和句子是需要进一步加以解释的"记号和声音"。[9]当我们听到用我们懂的语言说的某个句子时,我们并不是将句子的意义与一个符号系统联系起来,相反,我们是在这个符号系统**当中**知觉到句子的意义。我思考的句子,甚至我听到或读到的句子,单纯地指出它们所表达的东西,这不是因为我看到和听到(在思考的情况下,是"在头脑中"听到)的"记号和声音"本身具有意义,而是因为这里的句子并不只是"记号和声音"(《哲学研究》,508节)。

有人也许会惊讶于维特根斯坦持有这样的观点,特别是如果我们根据达米特的提议去理解关于实在论的争论。达米特认为在哲学上我们只有以下两个选择:要么认为句子只具有断言条件(assertability conditions),要么认为有某种神秘的东西将句子与实在联系起来。而我的观点则是,我们不一定要在这两个选项中被迫作出选择。

当然不可否认的是,《哲学研究》对"遵守规则"所作的思考在很大程度上是为了让我们警惕柏拉图主义的诱惑(更确切地说,是让我们与此断绝往来)。这种柏拉图主义认为可以有某种独立的活动存在,这种活动不需要由许多其他的活动(语言的和非语言的)来支撑。[10]但是拒斥这种柏拉图主义与尊重下面这个常识性观点之间并不存在真的矛盾,即我们能够把握某些过去的事件是怎么样的,并且这种把握不是在经过**现在**证实之后所作出的把握。比如,如果某人能够在想象中看到艾森豪威尔于1945年接受德国投降,由此结束了第二次世界大战,那么这个人一定还拥有其他的理智和实践能力,比如,这个人必须知道艾森豪威尔是谁,第二次世界大战又是什么等。[11]仿照维特根斯坦所说的遵守规则,我们可以说,**思维**并不是一个人就可以完成的,也不是只能进行一次的。

在其他人做的某次讲座笔记中[12],维特根斯坦举了一个例子:想他在美国的兄弟。维特根斯坦强调,他所想的内容能够**到达**他在美国的兄弟那里,因为站在维特根斯坦的位置,假设他只是**想**他在美国的兄弟是没有意义的。维特根斯坦还强调,这不是因为自己的思想与他在美国的兄弟之间存在着某种超因果性的(比光速还快的)联系,而是因为这其中包含了某种"运用的技巧"(technique of usage)。许多解释者认为这里的"思想"是一个对象,我们通过"断言条件"(也就是证实的方法,比如某人在得知他的兄弟将于某日在纽约举办音乐会之后说,"我的兄弟在纽约有一场音乐会")为此**加上**解释。这些解释者将维特根斯坦所说的"运用的技巧"等同于这种断言条件[13],他们的分析没有考虑到使用"我的兄弟在纽约有一场音乐会"这句话就是在**重述某人的兄弟在纽约干什么**。[14]一旦我们将这一点排除在外,我们就只能认为维特根斯坦是某种反实在论者。但维特根斯坦又写道[15]:"当我们说,并且**意指**事情是如此这般的时候,我们——以及我们的意思——并不止于事实;但我们意指的是,**这就是这样的**。"我认为这是自《逻辑哲学论》以来维特根斯坦思想中的一个中心要素。

如果我们过度强调人与动物在认知能力上的区别(虽然这一区别是巨大且重要的),我们思考远距离事物或可能事物的能力就会变得更加神秘。[16]动物的认知状态完全缺乏人类认知状态的那种确定性[17],但一头狼会期望在草地上找到鹿群,它的这种期望的能力是我们希望在草地上找到鹿群的能力的原始形态。人类高度发展的对未经观察情境的分辨能力是从我们与动物分享的那些能力发展而来的。但与此同时,我们又不能错误地认为语言仅仅是我们用来转录思维的"编码",在没有这些"编码"的情况下,我们也能够完美地拥有这些思维。这个观点之所以是错误的,不仅因为最简单的思维也会在语言的表达中被改变(比如变得更加确定)[18],更是因为语言改变了我们可拥有的经验的范围。[19]尽管如此,不变的事实是:我们想象、回忆和期望非此时此地的情况的能力是我们本性的一部分。

有人会反对说,我(和维特根斯坦)提供的并不是一幅"科学的"图景。的确如此。但是我们谈论知觉与概念、思维与想象等的目的只有在偶然的条件下才是科学的。(有人会说:"对于什么是'科学的',你仍然欠我一个明确的定义。")亚里士多德[20]在很久以前就提醒我们(杜威也一再重复这一提醒),思维必须寻找其自身的确定性和精准性。我们关于知觉和概念的常识实在论当中没有任何东西是"反科学的",也就是说,常识实在论并不**阻碍**我们作出严肃的努力去寻找更好的关于大脑进程(我们对这些知觉和概念能力所依赖的进程仍然知之甚少)的神经模式和计算模式。另外,将严肃科学等同于笛卡尔主义兼唯物论的做法是一个重大的错误,近三个世纪以来,后者一直试图将自己包裹在科学的外衣下。今天这种常识通常以一种空洞的形式表现出来,那就是谈论"心灵的概念结构"[21],这种谈论理所当然地认为思维**就是**对符号的句法性操作。没有任何严肃心理学和严肃语言学上的成果会认可这一观点。相反,这种谈论经常让哲学讨论下降至大众"科学"文摘的水平。

达米特式的反实在论

现在我要阐明这种看待问题的方式(我将它归属于维特根斯坦)如何消解了达米特提出的对实在论的反驳。我经历了从实在论出发再回到实在论(但不是回到——我们将会看到——实在论的形而上学版本)的漫长旅程,我从这个旅程的一开始就在思考这个反驳。

我在第一讲中指出,达米特认为实在论的问题在于对真理的"超越识别"。他认为,真理要么就是被证实的状态,要么超越于陈述者可证实的范围;如果真理超越于陈述者可证实的范围,那么它就是一个不能被陈述者"识别"的属性。而如果真理是一个不能被陈述者识别的属性(至少在某些情况下),那么陈述者所谓的对真理的"把握"就变成了一种神秘。事实上,达米特告诉我们的是,如果真理是不可证实的,那么我们在缺少假定的神秘心灵力量的情况下就无法去解释我们是如何理解真理的。根据达米特的思路,对神秘心灵力量的拒斥需要我们接受一种非常极端的证实主义,这种极端的证实主义要求我们从二值原则开始修改一系列古典逻辑的法则。[22]

达米特自己从一开始就预见到针对他的论证可能会出现的一种回应,他在《形而上学的逻辑基础》中对此作了详细的讨论。这一回应从本质上来说是回到了塔斯基那篇关于真理概念的著名文章[23],它是这样说的:你的问题是什么?挑选任何你喜欢的句子,如果你愿意,挑选一个我们无法得知真值的句子。比如下面这个句子:

(1)莉兹·波登用斧子杀了她的父母。

"即便这句句子的真值是'超越识别'的,你还是能够理解它的**意思是说**(1)是真的。对于理解(1)这句话本身来说,支配'真的'这个词的使用的主要是下面这个逻辑原则,也就是[塔斯基的'T 约定']:**用 S 命名任何句子,并将这个句子填入下面的空白处**[24]:

(2) **S 是真的,当且仅当……**

由此得到的句子就是真的。

[非正式一点的表达是:说 S 是真的句子等同于 S 本身。塔斯基的著名例子是:

(3)'雪是白的'当且仅当雪是白的。]

简言之,如果你理解'莉兹·波登用斧子杀了她的父母'这句话,并且知道'莉兹·波登用斧子杀了她的父母'是真的当且仅当莉兹·波登用斧子杀了她的父母,那么你就理解这句话的意思是说(1)是真的,即**莉兹·波登用斧子杀了她的父母**。"

我还想提醒注意下面这个事实:有的哲学家认为我们是以"S 是真的"这种形式来理解句子的(但并不包括塔斯基本人[25]),他们还附加地声称真理并不一种"本质属性"。我将这些哲学家称为"紧缩论者"(deflationist),以便将他的立场与塔斯基本人的(未经篡改的)立场区分开来。这些哲学家认为"真"断言不过是"一种逻辑工具"。[26]我很快还会再回到"紧缩论者"的立场上来。

不过,达米特对(未经篡改的)"塔斯基式的"论证的回应还是将我们带到了其哲学的核心。他的回应是(实际上我是在用自己的话表述他的回应),"假定我理解(1)这句话以及其他真值未知的句子(比如未定的数学猜想),这里的哲学问题在于**解释这种理解是由什么构成的**"。简言之,如果你诉诸"理解某个句子"这样一个**不明确**的观念,那么你只是在回避所有的哲学问题。

在达米特看来,我们对(1)这句话(或任何句子)的理解是由**识别(1)是否被证实**的能力构成的。换言之,**如果**(1)**应该**(通过我自己知觉到的材料)被证实,那么我**就能**理解它,而正是让我能够这样做的能力或能力系统**构成**了我对(1)的理解。类似地,我拥有识别数学证明的能力,这种能力让我可以说,如果我得到一个关于存在无限多的孪生素数(相差 2 的素数对)这一猜想的证明,我就能识别出它**就是**一个证明。这也是为什么我可以说我**理解**了孪生素数猜想的原因。

达米特当然会让步说"塔斯基式的"观点还包括了我们"理解"(1)这句话和孪生素数猜想是真的,以及我们"知道"陈述(1)是真的等同于(1)本身,等等。"但是",他会说(又是我自己的话),"如果我的观点是对的,那么陈述者对'(1)是真的'这一陈述的理解就包含了陈述者对(1)是如何被证实的理解,而这种被证实的属性是(1)及其否定**都缺少**的;它不需要陈述者知道(1)及其否定所具有的任何属性(我们可以称之为'古典真理'),根据古典逻辑,这些属性的存在独立于任何人的判断"。简言之,如果达米特关于什么构成了理解的证实主义立场是正确的,那么我们要么认为真理是无用的形而上学抽象,要么断言**真理的二值属性**(这一断言也是"二值"逻辑的特征)就不具有任何意义。(达米特因此作出了极端的断言:一个好的语言哲学需要修改古典逻辑本身。)

现在我想考察刚刚提到过的"紧缩论哲学家"的回应。这些哲学家赞同达米特,认为我们对句子的理解是由我们关于这些句子的证实条件的知识**构成**的,不过他们拒斥了达米特的"决定性证实"的观念,而以不同程度的证实取而代之。[27]他们还拒斥了达米特下面这个观点,即我们不能用二值属性来思考真理。但他们又同意达米特，认为真理不是一种需要在形而上学上作出解释的"本质属性"。但他们又认为，拒斥这幅形而上学图景并不一定需要放弃"p v-p"的排中律。正如我们刚刚提到的，紧缩论者甚至允许我们坚持二值原则：

（4）"要么 p 是真的，要么 p 的否定是真的。"

这里的 p 可以是任何陈述句。[28] 但是在紧缩论者看来，(4)的断言仅仅是语言上的一种实践，并不需要我们承认 p 或非 p 明确具有"真"属性。也就是说，如果我们将(1)这句话代入 p，那么在紧缩论者看来，(4)的意思就是：

（5）要么莉兹·波登没有用斧子杀了她的父母，要么莉兹·波登用斧子杀了她的父母。

而(5)这句话当中并没有出现"真"这个词。

但是我们为什么要接受(5)这句话？紧缩论者对此的回答不尽相同。卡尔纳普和艾耶尔说，接受"p 或非 p"这种形式的句子是语言上一种约定；蒯因则拒斥这一回答，他说，这样的句子的"明显的"（有时他会说这样的句子是人类推理的"核心"）。但是，(5)这句话的"明显性"难道不是基于我们相信关于莉兹·波登是否砍了著名的"四十下"是有一个基本事实存在的吗？如果陈述一个句子（不管是否用到了说这句句子"是真的"这一"逻辑工具"）只是赋予其（"作为可观察条件的一种功能"）某种程度的断言性的公共实践，那么我们如何能够说陈述的正确性可以通过那些可观察的条件得到证实或推翻？

如果我们根据达米特和紧缩论者的方式进行争论，那么我们只好被迫在以下两者之间作出选择：(a)接受达米特式的反实在论或紧缩论者的真理观；(b)退回到形而上学实在论。达米特的"全局性反实在论"[29]与紧缩论者都标榜自己的观点可以把我们从形而上学实在论中解救出来。但是当代哲学之所以再三诉诸形而上学实在论，其中一个很明确的原因是对达米特或紧缩论者提出的方案感到不满意。形而上学实在论者为这样来回应紧缩论者(和反实在论者)：

"实在论要求我们说'或者(1)是真的,或者其否定的是真的'。如果一个哲学家告诉我们只有在重新解释**说这句话时我们在做什么**的情况下才可以说'或者(1)是真的,或者其否定的是真的',从而丧失了我们在说这句话是真的时候的通常意味,那么这个哲学家就是在用一种术语上的隐蔽戏法来掩饰其理论的极端修正性特征。紧缩论者就是这样做的。他允许我们在狭义上坚持'或者(1)是真的,或者其否定的是真的',他建议我们赋予所有以'pv-p'这一句法**形式**出现的句子以某种程度的可断言性(或者用霍维奇的话来说,'某种水平的信任')。紧缩论者允许我们继续谈论的这种狭义上的真假并没有注意到对于句子的真假来说很重要一点：真句子具有一种假句子所不具有的本质属性,那就是符合实在的属性。因此,举例来说,紧缩论者无法认识到关于过去事件的实在(也就是真正发生过的事情),尽管他们保留了旧的语言形式('发生了什么或没有发生什么'),对他们来说这些**仅仅**是语言形式而已。实际上,紧缩论和逻辑实证主义[30]一样拒斥认为句子应该服从严肃的规范性评估,这种评估的目的在于考察句子是否拥有不同于可证实性的本质属性,也就是正确性。在紧缩论者看来,当我们陈述'或者(1)是真的,或者其否定的是真的'这句话时,我们并不是在说其中一个析取项具有本质性的正确性。紧缩论者无法公正地认识到,这句话中的其中一个析取项同'你现在正在读你面前的文字'(加入你现在在读这篇文字)这句话具有相同的本质上的正确性。紧缩论者认为作为一种属性,而不仅仅是逻辑工具的是可断言程度,而非真理[31],他们无法认识到某些关于过去(真实事件)的陈述同关于当下的陈述一样**正确**。达米特对此的认识比紧缩论者更加清除,他至少认识到——甚至还强调了——他关于理解的看法使他必须接受关于过去的反实在论(以及关于当下的反实在论)。但达米特和紧缩论者都无法接纳某些关于过去的陈述在本质上是真的这一寻常的见解。"

形而上学实在论(我刚刚概述了这一立场对紧缩论的回应)与我希望归属于维特根斯坦的常识实在论之间有什么区别呢？维特根斯坦在另一个不同的语境中(在遵守规则的问题上回应一个柏拉图主义者)写道："实际上你所说的只有一个错误,那就是'以一种古怪的方式'这一表达,其余都没有错。并且,这个句子只有当我们形象一个不同于实际运用的语言游戏时才显得古怪。"[32] 我相信维特根斯坦会这样回答形而上学实在论者对紧缩论者的回应(我刚刚概述的),"实际上你所说的只有一个错误,那就是'**本质属性**'这一表达(以及'**本质上的正确性**'和'**本质上的真**'这些表达对'**本质**'的使用)"。因此,在维特根斯坦看来,形而上学实在论者对紧缩论者大部分话的回应是完全没有问题的,但形而上学实在论者又给它们加上了一个解释上的负担(形而上学的重量),也就是解释思维与实在的关系,从而让它们变成了某种**古怪**的东西。形而上学实在论者认为紧缩论者将本质从我们平常的说话和行为方式中排除了出去,他们试图再次输入本质。为此,他们引入了"本质属性"这一无效的观念。形而上学实在论者(比如为了公正对待我们关于过去的平常实在论)觉得自己不得不求助于语言游戏**背后**的某些东西,也就是我们平常的说话和行为方式背后(隐藏于背景中,又为这些方式提供保证)的某种神秘属性。形而上学实在论者和紧缩论者分享着一幅共同的图景：在他们看来,称某些陈述(比如关于过去的陈述)为真是一种古怪的做法。

证实主义的错误(与洞见)

形而上学实在论者对紧缩论者的回应中有一部分是正确的：他们认识到紧缩论者的观点并不能像他们所标榜的那样成功消解达米特式的反实在论。相反,紧缩论者的真理观——只要它包含了证实主义的理解观(由拉梅塞[Frank Ramsey]于20世纪20年代引入)——吸纳了反实在论最为灾难性的特征,这一特征导致了世界(与过去)的丢失。在这方面,它与反实在论唯一不同的地方在于,它试图通过肤浅的、术语性的保守主义来掩盖这一特征。因此,形而上学实在论者在下面这一点上是正确的:消解达米特的反实在论需要我们挑战他的理解观,而不是采纳它。但形而上学实在论者的回应之所以是**形而上学的**,是因为它认为我们的平常实在论(比如关于过去的实在论)要求我们假定真理是一种"本质属性"。形而上学实在论者希望找到一种属性可以赋予所有真句子且只赋予真句子,他们希望有一个属性来符合句子的断言性力量。但这个属性又是好笑的。为了避免将这种"真"属性等同于可断言性,形而上学实在论者需要证明,说某个特殊的断言是真的比简单陈述这个断言要多出一些东西。他们希望真理(大写的)是某种**超出**断言内容之外的东西(在断言为真的前提下)。这迫使形而上学实在论者假设在我们作出真断言时,存在某种超出断言内容的东西,不管我们是在作哪类陈述,不管陈述是在何种条件下作出的,也不管实用主义对什么为真持何种观点。[33]

如果我们要按照形而上学实在论者的方式认为真理是一种"本质属性",那么正确的选择**不是**认为陈述仅是共同体教给我们的,与可被完全证实的条件联系在一起(达米特"全局性反实在论"的观点)或者与作为"可观察条件的一种功能"的"打赌行为"联系在一起(霍维奇的观点)的记号和声音。正确的选择是认识到经验性陈述总是作出关于世界的断言(许多不同种类的断言),不管它们所说的是否是**真的**。紧缩论的错误在于,它无法恰当地容纳下面这个自明的事实:某些关于世界的断言不只是可断言的或可证实的,而是**真的**。紧缩论的正确之处在于认为,如果我断言"p 是真的",那么我就等于是在简单地断言 p。在作关于过去的陈述时,我们对自己所说正确与否的信心(比如我们说"莉兹·波登真的用斧子杀了她的父母")乃是基于**过去的事情就是怎么样的**,我们不需要一种形而上学的"本质属性"来保证我们能否使用**真**这个词。

为了更清楚地看出我所辩护的常识实在论与我们应该抽身退出的那种形而上学实在论之间的区别,现在让我们将注意力从对可观察事物(比如在草地上吃草的鹿群)的思考转向对不可观察事物(比如微生物)的思考。我在第一讲中指出,工具的使用应该视作一种延伸我们自然观察能力的方式。但语言的使用同样也是一种延伸我们自然观察能力的方式。如果我们无法理解"因为太小而无法用肉眼看清的事物"这句话的意思,那么显微镜就最多只能是像万花筒那样的玩具,我们通过目镜看到的东西也就没有任何意义。但是反过来则不然。"因为太小而无法用肉眼看清的事物"这句话的意思并不取决于我们是否发明了一种工具可以让我们看清肉眼无法看到的微小事物(这句话也并没有因为显微镜的发明而改变了它的意思)。证实主义的错误在于声称"因为太小而无法用肉眼看清的事物"这种表达的意义取决于证实这种事物存在的方法,并声称这种表达的意义随着证实方法的改变(比如显微镜的发明)而改变。然而,如果我们为了拒斥证实主义的错误之处而同时拒斥它的正确之处,就会面临哲学上的危险。证实主义的正确之处在于认为,为了完全理解许多科学话语,我们必须提前获知大量解释性的细节,而这些细节在不熟悉科学工具的情况下又是不可能获知的。比如,我们知道,原子在德谟克利特的著作中是一个形而上学概念,即使德谟克利特本人无法赋予它一个意义,**我们**也能够做到这一点。[34]因此,科学工具和科学话语都是延伸我们的知觉能力和概念能力的方式,并且,这些方式高度地相互依赖,甚至可以融合成一种单一的复杂实践。

语言对我们与其他动物共享的心理能力的延伸几乎是没有止境的,我们建构深刻科学理论的能力只是其中一个例子。逻辑常量(比如"**所有**"和"**没有**"这些词)为我们提供了另外一个非常不同的例子。不会使用这些词的动物或孩子也许会期望掌握了这些词的我们能够并且确实在它们的帮助下描述事物。比如,想象某个程度一般的变戏法者在一个孩子面前让一块手帕"消失"了,这个孩子大为惊讶。我们也许可以说,这个孩子相信(曾经相信)"手帕不会像这样凭空消失",有就是说,**没有一块手帕会像这样凭空消失**。当然,孩子能够理解的这一概括完全就是下面这个概括:"**被观察到的**手帕不会像这样凭空消失。"但我们无法想象用后面这句话去描述孩子当时的想法。我们不知道该如何让下面这样的表达变得有意义,即孩子只会对**被观察到的**手帕作出判断。这**并不是**因为孩子会对观察到的**和**未观察到的手帕作出判断,这种区分还不属于孩子的理智能力。我们具有这样的能力(我们所作的描述让**我们**处于不同的条件之下:"行为的精细变化。它们为什么是**重要的**?它们有重要的后果。"(《哲学研究》,第 204 页)。我们甚至将原始的前语言态度描述为人们在有意识或无意识的状态下对待对象的态度,并且这些对象不只是孩子(或我们)能够"证实"的那部分世界。我们这些深刻的成年人所谈论的世界的某些("可以被我们观察到的")特征正是寄生于这种对待世界的原始的前语言态度。

拥有语言给我们的概念能力带来的另一个不同方面的延伸在于,我们甚至能够作出超出"理想的可证实性"的猜想,比如"不存在拥有理性的外星人"这个猜想。这个猜想甚至"在原则上"都是无法证实的,但这并不意味着它不符合某个实在;但我们只能说在它为真的前提下,有哪个实在符合这句话本身。[35]这并不是紧缩论。紧缩论将理解等同于拥有证实能力,这样就让对这句话的理解变得神秘起来。我要再一次指出,这里的困难在于保留证实主义(或紧缩论)立场中正确的部分,并丢弃错误的部分。

我刚刚所说的这些完全不是要我们将把握微生物这种事物的能力(或思考不存在拥有理性的外星人的能力)当作是一种独立于众多其他能力,并独立于科学机制和科学实践(以及其他的机制和实践)的能力。[36]但是反过来,虽然维特根斯坦坚持认为与世界的概念互动和与世界的实践互动是相互依存的,并且概念和实践的种类是多元的,但这并不要求我们(像"认识科学家"那样)将概念看作是单纯地操作句法对象以回应知觉"输入"。我不希望指责达米特,说他有意识地坚持上面所说的这种概念观,但达米特强调了作为证实模式的**形式证明**,并坚持认为语言哲学的目标必须是**递归地阐明**句子是如何被证实的,这些都让我觉得他的语言使用观也许要比他自己意识到的更加接近笛卡尔主义兼唯物论的"认识科学"版本。[37]达米特的主要关注点一直在于与这一立场的"整体论"版本——整体论认为意义的单位是整个句子网络而非单一的句子——进行论战,达米特更倾向于一种"分子论"版本,这种版本认为每一个句子都有自己独立的证实方法。但这种争论只是**细节上的**争论。达米特认为这幅作为整体的图景本身是我们唯一的选择,除非我们假设某些神秘的心理行为,因为他从一开始就认为有义务将自己的思想看作是需要操作规则的句法对象。但是最近不止一个哲学家指出[38],还有另一个选择,那就是仔细地区分(我们所从事的)"表征"行为与作为**界面**存在于我们与思维对象当中的"表征"观念,并认识到我们需要一种"语义学"来放弃作为界面的表征观念,但这并不等于要我们放弃整个关于表征的思路。[39]

"因为太小而无法看清的事物"与戴蒙德的思想实验

我第一次遇到达米特是在 1960 年,我们最早的讨论涉及我对实证主义将观察与理论二分的攻击(根据我于同年 8 月在斯坦福大学的逻辑、方法论和科学哲学大会上所做的讲座)。[40]达米特是这种二分的坚定支持者(基于他后来的思想发展,这一点不足为奇),他特别反对我在讲座中用到的一个例子。我在那时就已经认为,我们最好将指涉不可观察事物的能力理解为指涉可观察事物的能力的自然延伸,我还顺带提到,即便是小孩也可以理解"因为太小而无法看清的事物"这句话(我想象一个小孩在读一则关于"无法看清的小人"的故事)。我声称,"因为太小而无法看清的事物"(或 19 世纪原子论所说的极微小粒子)中的"**小**""**事**

物"等这些词同我们在描述可观察事物时使用的词具有相同的意义。我因此得出结论,科学中所谓观察概念既可以被用来描述可观察事物,也可以被用来描述不可观察事物,并且这两种使用并不包含任何意义上的改变。达米特的观点是,这两种情况下的意义完全不同(他说,这种"不同的使用"明显具有不同**意义**所具有的那种力量)。

我们当时的想法在今天的我看来都有点太过简单。不过我仍然相信:(1)谈论因为太小而无法看清的事物并不依赖于它在科学理论上的可理解性,也不依赖于发明显微镜这样的工具;(2)这种谈论的可理解性并不包含改变"**小**"这些词的意义。**当时**我忽视了下面两者之间的区别:以自恰的解释性细节来决定其是否可以被完全理解的科学话语(比如当代对亚原子力的谈论既取决于法则和解释的结构,又取决于与实验的关联),以及那些因为缺少细节而无法理解的话语(比如,"无法看清的小人"是如何**新陈代谢**的?他们的**细胞**是否也相应地小于我们的细胞?)谈论"无法看清的小人"的确是一种"不同的用法",它是对**人**这一概念(而不是对**小**这一概念)的**虚构**使用。但达米特无法看到我所说的这些话当中的正确之处:当我们用**小**(和**更小**)来描述**分子**时,这个词的意义同我们在说小动物或小石头时的意思是完全一样的。

我们不再将量子力学中的粒子**如实地**理解为"粒子"这一事实并不影响上面这一点。的确,我们现在完全不知道该如何去理解它们(除了它们会和我们的测量工具产生互动这一点)[41],但这其中的原因是经验性的——事实证明,自然能够极小化的程度比不上我们的"设想",但这并不等于说"因为太小而无法看清的事物"这句话无法得到应用。微生物**确实**就是因为太小而无法看清的事物,并且当我们这样描述它们时,我们并不是在将一个新的模糊意义强加于**小**这个词上。

但是,被我们**看作**具有同样的意义是否就等于真的具有同样的意义呢?在(前期的和后期的)达米特看来,答案是否定的。在他眼中,我们关于词语和思想是如何被使用的自然见解在哲学上并不具有任何**分量**。

达米特对关于概念能力的常识实在论的拒斥与传统对关于知觉能力的"天真"实在论的拒斥是联系在一起的。

不过达米特面对这样一个明显的问题（他自己对此也有充分的认识）：他毕竟不能说每当我们接受一种证实某个句子的新方式，我们就改变句中词语的意义。这样做就等于是抛弃了改变我们的信念与改变词语的意义之间的区分，任何信念都意味着证实**某些**句子的新方式。因此，达米特不得不说明他可以区分构成句子意义的证实方法与单纯的附属信息。蒯因令人信服地证明[42]，我们没有任何理由相信这一任务可以成功完成。

非常有趣的是，达米特自己也批评了维特根斯坦。他对维特根斯坦的解读是：后者认为数学中的每一个新公理都改变了数学表达的意义（为此，维特根斯坦提供了一个决定谬误的新标准）。[43]戴蒙德出色地批判了对维特根斯坦的这种解读[44]，并在一个非常简单的思想实验的帮助下发展了这一问题。

戴蒙德要求我们"想象有这样一个人，他会识别**任何**数错的情况。我们教他玩下面这样一个游戏（这个游戏很容易就可成为另一个游戏的一部分，比如，它可以成为某游戏中多个任务当中的其中一个）：将铅笔在桌上排成一排，让他从左往右触碰每一支铅笔，每触碰一支数一个数（从 1 开始），当我们问'结果是？'是时候，他就给出最后的数字。我们告诉他，每一支铅笔只能数一次，不能遗漏，不能重复，也不能搞乱次序"。这个人应该知道什么时候数错了，并且对此会有相应的惩罚。（所有铅笔都一览无遗，并且这个人能够看到在游戏进行过程中并没有增添或取走一支铅笔。）

戴蒙德继续写道："现在我完全可以说，如果这个人对同一排铅笔进行两次我们教给他的程序，并且在我们问'结果是？'的时候给出了两个不同的数字，他一定是数错了。或者我可以说，如果程序进行没有出错，一定会存在一个**唯一**的答案。让我们看一看该如何让这个人自己认识到我刚刚所说的这种必然性。"想象这样一种情况:这个人得到了两个不同的结果,我们说,"你数错了",但他否认这一点;于是我们就和他一起数这一排铅笔,并让他强调对每一支铅笔来说数字总是固定的这个事实。戴蒙德指出:"当然,这样做也许并不会让他看清任何东西,让他说些什么或做些什么。但是让我们假定他说了'对哦!',而他接下来所说的话和所做的事也让我们能够说,如果他得到了两个结果就一定是数错的。"(第246—247页)

让我们跟随戴蒙德将上面描述的这个游戏称为"C活动",但是我们要加上一个限制性条款:只有在这个游戏者注意到他数了同一个铅笔两次,或搞乱了次序,或漏数了一支铅笔的时候,他才会说"我数错了"。但是在他说了"是哦!"之后,他玩的就是"D游戏"了。在D游戏中,他可以在同样的条件下说"我数错了",他也可以在对同一排铅笔得出两个不同结果的时候说"我数错了"。

戴蒙德在这里转向了达米特对维特根斯坦数学哲学观的解释。

"追问这种观点[大致上就是达米特眼中的维特根斯坦所持的观点]究竟错在哪里是有用的。在我们的'证明'中,游戏者从C活动转到了D游戏,这两者之间存在着规则上的细微差别。就好像如果国际象棋的规则不允许兵首先移动,那么我们就有了另一个略微不同于国际象棋的游戏。如果C的规则不同于D的规则,那么我们所说的就是不同的东西。如果是这样来看,'如果对同一排铅笔先得出7又得出8,就一定是数错了'就**单纯**变成了某个新游戏的武断规则,而游戏者在D游戏中所说的'我数错了'同他在C活动中所说的'我数错了'的意义是不一样的。"(第247页)

戴蒙德在讨论中指出,在纸牌游戏中,我们有的时候会将游戏看成是另一种游戏形式,有的时候则不然。她特别指出独自玩红心大战、国际象棋或大富翁游戏的人会认为这种活动同与其他人玩同一个游戏之间并不存在联系。她认为这里不同在于游戏活动对游戏者来说具有的不同"意义"。她将说这两种活动具有同样的意义比作说图画上的两张脸具有同样的表情："这并不是说两张嘴的长度相同,两对眼睛的距离相同,我们所作的并不是这类描述。但我们又不是在描述其他**东西**,也就是说,我们并不是在描述与点线等等区分开来的表情。"(第 249 页)

当然,戴蒙德引入意义概念是为了解释将 D 游戏"真正等同于"C 活动的重要意义,她写道,"游戏者的这种做法体现了参与 D 游戏对他来说所具有的意义"(第 249 页)。

一方面是由不同的点线所构成的相同面部表情,另一方面是不同计数活动中存在着的相同必然性,这两者之间的类比很能说明问题。看图画上的脸所具有的表情不并只是看点和线,而是看点和线**当中**的某些东西,但又不是说去看点和线**之外**的某些东西。在关于数学必然性的争论当中,"实在论者"和"反实在论者"都认为我们必须被迫在以下两个立场之间作出选择:(1)要么认为**除了**计算和推演活动还存在某些在背后保证推演结果的东西;(2)要么认为我们的言行之外**并不无任何东西**,我们所知觉到的必然性不过是种幻觉。维特根斯坦想要在这里(和其他地方)告诉我们的是,在"除此之外的某些东西"和"除此之外并无任何东西"这一困境中做出选择是一个错误。戴蒙德的例子告诉我们,"实在论者"和"非实在论者"(达米特眼中的维特根斯坦)分享着同一幅关于数学必然性的图景。根据这幅图景,一定存在**某些东西**强制着我们,数学规则反映的正是这种必然性,这种必然性既可被理解为某些外在于数学活动的东西,又可被理解为某些内在于数学活动的思维方式。实在论者试图说明这种东西的意义,而反实在论则认为这种东西毫无意义,因此也就不存在必然性。这里的哲学任务在于认识到,放弃实在论者和反实在论者共同分型的这幅图景并不等于要我们放弃平常的逻辑必然性和数学必然性概念。

达米特的维特根斯坦与戴蒙德的维特根斯坦之间的区别可以被大致描述如下:在达米特看来,任何语言游戏**规则**上的改变都是词语意义的改变。因为他与他想象中的维特根斯坦分享着这个前提，所以他对后者能作的唯一批判就是否认证明某个新的数学公理就是改变了规则。在戴蒙德看来，问题不在于区分某个活动的"规则"与其他非"规则"的成分。对她（以及她的维特根斯坦）来说，问题在于我们在其他活动中"看待"某个活动的"自然反应"和方式。

达米特的维特根斯坦与戴蒙德的维特根斯坦之间的区别也是我们之前看到的达米特与我自己之间的区别。达米特想说，运用"因为太小而无法看清"这种表达的规则随着显微镜的发明而改变，因此这种表达的意义也就改变了，或者说，它们在新的使用语境中获得了新的意义。而我则想说，问题不在于区分词语使用活动中的"规则"与其他非"规则"的成分。的确，对于无法看到 C 活动与 D 游戏之联系的人来说，"我数错了"这句话意义取决于这个人在玩的游戏，但这样的人会被认为是"愚蠢的"。D 游戏对此人来说的意义与对我们来说的意义是不同的。认为"因为太小而无法看清的事物"这句话在显微镜发明之后具有完全不同意义的人就好像是刚刚描述的这个人。因此，达米特的问题在于他没有恰当地描述我们是谁以及我们的活动对**我们**来说所具有的意义。他没有认识到，我们以"看待"肉眼观察的方式去"看待"用显微镜观察，并且以"看待"用放大镜观察小东西的方式去"看待"用显微镜观察"因为太小而无法用肉眼看清的事物"。另外，我像达米特一样主张这些句子中**小**这个词的相同"意义"并不是"规则"上的等同，也不是对使用方式之外的"某些其他**东西**的描述"。

维特根斯坦论真理

那么，我们该如何理解对**真**这个词所作的"超越识别"的使用呢？比如我们说，即便在永远无法确定的情况下，"莉兹·波登用斧子杀了她的父母"这句话也可以是真的。塔斯基（他并不是我所谓的紧缩论者，因为他的理解观并不属于任何证实主义版本[45]）有一个真正的洞见：他指出（像他之前的弗雷格那样），理解一个句子和理解这个句子是真的这一断言之间存在着紧密的联系。如果我们接受下面这一点，即理解"莉兹·波登用斧子杀了她的父母"这句话不只是在我们的经验当中识别出一个证实，换言之，如果我们能接受在无法证实的情况下，我们也能理解事情**是**怎么样的，那么我们就可以不通过诉诸"魔法"或"神秘力量"去理解这句话是**真**的这一断言。这句话之所以为真的理由（如果它是真的）仅仅是因为莉兹·波登用斧子杀了她的父母。[46]在这种情况下，对真理的"超越识别"只不过是对一些谋杀的"超越识别"的。我们有没有想过所有的谋杀犯都可以这样被识别？或者说，相信有一些可以确定、但不能被我们侦查到的谋杀犯存在不过是在相信心灵的神秘力量？

不过塔斯基忽视了一些东西，那就是下面这个事实：有一些非常完整的陈述句**既不是**真的**也不是**假的。塔斯基的理论中有这样一个逻辑公理（塔斯基称之为真断言的"充分定义"）[47]，即每一个句子要么是真的，要么是假的（真的否定）。但是有很多原因让我们无法确定一个句子的真值，比如某些概念的模糊性（"加拿大树的数量是偶数"），或者世界无法像句子所表达的那样运作（比如我们**发现**，相对论出现之后，许多关于事件同时性的句子缺少一个真值，这与平常所说的模糊性很不一样，因为后者只需要"语言上的直觉"就能够觉察）。"这句话**既不是真的也不是假的**"中对真假的使用在塔斯基式的语义学中是不被允许的。而那些认为"真"不过是"去引号工具"（比如声称一句句子但不实际使用它）的人也忽视或否认了这种对明显的对**真假**的断言性使用。

有一位思想家**没有**忽视或否认这一点，那就是维特根斯坦。他在《哲学研究》的重要（但是经常被误读）一节（第 136 节）中写道：

"归根到底，将'事情是如此这般的'作为命题的一般形式[48]就等于下了这样一个定义：命题就是可真或可假的东西。因为我可以用'这是真的'（或'这是假的'）来替代'事情是如此这般的'。但我们知道，

'p'是真的 = p

'p'是假的 = 非 p

并且，说命题就是可真或可假的东西就等于是说：只有当我们**在我们的语言中**将真值涵项的演算应用于某个东西时，我们才称后者为一个命题。

现在似乎是这个定义——命题就是可真或可假的东西——决定了命题的内容，因为我们说，任何符合'真'概念的东西，或者'真'概念符合的任何东西就是命题。因此，我们似乎有了真假概念，并以此来决定什么是命题，什么不是命题。与真概念相**吻合**的东西（就像与齿轮吻合一样）就是命题。

但这是一副糟糕的图景。这就像是说：'国际象棋中的王**就是**那枚能够被对方将军的棋子。'但这样说的意思不过是，在国际象棋中，我们只能将王的军。同样，说'只有**命题**才是可真或可假的'的意思不过是，我们只能断言被我们称为命题的东西的'真'和'假'。从某种意义上来说，命题内容是由句子的构成规则决定的（比如英语）；而从另一个意义上来说，命题内容是由语言游戏中的符号用法决定的。'真'和'假'这两个词的用法也许是这个游戏的组成部分，如果是这样，它们就属于我们的'命题'概念，但不**符合**这个概念。我们也可以说，'将军'属于国际象棋中王的概念（也就是说是国际象棋的组成部分）。'将军'并不**符合**兵的概念，这样说的意思是，一个可以将兵的军的游戏（也就是说丢掉了兵就输了游戏）会是一个无趣、愚蠢、过于复杂或诸如此类的游戏。"

克里普克只引用了"但我们知道，'p'是真的 = p"。他将这一节视作是对紧缩论的明确表达。但我并不相信这是维特根斯坦的意图，原因如下：

（1）我们知道维特根斯坦并不反对经验命题"符合实在"的观念。他在其他地方讨论了这种符合的意义，并把它同数学命题对实在的符合区分开来。[49]但是上面这节话的重点明显是为了反对形而上学实在论者的陈词滥调,即"这把椅子是蓝色的"可以符合某把特殊的椅子是蓝色的这个事实。维特根斯坦在这节话中表达的核心观点是,我们不能通过看某个东西是否"符合""真"概念(这里的真被把握为一个独立属性)来识别它是否是一个命题。[50]但是,认为我们可以用"对任一命题 p 来说,p 是真的 = p"来解释真概念的观点就像认为我们可以通过断言某个命题的真假来解释这个命题的观点一样错误。在这两种情况下,我们都只是在作语法性的观察,我们不能将这种观察与形而上学上的发现混淆起来。真概念与命题概念就像机器中的一对齿轮一样吻合在一起,我们不能说其中一个是另一个所依赖的基础。在任何特殊情况下(亦可关涉极为不同的事情),我们对真的理解取决于我们对命题的理解,而后者又取决于我们对"语言游戏"的掌握。在维特根斯坦那里,语言游戏是指"由语言和行动交织而成的整体"[51]。这当然是一种"整体论",为了知道在某个特殊情况下什么是真,我们必须知道符号在语言游戏中是如何**使用**的,就好像为了知道如何将军,我们必须知道国际象棋中的各枚棋子是如何使用的一样。

(2) 当我们**自己**愿意将真值涵项应用于某个句子时(注意维特根斯坦强调了**在我们的语言中**),我们才将这个句子视为真正的真命题或假命题(Satz)。

(3) 在维特根斯坦那里,一排既非真亦非假的语法性声音或记号并不是一个命题。[52]而这就是维特根斯坦将命题**定义**为"可真或可假的东西"时的意思。但这并不是说加上"是真的"这几个词是可以被随意用于"陈述句"的"逻辑工具"。[53]

我在维特根斯坦的著作中看到一种完全公正地对待以下原则的可能性:在公正对待我所谓的"塔斯基的洞见"——称某个命题是真的就等于是声称这一命题——的同时又不犯紧缩论者的错误。这种可能性为保护常识实在论提供了条件,同时也让我们意识到常识实在论与传统实在论这一复杂的形而上学幻想之间存在着巨大的**差异**,后者幻想所有知识断言的形式都是一劳永逸地提前固定的。并且,这一幻想还伴随着另一个幻想:一个知识断言为实在负责的**方式**只有一种,那就是"符合"实在,这里的"符合"被认为是一种让知识断言成为可能的神秘关系。除此之外,后期的维特根斯坦还像塔斯基一样拒斥下面这种观念:我们可以一劳永逸地谈论"所有命题",就好像它们组成了一个明确的总体;我们也可以一劳永逸地谈论某个"真断言",并认为它的意义一经固定便永远固定了。[54]

维特根斯坦并不是要寻找一个独立的"真"属性,并希望找到了这个属性之后我们就能知道命题的本质以及它们与实在相符合的本质。相反,维特根斯坦要我们**关注**伦理语言(并不只是哲学中的那种伦理语言)[55]、宗教语言[56]、数学语言(维特根斯坦说数学语言本身就是一种"混合")[57],以及非精确语言是如何在语境中变得完全"清楚"的(比如"大体成立")[58],那些没有意义的话又是如何在同一个句子中完美运作的(比如"某人的脑袋中正发生着什么事情")[59];我们还要**关注**这些话语是如何以不同的方式运作,并以不同的方式与实在联系在一起的。

如果维特根斯坦是对的,他的反思会如何影响我们关于真概念的观点?一方面,认为某个声明、信念或思想是真的或假的**就是**认为它是对的或错的;另一方面,这里的对错因为话语**种类**的不同而存在着巨大的不同。如果我们在广义的逻辑或"语法"意义上(根据维特根斯坦的理解)使用**陈述**、**真**、**指涉**、**信念**、**声明**、**思想**、**语言**所有这些概念,它们的用法就是多元的,新的用法不断将新的话语形式添加进来。但这并不意味着所有运用"记号和声音"的活动都可以被我们组织起来添加进话语形式当中,因为并不是每一种制造记号和声音的方式都"能以意义的面貌呈现"[60]。我试图在这几讲中阐明的一点是,在一些极为重要的情况下,意义以什么样的面貌被我们识别,我们与世界之间的自然认知关系(我们的知觉、想象、期望、回忆等)又以什么样的面貌呈现(虽然语言在延伸这些自然认知关系的同时也在改造着它们)。我们的旅程将我们带回到了一个众所周知的事实：真理有时候是超出识别范围的，因为世界上发生的事情有时候虽然没有超出我们的理解能力，也会超出我们的识别能力。

我在这几讲当中不仅讨论了知觉和理解，还讨论一些通常认为与心灵哲学相距甚远的话题，比如真理（以及关于真理的紧缩论）、必然性，以及实在论与反实在论之间的争论。但是现在我们应该清楚地认识到，将哲学问题细致地分配给不同哲学"场地"的做法并不具有任何实际意义。将哲学划分为不同的部门，并冠之以"心灵哲学""语言哲学""认识论""价值论"和"形而上学"的做法一定会使我们完全认识不到问题之间是如何联系的，而这也就意味着完全无法理解我们的困境来自何处。我们已经看到，实在论和反实在论关于心灵（或者说我们的大脑）是否有可能表征"外在"实在的争论总是不断地诉诸那些关于知觉和理解的假设。特别是，我们被迫要在下面两者之间作出选择：一方面是用某种形而上学的神秘来解释理解的可能性，另一方面则是接受证实主义的理解观；而这个假设又反过来支撑了紧缩论者和反实在论者的真理观。我在这几讲的一开始就指出，我们需要更加深刻地去理解是什么导致了我们的哲学倾向于从一个可怕的立场"后退"至另一个可怕的立场。在本讲中，我重点考察了在我看来造成这一倾向的两个原因。第一个原因是某种还原论，这种还原论让我们无法看到，在概念相互联结的情况下（比如**知觉、理解、表征、证实、真理**这些概念是相互联结的），哲学的任务必须是探索这个圆环，而不是将圆环上的所有点还原为某个单一的点。第二个原因是刚刚提到的这种假设在哲学中的盛行。我们知道所有哲学上的选项，并由此被迫在某些可笑的形而上学事物（这些事物站在我们对"真理""指涉""必然"或"理解"的谈论背后）与"粗暴的"还原论（证实主义、紧缩论、反实在论等）之间作出选择，这样的假设太具有诱惑性。对于体现这一倾向的某个特殊情况来说，无论是哪一个原因在起作用（通常这两个原因是一起运作的），最确定的一个症状是无法看到下面这一点：放弃可笑的形而上学事物并不要求我们同时放弃那些我们在生活中用来且必须用到的概念（不管我们在哲学上持何种立场）。在现在为止，我还没在这几个杜威讲座中提到**实用主义**这个词。但是如果要说实用主义有一个伟大的洞见，那么这个洞见就是坚持认为在我们的生活中具有分量的东西也必须在哲学上具有分量。

注释

1 我在 Renewing Philosophy (Cambridge: Harvard University Press, 1992)中指出了我拒绝将意向性还原为因果联系这一方案的原因。还可参见我的文章"The Question of Realism", in Words and Life (Cambridge: Harvard University Press, 1994)，我在那里讨论了哲学家摇摆于这两种立场之间的倾向。

2 将"心灵"等同于"灵魂"并等同于"理智"是笛卡尔的一个创新。参见我的文章"How Old Is the Mind", in Words and Life。

3 参见我的文章"To Functionalism and Back Again", in Samuel Guttenplan, ed., Companion to the Philosophy of Mind (Oxford: Blackwell, 1994)；以及 Representation and Reality (Cambridge: MIT Press, 1988)，我在这些著作中详细论证了，与命题性态度相关的心理描述不能被还原为对大脑的计算性描述，不管这种建构这样一种描述是多么重要。

4 索尔·克里普克、迈克尔·达米特、理查德·罗蒂和克里斯宾·赖特都处于这股潮流之中。

5 参见 John Haldane, "Whose Theory? Which Representations?—Reply to Robert Stecker", Pacific Philosophical Quarterly, vol.74(1994)。

6 Ludwig Wittgenstein, Philosophical Investigations, p.194.

7 这样的解释可参见 Norwood Russell Hanson, Patterns of Discovery (Cambridge: Cambridge University Press, 1958)，第1章。

8 参见 Ludwig Wittgenstein, Philosophical Investigations, 503ff. Charles Travis 在 The Uses of Sense (Oxford: Oxford University Press, 1989)中指出，维特根斯坦对"Satz"(Elizabeth Anscombe 译作"命题"，而分析哲学家则通常译作"句子")的使用中包含了对句子/命题（这里的命题是指"意义"或弗雷格意义上的句子的"含义"）这一标准二分的拒斥。

9 参见 Richard Rorty, Contingency, Irony, Solidarity (Cambridge: Cambridge University Press, 1989)，罗蒂一再指出语言的使用者是"记号和声音"的制造者。

10 比如《哲学研究》，190—198 节。
11 我们可以看到投降的场面但不知道自己看的是一次投降，同样，我们可以想象投降的场面但不知道自己想象的是一次投降（尽管我对此表示怀疑）。但是在完整的意义上，想象就是我们看到（完整意义上的"看到"）德国在此时此地向艾森豪威尔投降，我们必须具有关于这次投降的知识才能够想象它。
12 "Lecture on Religious Belief" 第 3 讲, in *Ludwig Wittgenstein's Lectures and Conversations on Aesthetics, Psychology and Religious Belief*, ed. Cyril Barrett (Berkeley: University of California Press, 1966). 当时维特根斯坦已经写了《哲学研究》的大约前 130 节。
13 他们喜欢说断言条件是"由公共准则决定的"，参见 Stanley Cavell 在 *Conditions Handsome and Unhandsome* (Chicago: University of Chicago Press, 1988) 中对克里普克的讨论。
14 维特根斯坦说："命令、质疑、重述、聊天就像吃喝、行走、玩耍一样，是我们的自然历史的一部分。"（《哲学研究》，25 节）。
15 《哲学研究》，95 节。
16 麦克道威尔在《心灵与世界》中指出，动物不具有人类意义上的**经验**，这一观点破坏了一个原本不错的关于知觉的直接实在论论证。在我看来，让麦克道威尔得出这个错误观点的原因在于他没有看到动物的分辨能力与人类的概念是一个连续体。而造成这一点的原因又是因为，他对康德的依赖使他为概念和知觉设置了过高的要求。（"没有一个知觉不包含概念"这句话也许是对的，如果我们在什么可算作概念的问题上足够大方；但我们不需要像麦克道威尔那样认为，动物或小孩只有在拥有自我意识和批判性反思的能力的前提下才能获得概念。）麦克道威尔犯这个错误的另一个可能的原因（较之上一个原因可能性又低一点）也许是，他认为动物的"分辨能力"等同于**物理和化学上的反应**，也就是说，在他看来，还原主义适用于关于动物的心理断言，但不适用于关于人类的心理断言。
17 我在《哲学的改造》(*Renewing Philosophy*) 的第 2 章给出了我对人类的概念和动物的"原概念"(protoconcept) 作出区分的理由。
18 比如可参见我在《哲学的改造》中讨论的人类关于肉的概念与狗关于肉的原概念之间的区别。
19 一个简单的例子：狗也许能够识别写着"停"的标志，但即使我们教会它"分辨"这个标志，就好像我们教会鸽子分辨不同的对象和不同的对象群那样，它也不会经验到这个标志是在**说**——"停！"
20 Aristotle, *Nichomachean Ethics*, book 1, chapter 3.
21 我这样说的理由可参见《表征与实在》，以及注 3 提到过的《到达功能主义再折返》。
22 参见 Michael Dummett, *The Logical Basis of Metaphysics* (Cambridge: Harvard University Press, 1991).

23 Alfred Tarski, "The Concept of Truth in Formalized Languages", in *Logic, Semantics, Metamathematics* (Oxford: Oxford University Press, 1956).

24 如果 S 不是英语,那就先将它翻成英语再填入空白处。

25 多年研究波兰逻辑史和哲学史的学者沃伦斯基(Jan Wolenski)告诉我,塔斯基在写作《形式语言中的真概念》时认为,我们无法就对句子的理解究竟是由什么构成的多说些什么。有人认为塔斯基赞同逻辑实证主义的语言观,沃伦斯基认为这是错的。塔斯基在那篇文章中未经批判地使用了"将具体的、对我们来说可理解的意义赋予符号"这样的观念。参见 *Logic, Semantics, Metamathematics*, pp. 166 - 167;以及 Jan Wolenski, "Tarski as a Philosopher", *Poznan Studies in the Philosophy of the Sciences and the Humanities*, vol. 28 (1993), pp. 318 - 338。

26 著名的紧缩论者保罗·霍维奇(Paul Horvich)在最近的一篇评论中总结了这一立场:"有人认为真是一种本质属性,其背后存在某些等待哲学思考去发现的统一本质,这样的观点是错误的。相反,我们的真断言仅仅是一种逻辑工具,以便让我们去简单地表述某种概括。……真概念完全基于下面这一等式的约定——'命题 p 是真的当且仅当 p',这里的 p 可以被替换为任何陈述句。"参见 Paul Horvich, "In the Truth Domain" (a review of Crispin Wright, Truth and Objectivity), *Times Literary Supplement*, July 16, 1993, p. 28。

27 比如可参见 Paul Horwich, "Wittgenstein and Kripke on the Nature of Meaning", *Mind and Language*, vol. 5, no. 2 (Summer 1990), pp. 105 - 121。霍维奇写道:"以某种特殊的方式使用一个词的公共倾向不能被简单地等同于下面这种倾向,即认为某些句子是明确且永久性地可接受的,而其他句子则不然。除了后面这种倾向,这里面还包含了对某些句子的真假采取不同水平的信任的倾向(**表现为'打赌行为'**),适当程度的新年是可观察条件的一种功能。"(p. 112,**强调**是我加上的。)霍维奇出版了一本为紧缩论辩护的专著:Paul Horwich, *Truth* (Oxford: Blackwell, 1990)。注意:霍维奇说紧缩论并不"承认证实主义"(第 114 页),他的意思只是说,即使一个句子的证实条件不能"决定"句子的真假,我们也能够说这个句子是真的或假的。这个观点来自于这样一个决定,即应该保留作为逻辑真理的二值原则。霍维奇关于理解之构成的观点完全是卡尔纳普式的,也就是将信任等同于"打赌行为"。

28 霍维奇在"In the Truth Domain"中指出,他使用"真断言"的目的是让我们可以作出以下的概括:"所有以'p 或非 p'形式出现的命题都是真的",并且这里的 p 可以是"任何陈述句"。特别是对于我们也许无法决定其真值的句子,比如"一把坏的椅子仍然是椅子",逻辑会迫使我们说出这句句子是真的或是加假的。参见 *Truth*, pp. 80 - 88。

29 如果我要在这里区分达米特的立场和他称作"全局性反实在论"的立场,原因也是因为达米特曾多次表达了对"全局性反实在论"的反直觉倾向的不满,以及对如何纠正这一倾向的不确定。但是我要指出,正是因为达米特以我在前面描述的方式进行争论,他才无法找到一个满意的方案去代替全局性反实在论。

30 参见 Rudolf Carnap, "Truth and Confirmation", in H. Feigl and W. Sellars, eds., *Readings in Philosophical Analysis* (New York: Appleton-Century-Crofts, 1949),这篇文章对"紧缩论"的陈述是迄今为止最清晰、最有力的。

31 我在注 27 中指出,霍维奇认为不同程度的有根据断言中也存在着"本质性"的东西,比如它们是由(至少粗略地)"公共标准"决定的,并且它们建立了合法的、可以被解释为"打赌行为"的"信任程度"。

32 *Philosophical Investigations*, p.195.

33 我自己在之前对紧缩论的批判中也犯了这个错误,参见我的文章"On Truth"和"Does the Disquotational Theory of Truth Solve All Philosophical Problems?",都收录于 *Words and Life*。

34 参见戴蒙德(Cora Diamond)对谜的"意义"讨论,Cora Diamond, "Riddles and Anselm's Riddle", *Proceedings of the Aristotlean Society*, suppl. vol. 60 (1977), in Cora Diamond, *The Realistic Spirit* (Cambridge: MIT Press, 1991)。

35 我从维特根斯坦的 *Lectures on the Philosophy of Mathematics*, ed. Cora Diamond (Chicago: Chicago University Press, 1989)第 25 讲中借用了"符合某个实在"这个表达。

36 遵守某个规则、理解词语、指涉事物等能力并不是独立的,这当然是维特根斯坦《哲学研究》的一个永恒主题,但即便是这个主题也遭到了还原论者的误解。维特根斯坦的观点并不是说,所有这些能力预设了大量行为主义意义上的"习惯"或大量"有条件的回应"。即便这种说法(作为一种因果性的陈述)是正确的,下面的事实也不容忽视:在行为科学(实际上是准生物学)的层面上描述这些能力完全掩盖它们的**规范性**。维特根斯坦在第 25 讲中谈到我们的"自然历史",他认为"命令、质疑、重述"是自然历史的一部分,他并不像斯金纳(B. F. Skinner)式的心理学家那样试图将命令、质疑、重述还原为某些更为"原始"的概念。

37 参见 Michael Dummett, *The Logical Basis of Metaphysics and Truth and Other Enigmas* (London: Duckworth, 1978)中的第 1、10、11、13、17 和 21 篇文章。

38 比如可参见 John McDowell, "Putnam on Mind and Meaning", in *Philosophical Topics*, vol. 20, no. 1, *The Philosophy of Hilary Putnam* (February 1992); John Haldane, "Reid, Scholasticism, and Contemporary Philosophy of Mind", in M. Dalgarno and E. Mathews, eds., *The Philosophy of Thomas Reid* (Dordrecht: Kluwer, 1989);以及 John Haldane, "Putnam on Intentionality", *Philosophy and Phenomenological Research*, vol. 52 (1992)。

39 参见我的文章"The Question of Realism", in *Words and Life*。

40 Hilary Putnam, "What Theories Are Not", in *Mathematics, Matter, and Method* (Cambridge: Cambridge University Press, 1975)。

41 目前我对量子力学的解释是,量子理论最好被认为是对真实物理事物的描述,而不只是对测量工具行为的描述。不过玻尔（Neils Bohr）和莱辛巴赫（Hans Reichenbach）认为量子理论只描述那些**以某些方式与肉眼可见的事物进行互动**的事物（当这些事物——用量子力学的行话来说——被"测量"时）的行为，他们的观点是对的。在没有被测量时，量子力学的"粒子""场"等是如何行动的，对此可以用各种互不相容的方式给出解释"图景"（多重世界解释，玻姆［David Bohm］的隐变量解释等）。所有这些解释都是矛盾的，没有一种解释（至少就目前而言）是令人信服的。参见的我的文章"Realism with a Human Face", in *Realism with a Human Face* (Cambridge: Harvard University Press, 1990)；以及我与莱德海德（Michael Redhead）在 *Reading Putnam* (Oxford: Blackwell, 1994)中的交流。

42 比如可参见W. V. Quine, "Two Dogmas of Empiricism", in W. V. Quine, *From the Logical Point of View* (Cambridge: Harvard University Press, 1961)；也可参见我的文章"Meaning Holism", in L. E. Hahn and P. A. Schilpp, eds., *The Philosophy of W. V. Quine* (LaSalle, Ill.: Open Court, 1986)。

43 参见 Michael Dummett, "Wittgenstein's Philosophy of Mathematics", *Philosophical Review*, vol.58(1959), pp.324–348, in Michael Dummett, *Truth and Other Enigmas*。

44 Cora Diamond, "The Face of Necessity", in Cora Diamond, *The Realistic Spirit* (Cambridge: MIT, 1991)第9章。

45 关于塔斯基的真实观点，可参见注25。

46 注意：虽然我在这里将"莉兹·波登用斧子杀了她的父母"这句话名词化了，但这并不意味着我们必须假设这样一个名词化的对象。戴维森（跟随塔斯基）正确地主张，莉兹·波登犯了著名的谋杀罪（也可以举其他任何例子）这一"事实"（如果它是一个事实）与我们所使用的这句话的真值之间的关系可以被简单地表述为双态的："莉兹·波登犯了著名的谋杀罪"这句话是真的，当且仅当莉兹·波登犯了著名的谋杀罪；这种双态关系当中并不包含名词从句。即便是一个（明显）包含名词从句的句子，比如"约翰相信莉兹·波登犯了著名的谋杀罪"，我们也不一定要（像福多那样）将此解释为在信念与命题之间插入了一个关系。在使用量词的地方假设某些实体，这种倾向是蒯因的"本体论承诺"留下来的遗产。我在第一讲的注12中大致陈述了我拒斥这一点的理由。

47 我在"A Comparison of Something with Something Else"（收录于《语词与生命》）中指出，塔斯基对真的定义最多只是在外延上正确的，他并没有指出真概念在违反事实条件下的正确特征，他也没有告诉我们"真"的意义。

48 维特根斯坦的 *Tractatus Logico-Philosophicus* (New York: Humanities Press, 1951)正是这样做的。

49 比如可参见维特根斯坦在 *Lectures on the Philosophy of Mathematics* 的第25、26讲中对这两种"符合"的区分。维特根斯坦说，"这把椅子是蓝色的"（想象他面前有一把蓝色椅子)符合某个实在,但这种符合只有通过使用这句话本身才能实现。他还说,虽然算术的句子并不在这个意义上符合实在,但计算活动却在不同意义上符合"散播的经验性实在"。

50 维特根斯坦在《哲学研究》第 138 节拒斥了认为"我所理解的某个词意思符合我所理解的某个句子的意义"这种观念,他说:"如果意义就是我们对该词的使用,那么谈论这种'符合'就是毫无意义的。"维特根斯坦在另一处作了一个类似的对比:一种观点认为意义就是使用,另一种观点则认为使用的可能性是由意义"符合"或未能"符合"其他意义的方式决定的。参见 Desmond Lee, ed., *Wittgenstein's Lectures*, Cambridge, 1930–1932 (Totowa, N.J.: Rowmanand Littlefield, 1980)。

51 Ludwig Wittgenstein, *Philosophical Investigations*, 7.

52 正如我之前所指出的,维特根斯坦认为"句子"(Satz, Elizabeth Anscombe 译为"命题")既不是逻辑学家所说的"句子"(也就是一排单纯的记号或声音),也不是有些哲学家所说的"命题"(也就是从承载意义的符号当中抽象出来的"意义")。维特根斯坦拒斥这种"句子/命题"的区分。紧缩论者认为"p 是真的 = p"这一公式的意思是,制造"p 是真的"这一记号或声音等同于制造"p"这一记号或声音。但维特根斯坦谈论的并不是书写记号或发出声音。

53 参见注 26 所引的保罗·霍维奇对紧缩论的总结。

54 虽然塔斯基从来不假装自己是一个语言哲学家,他对说谎者悖论和其他所谓的语义学悖论所作的深入逻辑研究(这些研究的基础是哥德尔证明著名的不完全性定理时用到的技术)使他确信,为了避免悖论,我们也许应该将断言限制在某个单一"语言"之内,并只有在这个时候认为"真"是一个明确定义的概念。单一语言是由命题组成的明确的单一总体,总体成员的真假与否并不会导致总体本身的矛盾。这一塔斯基式的观点有一个直接的推论:可能命题的总体从本质上来说是无法考察的。我在《带人面的实在论》一文中对说谎者悖论以及这一悖论的"强说谎者"版本作了细节性的讨论。今天并不是所有的逻辑学家都认同塔斯基的观点,即一种自恰语言也许从不包含关于其自身的真断言。但克里普和其他哲学家提出的避免说谎者悖论的"非塔斯基"方法仍然具有这样一种属性,即一种自恰语言的语义学不能由该语言自身给出。正如克里普克所说的,"塔斯基式的层次仍然在我们当中阴魂不散"。维特根斯坦认为语言是谈论和思维方式的生长体,其"符合实在"的各种方式是不可预测的;当然,**他的理由与塔斯基所考虑的形式悖论的问题并不相关。**

55 拉什·里斯(Rush Rhees)对维特根斯坦的理解并不亚于任何人,他曾经写道:"如果有人问,'道德陈述是怎么样的?'我认为我们应该从举例开始。但伦理学家并不是经常这样做的。你提到'诚实是好的',但我不记得听别人在哲学讨论之外说过这句话。我无法想象有什么条件可以让任何人说这句话。"参见 Rush Rhees, *Without Answers* (London: Routledge and Kegan Paul, 1969), p.103。

56 维特根斯坦对宗教语言的讨论,可参见《哲学的改造》的第 7、8 章。

57 Ludwig Wittgenstein, *Remarks on the Foundations of Mathematics*, eds. G. H. von Wright, R. Rhees, and G. E. M. Anscombe(New York: Macmillan, 1956),第46节("证明技巧的混合")和第48节("我想解释一下数学当中的混合")。
58 注意:在语境中变清晰的原因肯定不是语境让非精确语言变得完全清晰起来!这里不存在任何精确性,正如维特根斯坦在《哲学研究》第69节所说的:"你仍然欠我一个关于精确性的定义。"
59 Ludwig Wittgenstein, *Philosophical Investigations*, pp.422 - 427.
60 Cora Diamond, "Riddles and Anselm's Riddle", p.261.

第二部分
心灵与身体

第一讲
"想象一个我所谓的'自动甜心'"

威廉·詹姆士曾经设想过一个杰出的思想实验,他要我们想象一个缺少所有心理特性(在未被察觉的情况下)的人类:

> 想象一个我所谓的"自动甜心",她是一个完全无法同有灵魂的女子区分开来的无灵魂的身体,她能笑能说,会脸红,会护理,能够得体而亲切地履行所有女性的职责,就好像有灵魂一样。会有人将她完全等同于人类吗?肯定没有。[1]

但詹姆士并不是第一个有这种忧虑的哲学家。在塑造对身心问题的忧虑上,笛卡尔的作用比其他任何哲学家都要大。他也在思考这一问题,他甚至在《谈谈方法》中提出了一种"图灵测试":

> 我们完全可以构想这样一个机器,它可以说话,甚至可以说与改变其机体的身体行为相符合的话(比如,如果你触摸它上面的某个点,它就会问你想要什么;如果你触摸另一个点,它就会大叫出声说你在伤害它,如此等等)。但我们无法设想这样一个机器能够对词语进行不同的组织,使得自己能够像最迟钝的人一样对我们所说的话给出恰当而有意义的回答。[2]

这一忧虑虽然听起来难以置信,但最近又在两位杰出的心灵哲学家——金(Jaegwon Kim)与戴维森——之间引起了争论。

在收录于《伴随性与心灵》内的文章中,金对戴维森的心灵哲学给予了极大的关注。[3] 其中的原因并不难猜测:在金所谓的"强伴随性"(strong supervenience)问题上[4]以及我要在这里暂时简称为还原论的问题上,戴维森的观点同金的观点是截然对立的。(但是,戴维森关于强伴随性不需要心理物理法则的论证给金留下了深刻的印象,后者甚至在《伴随性与心灵》中收录了一篇为这一观点辩护的文章。[5])虽然戴维森是一个唯物论者,即他相信每一个心理事件都**等同**于一个物理事件,且并不存在心理物理法则。但是,在《伴随性与心灵》的大多数文章中,金却认为存在找到这种法则的可能性。正如他所说的,即便事情真的像我的一些论证所阐明的那样[6],即 P⟷M 这一形式(P 是物理属性,M 是心理属性)当中并不存在任何**不受限制**的法则(此法则适用于所有物理上可能的有机体),还是有可能存在某些"种类—特殊的连结法则"(species-specific bridge laws),即 $S_i \rightarrow (M \longleftrightarrow P_i)$ 这种形式的法则。根据此法则,"相应于**每一个种类或结构** S_i,都有一个特殊的物理状态 P_i 作为心理状态 M 出现的**必要充分条件**"[7]。金在《非还原论物理主义的神话》一文所表达的立场是,**只有在这种法则存在的前提的**,心理属性才具有真正的因果效应。

首先是金对戴维森立场的描述:

> 戴维森认为心理事件与物理事件之间存在着因果关系,但因果关系必须由法则来支撑,也就是说,个体事件之间的因果关系必须体现法则性的规范。[8] [在戴维森看来],心理事件中并不存在法则,无论是心理物理法则还是单纯的心理法则;任何包含了心理事件的因果关系都必须体现某个物理法则,心理事件也就由此得到了物理描述,或者从属于物理事件这一类。从属于物理事件这一类的就是物理事件,从属于心理事件这一类的就是心理事件。……因此,基于每个事件都至少从属于一种因果关系这一假设,所有的事件都是

物理事件。⁹

下面是金对此所作的批评：

戴维森的本体论认为个体事件都是时空性的特殊体。这些事件的主要结构是因果结构，把事件相互联系在一起的因果关系网将理性结构赋予这个由事件组成的宇宙。根据戴维森的变异一元论（anomalous monism），心理属性在这一结构的塑造中扮演了何种角色？回答是：无。……变异一元论的后果是：**在戴维森的世界中，如果你随意地将心理属性再分配给心理事件，你仍然会得到同一个因果关系网；如果你随机地将心理属性再分配给心理事件，或者甚至将心理属性完全从世界中移除，你并不会干扰到一种因果关系。**记住：根据变异一元论，事件只有在体现物理法则的前提下才是原因或效应，这意味着事件的心理属性并不会导致因果差异。¹⁰

为戴维森辩护

现在我要开始针对金的批评为戴维森辩护。¹¹首先要指出的是，我并不赞同戴维森的变异一元论，也不赞同他对因果性的看法。我关于变异一元论的看法是，我们不能说心理事件"等同于"还是"不等同于"物理事件，我并不相信这里的"等同"具有任何意义。¹²我还相信，针对戴维森所持的"每一个真的因果陈述都必须由严格的法则来支撑"这一观点，伊丽莎白·安斯康姆（Elizabeth Anscombe）的文章《因果关系与决定》¹³包含了决定性的反例。¹⁴但是我又相信，我们可以对金提出的反驳作出回答，而这种回答是我们把握心灵哲学某些核心问题的一个很好的方法。

金的论证明显着眼于下面这个突出的条件从句（假定戴维森的观点

是正确的）：**如果你随机地将心理属性再分配给心理事件，或者甚至将心理属性完全从世界中移除，你并不会干扰到一种因果关系。**

这个假设的一定直接后果是（假定戴维森的观点是正确的）：〔自动人观点〕**即使有些人没有任何心理属性，只要他们的物理属性和物理环境同其他人一样，就会发生同样的物理事件。**

事实上，金邀请我们做一个与詹姆士一样的思想实验（假定戴维森的心灵哲学是正确的）：想象某个世界中存在这样一个身体，他的物理状态以及所处的物理环境完全同你我一样，但他不具有任何心理属性。他的行动会完全同你我一样吗？这个身体完全就像是詹姆士所想象的"自动甜心"，也就是一个自动化的我或自动化的你。即便"决定打开水洗澡"这一心理事件没有发生，一个自动化的普特南也能够有效地打开水龙头。从这个必须承认的事实出发，金得出结论（假定戴维森的心灵哲学是正确的）：心理事件**不具有因果效应**。就像桑塔亚那（George Santayana）所认为的那样，心理属性只是"副现象"。[15]

当然，我们可以通过否认这一反事实的设定"具有意义"来驳斥这一论证。金认为，为了让这一反事实的设定没有意义，我们的心理属性必须可以某种方式还原为物理属性（或者更确切地说，前者必须以某种令人满意的方式"强伴随"于后者）。[16]但还原（包括"强伴随性"）需要心理物理法则，而戴维森的立场却排除了这一点。因此，金的结论是析取性的：要么戴维森错了，即存在心理物理法则；要么我们的心理属性是副现象。（我之所以略去第三种选择——我们拥有心理属性的观念不过是一种幻觉——的原因是因为戴维森、金和我都没有将它当真。）

准备工作：给金的反事实设定挑错

假定我要打开水洗澡。如果有人问我："浴室的水为什么开着？"我也许会回答："我开水是为了洗澡。"但我也许只会简单地说："我决定洗澡。"没有人会认为我这样说并没有**解释**浴室的水为什么开着。学究一点来说,浴室的水开着是**因为**我决定洗澡,我决定此刻在**这个**特定的浴缸里洗澡,我决定"真的"泡个澡而不是淋浴,我完全知道为了"真的"泡个澡我需要打开水龙头,我还知道如何将水龙头打开到正确的位置,总之,我是根据我的决定和知识行动的。

约翰·霍尔丹(John Haldane)曾明智地指出[17]:"有多少种'因为'的意思就有多少种原因。"(他还补充:"亚里士多德的四因说只是初步的分类。")如果前面这一解释中对"因为"的使用是正确的,那么在某种意义上我们可以说,将水龙头打开到中间位置(冷热之间)的决定是现在水(以适宜的温度)开着的**原因**。决定(哲学家认为它们是心理事件)可以是水开着的(哲学家认为它们是物理事件)原因。如果我们(像桑塔亚那那样)认为前面这一解释中对"因为"的使用是不正确的,也就是说,现在水以适宜的温度开着的原因**并不是**我的决定,我的决定是完全"无效的",那么我们就是在拒斥那些对于存在于世界中的我们来说最本质的言谈方式。即便是桑塔亚那(他不断给出如何生活的建议,如果我们的决定不具因果效应,这些建议就毫无意义)也无法离开这些言谈方式,也无法给出一个自恰的替代方案。副现象论是**疯狂的**!

由此,我们的心理属性是否一定要以某种方式还原为物理属性呢?在敲开**这个**栗子之前,让我们先来看一看我们可以如何来拆解金的反事实设定。

当然,我们不想在简单接受前件(有些人不具有任何心理属性,但他们的物理状态以及所处的物理环境完全同你我一样)并认为它是一种完全可理解的可能性的同时又否认后件(会发生同样的物理事件)。也就是说,我们不想声称:[反自动人观点]有些人不具有任何心理属性,但他们的物理状态以及所处的物理环境完全同你我一样,在这样的情况下,会发生不同的物理事件。[18]

我们发现这种[反自动人观点]并不可信。当然,我们之所以这样认为是因为我们不再认为强意义上的笛卡尔二元论("互动论")是可信的。笛卡尔相信的正是这种[反自动人观点]:他认为作为非物质实体的心灵"承载"了所有心理属性,并导致我们的身体以某种方式行动,如果拿走心灵,身体肯定不会以这种方式行动。

我将在这几讲中阐明,心灵哲学中的经典问题以及它们所引发的"哲学立场"并不是完全可理解的。我想,认为心灵作为非物质性存在与身体进行"互动"的观念是这种不可理解性的一个突出例子,但这并不是传统对互动论的批判。

传统对互动论的批判在罗素那里得到了优美而有力的陈述。[19]如果二元互动论是对的,那么身体的轨迹与物理法则根据作用其上的物理力量总体为它断定的轨迹一定会有所不同。笛卡尔自己也意识到了这一点。因为他不愿意假设包含了人类身体的物理互动会违反动量守恒这样的基本法则,他只好设定虽然心灵可以(通过作用于身体中的松果腺)改变身体运动的**方向**,但不能改变"运动的质"(多少有点像我们今天所说的"总体标量动量")。但人们不久就意识到,**空间中每个方向上的总体动量都是守恒的**。因此,**如果互动论是对的,当人类基于决定和其他思想行动的时候,就会违反某些物理上的守恒法则**。简言之,互动论意味着**人类身体的行动会违反物理法则**。对此我们没有丝毫的证据,因此我们只好像拒斥生机论以及其他在"物理法则之外"假设各种现象("生命"是一个流行于19世纪的例子)的过时理论一样拒斥互动论。金自己也以一种更为概括的方式指出这一点:

> 还有一个进一步的假设我相信任何物理学家都会接受[金明显也是这个意义上的"物理学家"],即"物理领域的因果闭合性",大致可表达为:**任何在时刻 t 上有某个原因的物理事件在该时刻上都会有某个物理原因**。也就是说,为了追溯某个物理事件的因果血统,我们永远不需要走出物理领域。拒斥这个假设就等于是接受笛

卡尔式的观点：某些物理事件需要非物理性的原因；如果后面这种观点是对的，那么在原则上就不会存在关于物理领域的完整且自足的物理理论。如果物理领域无法在因果性上闭合，为了完整地解释物理世界，物理学就需要从根本上诉诸非物理性的因果代理，这种代理可能是笛卡尔式的灵魂及其精神属性。[20]

罗素（和金）的论证是**经验性**论证。这种论证假定互动论是完全可理解的（与我将要论证的立场相反），但认为它无法得到经验性证据的支持。但无论我们是像罗素那样在经验性的层面上拒斥互动论，还是像我主张的那样因为它无法被充分理解而拒斥它，今天的事实是，受过科学教育的人确实拒斥了互动论。因此，如果我们要拒斥[自动人观点]，我们不能只是简单地提出[反自动人观点]。

事实上有不少哲学立场认为[自动人观点]是错的，但又不持[反自动人观点]，比如还原物理主义、逻辑行为主义和证实主义。持这些立场的哲学家会通过在下面这一表述的前件[21]中寻找错误来攻击[自动人观点]，即**有些人不具有任何心理属性，但他们所有的物理属性都同你我一样，就好像他们的行为和物理环境同你我一样**。更确切地说，这些哲学家认为将否定互动论与坚持[自动人观点]前件结合起来的做法是有缺陷的，这种做法要么是不可理解（在证实主义者看来），要么在形而上学上是不可能的（在逻辑行为主义者看来），而其他还原物理主义者则会说，如果我们关心的是实际世界中发生的事情，那么[自动人观点]的前件就是**无关的**。

为了说明这一点，让我们这样来看：如果互动论是错的，并且**在这种情况下**，我们还能理解[自动人观点]前件所描述的状态，那么[自动人观点]就一定是对的。这也意味着詹姆士的"自动甜心"——没有心理属性，没有"意识"，但完全可以**像**有心理属性一样行动的人——是一个可理解状态。因此，基于互动论是错的这一假设来攻击[自动人观点]就等于是否认这个状态是可理解的,也就是说,虽然[自动人观点]的前件是对的,但是如果这些人具有"心理属性",他们的行为也不会有任何变化。

证实主义认为,上面描述的这种状态是不可证实的(如果这些人能够完全像有心理属性一样行动,我们就不可能在原则上证实他们缺少心理属性),因此,这种描述([自动人观点]的前件是对的,但是如果这些人具有心理属性,他们的行为也不会有任何变化)对于我们的认知来说是无意义的。与证实主义不同,逻辑行为主义并不认为所有有意义的陈述一定是在原则上可证实的,但它主张所有关于**心理**属性的命题都在逻辑上等同于关于(物理)行为的命题。因此,如果我们认为可以想象一个[自动人观点]前件为真而互动论为假(也就是说,[自动人观点]前件为真,但如果这些人具有心理属性,他们的行为也不会有任何变化)的世界,就等于是在认为可以想象这样一个世界,**这个世界具备了出现心理属性所必需的逻辑条件,但这些属性并未出现**,这显然是一个矛盾。因此,如果证实主义是对的,那么将否定互动论与坚持[自动人观点]前件结合起来的做法在认知上就是无意义的;如果逻辑行为主义是对的,这种做法就是自相矛盾的。不管对的是何种立场,我们都能够拒绝认为[自动人观点]是真正的反事实设定,又不至于被迫接受[反自动人观点]。不幸的是,无论证实主义还是逻辑行为主义似乎都已经不再是站得住脚的立场了。[22]

戴维森的立场是,我们谈论心理属性的原因是为了让我们能将人类行为"理性化"。并且,他主张,心理属性的**所有**功能就在于此,这也是为什么不存在心理物理法则的原因。如果戴维森的观点是正确的,那么将否定互动论与坚持[自动人观点]前件结合起来的做法就描述了这样一种的状态,在这种状态下,我们拥有可以运用心理断言的全部根据,但并没有"真正"运用它们。戴维森当然会认为这一建议无法理解!

很明显,戴维森并不是一个证实主义者,他也不是一个逻辑行为主义者,但他的立场同这两者之间存在着有趣的联系。虽然戴维森不像逻辑行为主义者那样认为存在将特殊的心理断言与特殊的行为断言联系起来的概念性真理,但他像逻辑行为主义者一样相信如果你的行为在所有方面都像是在运用心理断言(这里的"所有方面"包括微观物理方面,前提是微观物理事件与对你言行的解释相关),那么你**就是**在运用这些心理断言。他还像证实主义者一样相信,如果你在运用某个心理断言,那么某个"全知"的观察者(知道关于你以及你的环境的所有物理事实)就能证实你在运用这个心理断言。[23]我们也许可以称戴维森为心理证实主义者,也就是关于心理的证实主义者。我认为上面考察的各种自动人观点都是不可理解的,但是我的策略与我为戴维森辩护的策略并不相同。我不会像戴维森的心灵形而上学那样作任何形而上学上的假设(比如,谈论心理的唯一目的是什么)。

现在让我考察物理还原论(金所辩护的那种高度精致的物理还原论)。有些人认为这一立场为我们处理[自动人观点]及其对心理因果效应造成的威胁提供了一些可能性。最简单的一种可能性是指出[自动人观点]的**无关性**。归根到底,如果我们所谓的心理属性**在实际世界中**不过是物理属性的子集,那么在任何让[自动人观点]前件为真的世界中,心理属性被"意识到"的方式会非常不同于实际世界。即使心理属性可以在**这个**"**可能世界**"**中成为**"**副现象**",它们也不会出现在实际世界当中,因为根据定义,作为物理属性的它们并不是副现象。[24]

但是,我将在后面几讲中指出,还原物理主义是不自恰的。如果我的观点是对的,而我们又不想成为证实主义者(或"心理证实主义者",也不想成为逻辑行为主义者,是否还存在其他的立场让我们有可能不接受[自动人观点]及其结论——即使去掉心理属性,所有的物理事件仍然会保持不变,这些心理属性都不过是**副现象**?我们应该如何避免金的析取性结论:要么我们的心理属性**就是**伪装的物理属性,要么它们只是副现象?(金告诉我他自己认为这两个选择都却缺乏吸引力!)

重新思考[自动人观点]前件的可理解性

有人会说我将要在这几讲中采用的方法是一种维特根斯坦式的方法,但是我保证,即便我的讨论无法做到完全不引用后期的维特根斯坦,我也会做到避免引用《哲学研究》,并尽可能少地使用维特根斯坦的术语。[25]也许这个保证会缓解有些人的焦虑!特别地,我回应金提出的富有挑战性的困境的方法是——这并不奇怪——质疑[自动人观点]前件的**可理解性**。我要再一次指出:将这个前件——[**无灵魂人假设**]**有些人不具有任何心理属性,但他们所有的物理属性都同你我一样,就好像他们的行为和物理环境同你我一样**——与"否认互动论"结合起来的做法是无法被完全理解的。[26]我将阐明,因为这些假设的"可能状态"都不是充分可理解的,考虑如果某个假设为真的情况下会发生什么是毫无意义的。打个比方说,**放到童话中去理解**,"灰姑娘的马车变成了南瓜"这一陈述可以满足我们关于可理解性的标准(我们知道如何去"处理"和回应它,如果去"玩这个游戏");但是如果我们将"马车有时候会变成南瓜"抽离某种特殊的语境,并对"马车变成南瓜时会发生什么?"这个问题加以讨论,就好像这是一个严肃的科学问题,我们的讨论就是毫无意义的。同样,我们也许可以欣赏一部某人爱上了一个"自动甜心"的小说,但这并不意味着谈论一个其中有些人或所有人都是自动甜心的"可能世界"是有意义。[27]但是这一点需要大量的展开,我预见到人们对此会产生一些误解。

我所害怕的误解涉及证实主义和逻辑行为主义以前的风光以及当下应得的不流行。与逻辑行为主义的斗争发生于20世纪50—60年代,与证实主义的斗争则仍在进行[28],这些斗争已经吸引了很多注意力,并且仍然在广泛使用的心灵哲学论文集中占据了大量空间。因此,人们会马上认为,如果有人要质疑[无灵魂人假设]或[无灵魂人假设]加否定互动论(或者再加"这些人的行为与你我毫无区别"),这个人就一定是证实主义者或行为主义者。接下来我希望消除这种误解,我将指出,我们还可以基于其他截然不同的理由去质疑这些方案的可理解性,这些理由既不需要我们先天地承诺某种可以得出某种一般方法的哲学理论(比如证实主义)用来评估某个模糊陈述的有意义程度,也不需要我们接受逻辑行为主义的立场。我希望在下面两讲中阐明,存在一些紧密联系的理由让我们去质疑还原论(和反还原论)的可理解性,因此,金提出两个选择距离可以被完全理解都还差得很远。

心理属性与物理属性"相互独立"的问题

让我们再一次考虑[无灵魂人假设]:**有些人不具有任何心理属性,但他们所有的物理属性都同你我一样,就好像他们的行为和物理环境同你我一样。**

让我们首先来看认为[无灵魂人假设]完全有意义的初步理由。

下面这个原则初看起来是有道理的:[独立原则]如果 A 和 B 是两种不同的属性,并且 B 属性不能被还原为任何 A 属性,那么 B 属性就是**独立于** A 属性的,也就是说,A 在没有 B 的情况下出现在逻辑上是可能的。

并且,在《非还原论物理主义的神话》一文中,金自己也明显认为可以将[独立原则]应用于 A 是物理属性,B 是心理属性的情况中。[29]

如果我们同意这个原则是正确且可以应用的,那么基于我们的(也是金在论证中所采用的)这个假设,我们的心理属性和物理属性就是**相互独立**的。那么,我们为什么**不能**认为一种属性可以在没有另一种属性的情况下出现,并像金那样问在这种情况下"会发生什么"呢?

带着这个问题我们离开港湾驶向了深海。在某种程度上,对于熟悉近半个世纪以来分析哲学中的伟大争论的人来说,这个问题不足为奇。

因为[独立原则]所持的观念——具有明确识别条件的**属性**观念以及"可能性"这个形而上学观念——正是蒯因在他开创性文章《论何物存在》和《经验主义的两个教条》中所攻击的。我们已经看得足够清楚,[独立原则]并不是一个无害的自明之理。但是,虽然我认为[独立原则]存在问题,但这并不意味着我必须像蒯因那样完全拒绝谈论属性和可能性。我考虑的并不是抽象的[独立原则],而是金对这一原则所作的特殊运用。

如果我们不再认为[独立原则]是一个抽象原则,并转而考察它在金的论证中是如何被运用的,我们就会注意到,为了用它来支撑[无灵魂人假设]的完整意义,我们必须假定:谈论可还原性能不能成为心理属性与物理属性之间的一种关系是有意义的;也就是说,我们必须假定:当我们在问某个特殊的(所谓)心理属性(**比如,想着采法特美丽的玫瑰**)是否"可还原为"物理属性(或者说是否与后者"合律则地共外延"[nomologically coextensive])时,**我们知道自己在问什么**。但是,在我自己的反"同一性理论"论证(包括我之前所持的"功能主义")中还有一个未完成的任务,那就是**没有对此语境中的同一性概念给出任何说明**。[30]比如,将热力学还原为统计力学是一个著名的成功范例,但我们不可以(我曾经认为我们可以[31])应用由这种范例推出的理论同一模式,因为这一模式预设了被还原理论和"将还原理论"都具有明确定义的法则体系。因此,我们可以通过说明被还原理论的法则(本例中是热力学法则)可以从将还原理论的法则推得来建立一个同一性陈述(比如"温度就是分子的动能")。问"民众心理学"(folk psychology)的法则是否可以从民众心理学谈论的某些属性与某些计算属性(以及对定义这些计算属性的"程序"的描述)之间的同一性推得是没有意义的,因为,正如我在其他地方指出的,"计算属性"的概念在根本上取决于**"程序"是以何种形式写成的**,但没有任何人知道能够还原民众心理学的程序形式会是怎么样的。只要我们还没有确定计算属性的意义,所有功能主义的谈论只能是科幻小说。可供我们进行严肃科学讨论的同一性问题至今还未出现。

可以肯定的是，金的主要目的并不是为功能主义辩护（虽然我们会在下一讲中看到，他的一个关键论证预设了功能主义）。相反，金提出每一个（至少每一种，或者也许可以说每一个相关的神经"结构"）心理属性都"强伴随于"**物理**属性。我将在最后一讲中阐明，这种说法只不过是在表面看来比未经分析地谈论同一性更加清晰。但在此之前，我想在本讲剩下的部分考察如果我的这个观点是正确，我们可以得出什么样的结论。

我的观点与[独立原则]之间的关系并不难看清，如果我们将后者重新表述为：[独立原则?]如果 A 和 B 是两种属性，并且 B 属性是否可以还原为任何 A 属性的问题尚未获得任何明确的意义，那么 B 属性就是**独立于** A 属性的，也就是说，A 在没有 B 的情况下出现在逻辑上是可能的。

我认为没有哲学家会认为[独立原则?]有任何道理！因为如果可还原性（或合律则的共外延性）问题尚未获得任何明确的意义，人们自然会认为独立性问题也未获得任何明确的意义。

如果我的观点是正确的，那么我在假定[独立原则]的同时就**已经假定**这一原则中的所有命题——关于心理和物理属性的"可还原性"或"不可还原性"命题，关于心理和物理属性的"相互独立性"命题——都可以被完全理解。难怪我们似乎可以明显有意义地谈论一种具有所有物理属性，但不具任何心理属性的人！

在本讲的剩下部分和接下来几讲中，我要关注的是，用于解释语言如何运作和意义是什么（或者更确切地说，关于意义的知识是由什么组成的）的不同哲学图景是如何影响我们对于每一个哲学争论的态度的。关于这个问题，查尔斯·崔维斯（Charles Travis）写了大量的著作，但他的著作远远没有得到应有的关注；斯坦利·卡维尔（Stanley Cavell）也充分讨论了这个问题，特别是在他的杰作《理性的要求》中。如果你们能原谅我稍微离一下题，我想在回到还原性和心理因果性问题之前谈谈这两位思想家提出的几个一般问题。

"词语只有在生命之流中才有意义"[32]

在关于维特根斯坦后期哲学的专著《意义的用法》中，崔维斯清楚地阐明了我刚刚提到的两幅哲学图景之间的区别。[33]（崔维斯对格赖斯[H. P. Grice]语言哲学的讨论和评论《分析年鉴》[34]也许是关于这些问题的最好简介和对格赖斯最有力的批评。）崔维斯认为我所谓的两幅"哲学图景"是两种关于自然语言语义学的不同概念，他称其中一个概念为"经典"语义学概念（以格赖斯为主要代表），另一个我们较不熟悉的概念为"受言谈影响的语义学"（维特根斯坦和奥斯汀），因为第二个概念的核心观点是，一个表达的内容取决于我们说它时的特殊语境和特殊的"言谈"。

第二个概念并不否认于词语具有"意义"（也就是说，"知道一个词的意义[或它的某个意义]"这种说法有其正确之处，并且，这种知识将我们可以用这个词表达的内容限制为某个特殊的意义）。它否认的是，当我们用句子来进行断言时，意义（或上面所说的知识）完全决定了我们的说话内容（是真的还是假的，或者是否**说了**某些可判定真假的话）。[35]

我们也许可以用一些例子来澄清这一点。我当然知道 there、coffee、a lot、is、on、the 和 table 这些词的意义，但这些知识本身并不能决定 There is a lot of coffee on the table（桌上有很多咖啡）这个句子的内容；事实上，离开了特殊的言谈，这个句子作为一个句子并不**具有**明确的内容。并且，"桌上有很多咖啡"这个句子的真值极受场合的影响：取决于不同的环境，我们可以用这句话来说在某张明确的桌子上有许多杯咖啡（"桌上有很多咖啡，喝一点"），也可以用这句话来说桌上堆着许多袋咖啡（"桌上有很多咖啡，把它们装到车上"），还可以用这句话来说咖啡撒在了桌上（"桌上有很多咖啡，把它擦干净"），等等。

另举一例：我的花园里有一棵装饰树，它的叶子是青铜色的。假设有一个爱开玩笑的人将叶子涂成了绿色。根据谁在说、对谁说以及为什么要说，"这棵树的叶子是绿色的"这句话（说话时想的是我的那棵树）也许是真的，也许是假的，又也许根无法分清是真是假！

（我认识一位语言哲学家，他赞同格赖斯对表达的标准意义与俗常含义所作的区分。他这样回应咖啡的例子："桌上有很多咖啡"的"标准意义"是，桌上有许多[多少？]咖啡分子。如果这位哲学家是对的，那么"标准"意义就变成了我们从来都不会用到的意义！）

当然，经典语义学概念并不否认有些词（比如时态指示词和我们所熟悉的指示词）所指涉的确切意义受到言谈的影响，但它认为言谈的影响是一种可以轻易得到调整的特殊现象。自然语言语义学的经典图景是塔斯基式的：真值条件递归性地与某种自然语言的所有句子联系在一起（这也是戴维森对塔斯基工作的著名调整和修正）。而崔维斯的观点是，言谈的影响远不是一种特殊现象，而是规则。

最近出现了很多著作来讨论这个现象（现在通常被称为语境的影响性，而不是言谈的影响性）。[36]我举的"咖啡"和"绿叶"的例子说明，普通的名词和形容词在与其"意义"**兼容**的不同语境中指涉的意义会非常不同。为了确定"桌上有很多咖啡"或"现在这棵树的叶子是绿色的"在特殊语境中的意义，我们需要知道"这些词的意义"是什么，这些词的使用有哪些隐含的限制，**并且**需要用良好的判断力找出特定语境下的说话内容；但是，正如康德在很早以前就指出的（虽然不是用这些术语），并不存在一个关于"良好判断力"的递归性法则（我们无论如何都无法构想出这样一个法则！）。卡维尔已经在《理性的要求》中充分论证了，我们彼此间存在着"共鸣"（atunement），并且对某个词之前的使用是否自然投射到了新语境当中有一个共享性的认识，这些对语言来说是的根本性且贯穿其始终，我们不需要用一个"法则"系统去框定它们。

除了我刚才举的两个例子，还有许多其他例子。一个表面是否是

"平的"取决于在这个特殊语境中"平"的**合理**标准是什么。彼得·恩格(Peter Unger)反对这一点,他曾指出,只有欧几里德平面才是"真正平的"。[37][因此,当我说桌面是平的,我只是在用一种"比喻性"的说法!]注意:恩格提出的关于"平"的语义学在最大限度上违反了宽容原则!演奏一首协奏曲是否"有难度"取决于谁在问谁这个问题(是一个孩子在问他的小提琴老师,还是一个专业小提琴手在另一个专业小提琴手)。一包糖是否重"一磅"取决于我们是在超市还是在实验室问这个问题。现在我们要谈谈这些到底与哲学有什么关系。

维特根斯坦在《心理学哲学评论》中讨论了这样一个场景:

> 96.我们想奴役的一个族群。政府和科学家宣称这一族群中的人没有灵魂,我们可以毫无顾忌地将他们使用在任何目的上。我们自然会对他们的语言感兴趣,因为我们需要命令他们并听取他们的报告。我们还想知道他们之间在说什么,以及他们的其他行为。但我们还必须研究他们身上有什么东西对应于我们的"心理表达",因为我们想让他们一直干活,所以他们表达出来的痛、不舒服、愉悦等对我们来说都很重要。我们还发现,我们可以像使用生理和心理实验室中的实验对象一样成功使用这些人,因为他们的反应——包括语言反应——与有灵魂的人[seelenbegabten Menschen]毫无差别。我认为,通过一种非常类似于"授课"的方法,我们可以教这些自动人说我们的语言,而不是他们自己的语言。[38]

在维特根斯坦的想象中,剔除剥削和奴役这些人这个动机,这些人同我们假设的无灵魂人完全一样:

[无灵魂人假设]**有些人不具有任何心理属性,但他们所有的物理属性都同你我一样,就好像他们的行为和物理环境同你我一样。**

我承认,当我在像金那样的语境中遇到[无灵魂人假设]时,我完全不知道该如何理解它。我感到无法设想一种情况可以让我使用"有些人不具有任何心理属性,但他们所有的物理属性都同你我一样,就好像他们的行为和物理环境同你我一样"这个描述,而这正是因为缺少一个语境,一种"言谈"。如果我们缺少一个让表达 U 具有意义的语境,我们不能只是说"现在我们在谈论哲学",或者说"想一想 U 的可能性"!正是由于缺少一个语境,我才无法说[无灵魂人假设]是**真**的。但是当我读到《心理学哲学评论》第 96 节时,我突然意识到我们可以在一种情况下很好地使用这个描述(或者简称"无灵魂的自动人")。**在那个语境中**我也能很好地理解它。我理解维特根斯坦想要表达什么(他在第 97 节补充道:"这个族群的人没有灵魂。如果我们当中有人说这些人**里面**一定发生了某些心理性的事情,我们就会像对待愚蠢的迷信一样加以嘲笑。"),因为我完全明白发生了什么。

这是不是意味着,我能在维特根斯坦所构建的语境中将一个"可能世界"指派给[无灵魂人假设]?是否也就是要说明,在"政府和科学家"给出的版本为**真**的情况下,世界会是怎么样的?根本不是这样的。[39]虽然我们通过反思认为某句宣传话语并没有描述一个可理解的事物状态,但这并不意味着这句话没有起到有效的宣传作用。(维特根斯坦极为清楚纳粹关于犹太人的宣传用语。)由此我们可以得出一个教训:"理解"本身是受语境影响的。在某种意义上,我"理解"说某个族群的人是"无灵魂的自动人"的意思是什么,我理解这些词是如何**运作**的,它们想要和已经达到了何种效果,但这并不意味着我能在金的语境中理解它们!相反,为了在金的语境中理解它们,我需要**跳脱**金的论证,因为金的论证**先天地**预设了"有些人是无灵魂的自动人"是可理解的。(或者更确切地说,它预设了如果我们拒斥还原论,就必须承认[无灵魂人假设]是有意义的——但并没有告诉我们**如何**去理解这里的"意义"。)

请注意:如果我的观点是对的,那么金的论证中存在的问题并不在于我们**不能**用这一前件来作出一个我们理解的断言。如果我说有这样一群官僚,"他们非常奇异——他们不具有任何心理属性,但他们所有的物理属性都同你我一样,就好像他们的行为和物理环境同你我一样,但他们真的是无灵魂的自动人",我说的话也许是完全可理解(如果我说"他们没有丝毫的判断力、同情心和对人性的理解"就无法表达出这种意思)。**在这个语境中**,组成[无灵魂人假设]的词就有了完全清晰的内容——但这种内容与"心理因果性"的讨论并不相关。金的问题不在于组成前件的词语本身[40],而在于我们不知道金用它们来表达什么意思。

注释

1 William James, *The Works of William James*, ed. F. Burkhardt, F. Bowers, and I. Skrupskelis, vol. 2, *The Meaning of Truth* (Cambridge: Harvard University Press, 1975), p. 103, n. 2.

2 Rene Descartes, *Descartes: Selected Philosophical Writings*, ed. John Cottingham, trans. John Cottingham, Robert Stoothoff and Dugald Murdoch (Cambridge: Cambridge University Press, 1988), p. 44. 我要感谢 Steve Gerrard 让我注意到这段话。

3 在《意外性与心灵》的索引中,"戴维森"下面的条目要比其他哲学家多得多。

4 属性域 A 对属性域 B 的"强伴随性"不仅需要 A 中的每一个属性都根据 B 中属性进行**共变**,还要求 A 中任何属性的获得都**取决于** B 中属性的获得。金试图阐明这种依赖性的本质(比如将 A 属性的对象分解为一组可以用 B 属性的词汇进行描述的对象),但他自己对所有已有的解释都不是完全满意。

5 参见 Jaegwon Kim, *Supervenience and Mind* (Cambridge: Cambridge University Press, 1993), chapter II, "Psychophysical Laws"。关于这篇文章,金在此书的引言中写道:"不论是好是坏,我认为这篇文章为戴维森作了辩护。我曾经(现在而是如此)对戴维森的论证怀有矛盾的感情。……事实上,这一论证所列出的理由在表面上并不相容于心理对物理的强伴随立场,在本书的几篇文章中,我至少暂时地接受了这种强伴随立场。但是我必须说,我尚未确信自己能够完全拒斥戴维森的论证。"(第 xiii 页)

6 金特别提到我的文章:"The Nature of Mental States", in *Philosophical Papers*, vol. 2, *Mind, Language and Reality* (Cambridge: Cambridge University Press, 1975)。

7 Jaegwon Kim, *Supervenience and Mind*, p. 273. 金正确地指出,我在《心理状态的本质》中拥护的功能主义假定了这种"种类—特殊的连结法则"的性质。我在

Representation and Reality(Cambridge: MIT Press, 1988)中指出,我们不能在 P⟵⟶M 这一形式的普遍法则中寻找这种"种类—特殊的连结法则"。

8 虽然没有提到戴维森的名字,伊丽莎白·安斯康姆(Elizabeth Anscombe)在 "Causality and Determination"一文(她在剑桥的就职讲座)中提出有力的例子来反对每一个真的因果陈述都必须由法则性的规范来支撑这个观点。此文收录于 Ernest Sosa, ed., *Causation and Conditionals* (Oxford: Oxford University Press, 1970),以及 *The Collected Philosophical Papers of G. E. M. Anscombe*, vol. 2, *Metaphysics and the Philosophy of Mind* (Minneapolis: University of Minnesota Press, 1981)。

9 Jaegwon Kim, "The Myth of Nonreductive Materialism", *Supervenience and Mind*, p. 269。

10 Ibid., pp. 269 - 270。

11 不过,金对戴维森的另外一些批评在我看来是有效的。特别是,虽然戴维森认为心理事件可以导致物理事件,但这些带心理断言的心理事件并不能解释它们为什么可以导致物理事件。其原因在于,戴维森坚信因果关系的基础只能是严格的法则。参见戴维森、金、麦克劳克林(Brian P. McLaughlin)和索萨(Ernest Sosa)在 McLaughlin and Sosa in John Heil and Alfred Mele, eds., Mental Causation(Oxford: Clarendon, 1993)中的文章。

12 参见上一部分的第二讲:"成为奥斯汀的重要性:'二次天真'的需要"。

13 收录于 Ernest Sosa, ed., *Causation and Conditionals* (Oxford: Oxford University Press, 1970)。

14 戴维森对因果性的看法还存在另一个问题:并不是所有的物理法则都是因果法则,戴维森并没有区分事件之间真正因果性的联系与非因果性的法则性联系。

15 "物质不能通过粒子的传输变成我们所谓的意识,这是一个确认无疑的真理。心灵不能成为其自身的条件,也不能决定其自身的进程,这一真理虽然没有被所有哲学家所认识,但无疑是显而易见的。"(第 206 页)为了寻找动因、追溯原力或探究源头,我们必须将注意力转向物质和机械法则,只有唯物论才能成功完成这一任务。……精神是无用的,是所有事物的终点,但它又不是徒劳的,因为只有精神才能将其他所有东西从空虚中解救出来。(第 212 页)以上两段引文均出自 George Santayana, *The Life of Reason*, vol. 1, *Introduction and Reason in Common Sense* (New York: Scribners, 1927)。

16 参见 Jaegwon Kim, "Postscripts on Supervenience", *Supervenience and Mind*, 2, pp. 167 - 168。

17 但他和我都不记得这句话出自哪里!我在 1973 年的文章"Reductionism and the Nature of Psychology"(收录于 *Words and Life*)中为以下观点作了辩护:解释会寻求自身的解释等级,作为微因果性(microcausation)的解释不会与心理解释等发生冲突,因为它们所作的概括属于极为不同的类别。因为一种情况可以属于许多不同的概括类别，所以它可以同时拥有许多解释。金在某次谈话中告诉我他正在考虑一个观点：解释是最基本的，而不是因果性。这样，同一个事件具有不同的"原因"也许就变得可理解了。我在第一篇后记的第三部分讨论了这个观点。

18 〔自动人观点〕与〔反自动人观点〕是相反命题（不可同真，但可同假），而非相对命题（必有一真一假）。

19 参见 Bertrand Russell, *A History of Western Philosophy* (New York: Simon and Schuster, 1945), p.568。

20 Jaegwon Kim, "The Myth of Nonreductive Materialism", p.280。

21 这里的"前件"概念当然来自命题演算。但是，在反事实条件从句中，如果我们将前件视作一个独立陈述，语法要求我们改变前件中动词的时态（这里是将"did"改为"do"，"were"改为"are"）。

22 对经典证实主义和逻辑行为主义（特别是它的逻辑实证主义形式），可参见我的文章"What Theories Are Not", in *Philosophical Papers*, vol.1, *Mathematics, Matter, and Method* (Cambridge: Cambridge University Press, 1975)第 13 章，以及 *Philosophical Papers*, vol.2, *Mind, Language and Reality* 第 11、16 和 22 章。我在本书的第一部分第三讲"The Face of Cognition"中批评了达米特提出的当代证实主义。

23 戴维森在"A Coherence Theory of Truth and Knowledge"中明确提出了这一假设，此文收录于 Dieter Henrich, ed., *Kant oder Hegel* (Stuttgrat: Klein Cotta, 1983)。

24 还原物理主义的另一条（更有争议的）出路是由一位反对这种还原论的哲学家提出的。克里普克在其杰出而又影响广泛的《命名与必然性》(Cambridge: Harvard University Press, 1980)中指出，当我们发现某些东西、属性或物体具有可以用物理学或化学语言加以描述的性质时，比如，当我们发现水是 H2O，光是电磁谱特定部分内的一定波长的电磁辐射，或者温度就是分子的动能时候，我们同时也就发现了这些东西、属性或物体在**任何可能的形而上学世界中**的样子。如果我们接受克里普克的观点，参见我的文章《水必然是 H_2O 吗》？见《带人面的辩论》，我们就只能得出结论：**并不存在一个水在里面不是 H_2O 的可能世界**。更不用说"如果水是 H2O"这一前件的反面"如果水不是 H2O"是有问题的。同样，"如果光不是电磁辐射"和"如果温度不是分子的动能"也是有问题的。类似地，如果我们的心理属性事实上可以像水、光和温度那样被还原为物理属性，那么这一前件的反面"如果我们的心理属性不可以被还原为物理属性"或者说"如果我们的心理属性并不存在，只存在物理属性"——也就是说〔自动人观点〕本身——就是有问题的。因为根据这个观点，如果我们的心理属性**可以还原为物理属性是一个经验性的事实**（克里普克自己并不相信这一点），那么〔自动人观点〕的前件在形而上学上就是不可能的。

25 在这几讲中，我将尽可能避免使用维特根斯坦特有的术语（比如"语言游戏"），这并不因为我对维特根斯坦对这些术语的使用持批判态度,而是因为现在市面上已经有太多对此的解释了,并且这些哲学用法上的解释并不涉及维特根斯坦本人的思想,这种情况可以说是制造了而不是消解了困惑。

26 参见斯坦利·卡维尔(Stanley Cavell)在 *The Claim of Reason* (Oxford: Oxford University Press, 1979)第 8 章中的讨论,他区分了"有意义"和"意义很明确"(194 ff.)。我提出对"无法被**完全**理解"是受卡维尔的影响,但他无需为此负责。

27 我会在后面讨论维特根斯坦提出的一个非凡的建议:我们也许可以接受某些"不具任何心理属性"的"自动人",因为他们是"我们想奴役的一个族群"。"政府和科学家宣称这一族群中的人没有灵魂,我们可以毫无顾忌地将他们使用在任何目的上。"Ludwig Wittgenstein, *Remarks on the Philosophy of Psychology*, vol. 1 (Chicago: University of Chicago Press, 1980, 1988), pp. 20–22.

28 参见本书第一部分第三讲。

29 比如可参见 Jaegwon Kim, "The Myth of Nonreductive Physicalism", *Supervenience and Mind*, pp. 280–282。

30 参见本书第一部分第二讲,亦可参见我的文章 "Functionalism: Cognitive Science or Science Fiction?", in David M. Johnson and Christina Erneling, eds., *The Future of the Cognitive Revolution* (Oxford and New York: OxfordUniversity Press, 1997)。

31 比如在"The Nature of Mental States"这篇文章中。

32 Ludwig Wittgenstein, *Last Writings on the Philosophy of Psychology*, vol. 1 (Chicago: University of Chicago Press, 1982, 1990), p. 913.维特根斯坦在第 2 卷第 30 页中写道:"发生于我们之内的事也只有在生命之流中才有意义。"

33 Charles Travis, *The Uses of Sense* (Oxford: Oxford University Press, 1989).

34 Charles Travis, "Annals of Analysis", *Mind*, vol. 100.398 (April 1991), pp. 237–263.

35 詹姆士·科南特(James Conant)在《〈哲学研究〉的方法》一文中[将出版于 *Wittgenstein in America*, ed. by Timothy McCarthy and Peter Winch (Oxford: Blackwell)]指出,早期维特根斯坦并不像许多人解释的那样持卡尔纳普那样的语言观,相反,《逻辑哲学论》当中已经有了一个类似于上面这样的概念。

36 肯特·巴赫(Kent Bach)在"Semantic Slack: What Is Said and More"一文(in S. Tsohatzis, *Foundations of Speech-Act Theory: Philosophical and Linguistic Perspectives* [London: Routledge, 1994])的附录中非常有用地列举了"不完全决定语义学"的类型。为此我要感谢斯蒂芬·格罗斯(Steven Gross)的提示,他未发表的博士论文"Essay on Linguistic Context-Sensitivity and Its Philosophical Significance"(Harvard University, May 1998)对这个问题作出了重要贡献。

37 彼得·恩格在 *Ignorance: A Case for Scepticism*（Oxford: Oxford University Press，1975）的第 2 章中指出，"平"这类"绝对"概念是不受语境影响的。而大卫·刘易斯（David Lewis）则在"Scorekeeping in a Language Game"一文（*Journal of Philosophical Logic*，1979，收录于他的 *Philosophical Papers*，vol. 1）中以语境影响性的路径作出了回应。顺带一提，恩格已经不再认为受语境影响的"平"表达了一种只有理想的几何平面才具有的属性。他在 *Philosophical Relativity*（Minneapolis: University of Minnesota Press，1984）中提出了一个假设：无法从事实层面来证明他的早期观点和刘易斯的观点哪个是正确的。（感谢 Steven Gross 的提示。）

38 参见 Ludwig Wittgenstein, *Remarks on the Philosophy of Psychology*，vol. 1，pp. 93 – 101。我只引了第 96 节。

39 维特根斯坦在 *Remarks on the Philosophy of Psychology*，vol. 2，47（p.10）中说："我们所构想的'无灵魂族群'这类东西最终是脱离思想的,这种脱离性必须被指出来。"

40 对我所谓的"金的条件从句"金实际上是这样表达的："如果你随机地将心理属性再分配给心理事件,或者甚至将心理属性完全从世界中移除,你并不会干扰到一种因果关系。"Jaegwon Kim, *Supervenience and Mind*, pp. 269 – 270.

第二讲

心理条件是"内部状态"吗?

在上一讲中,我们讨论了一种被称为副现象论(心理状态缺乏因果效应)的奇怪观点是如何再次出现在当代哲学争论当中的。副现象论者的方案看起来总是很奇怪,这或许也是为什么我们很难在哲学史中找出一个副现象论者的原因。不过还是有些当代哲学家为一种非常有限的、关于经验性**感质**的副现象论作了辩护。(这些哲学家从不讨论如果感质不对任何其他东西——甚至包括思维——产生因果性影响,我们如何能够指涉感质?)莱布尼兹的确否认存在任何真正的"心理物理"因果性,但他否认的只不过是除了上帝对某个特殊可能世界的实现之外还存在任何"真正的因果性"。(莱布尼兹的形而上学并不过多谈论心灵的因果无效性,也不假定心灵在因果性上是"有效的"。)亚里士多德认为灵魂(psyche)是有机生命体的形式(eidos)。根据他的理论,除了我们今天认为的"心理"功能之外,灵魂的功能还包括**消化**和**繁殖**。在亚里士多德看来,谈论一个具有消化、繁殖、说话等功能,但没有"灵魂"的身体是完全不可理解的。[1] 但柏拉图对此持非常不同的看法。

我们可以在柏拉图的一些对话中找到这样一种观念:灵魂既存在于身体之先,又能在身体消亡之后继续存留(有时是通过转世再生,有时则是通过上升到理念的领域)。这在柏拉图的时代并不是什么新的观念,灵魂在身体消亡之后继续存在(虽然并没有完全脱落与身体的联系——这也是尸体保存之所以如此重要的原因!)是已经存在了几千年的埃及宗教的核心观念,当然,灵魂拥有"来世"的观念后来也被一神论宗教所吸收。

我提及这些目的并不是要讨论宗教语言的可理解性,虽然作为一个哲学家和一个犹太教信徒,我有时会对灵魂、"来世"等宗教话语的可理解性产生兴趣(维特根斯坦也对一般宗教语言感兴趣)。[2] 显然,从某种意义上来说所有人都能"理解"宗教语言(正如维特根斯坦所指出的[3],我们能"想象"脱离身体的灵魂,我们都见过**画中的灵魂**!)并且,从另一种意义上来说,宗教语言是否具有意义是一个极具争议性的问题。[4] 我并不期望有信仰的哲学家和无信仰的哲学家在这个问题上和我达成共识。我感兴趣的是宗教的生活方式(包括对"灵魂""存留"的谈论)与某些哲学"假设"可以被清楚理解这个不可抗拒的幻觉(这正是我要论证的)之间的**关系**。

我想就这一话题作一番讨论,因为我相信这样做也许能够(部分地)解释人们为什么会抗拒下面这个观点,即心灵哲学的一些主要哲学"假设"完全不可理解。我根本不想探究那些让我们陷入怀疑主义和形而上学困境的生存性原因(斯坦利·卡维尔会说,形而上学的困境**就是**怀疑主义的困境),我乐于将这件事交给其他人,特别是卡维尔去做。但我相信除了这些生存性原因之外,还有一些深刻的概念性(或"意识形态的")原因(虽然两者一定是联系在一起的),因为很明显,有些可能性看起来可理解其实(在我看来)则不然。长久以来,谈论灵魂及其在身体消亡之后的存在就是我们理性生活和精神生活的一部分,因此,我们对灵魂和身体"互动"的假设并不感到奇怪,而一个"无灵魂"的身体会发生什么这个问题看起来也是完全可理解的。(毕竟笛卡尔自己也是一个深刻的宗教思想家。)请注意,**无灵魂**这个词是如何在詹姆士的"自动甜心"场景中扮演关键角色的![5]

我想到了一个科学上的类比。我认为不存在任何外星人的猜想是完全有意义的,即便永远都没有人能证实这一命题。[6] 的确,如果**确实存在**有理性的外星人,人类也许也无法证实**这一点**(他们离我们太远了)。但我确信有理性的外星人存在与否的问题是有意义的,不管它的答案是否可证实,因为它自然地符合我所信赖的框架——当代科学宇宙论。同样,我认为像笛卡尔那样的思考也可以自然地符合基督徒、犹太教徒和穆斯林的世界图景框架。事情似乎是,如果我们不在整体上拒斥宗教世界图景的可理解性,就不能质疑后笛卡尔假设的可理解性。我想阐明的是,事情并非如此。

但首先我要澄清我所说的确切意思。我是说,从根本上来说,让我们可以理性地谈论"无灵魂"的人会发生什么的理由**并不能**成为我们接受无差别原则并怀疑身心"同一论"的正式理由。这种正式理由或许会决定一些哲学家的立场,但我相信,广泛(或者说几乎普遍)接受的二元论、互动论、偶因论、副现象论立场(作为现代哲学领域中可理解的备选)在对造成以下事实起的作用更大,即认为我们的心灵以某种方式位于我们的"灵魂"[7]而非身体的当中。如果我们将后笛卡尔的"心灵"概念(mens[心灵],sive intellectus[理智],sive anima[精神])等同于"灵魂"这个宗教概念(这正是笛卡尔希望我们做的),那么"笛卡尔式的二元论"及其产生的所有问题就会变得像"灵魂"(我们已经接受"灵魂"是可以被完全理解的)一样可以理解。

当然,宗教信仰的传播——特别是在学院当中!——并不像一百年前那么广泛。一个无神论者完全会觉得灵魂这个传统概念"毫无意义"。但是说一个东西无意义并不一定是在否认它的**可理解性**。确实,大多数无神论者会觉得"上帝存在吗?""灵魂不朽吗?"等问题的意义完全**清楚**,并且他们的回答是否定的。一旦一组问题被作为清楚的问题接受下来,我们就很难让任何人去**质疑它们的可理解性**,而不是给出直截了当的"回答"。

不过我想要强调的是,我自己对这些哲学问题的可理解性的质疑并不源自无神论,也不是基于对宗教的生活方式和思考方式的拒斥。我想在下一部分指出,宗教的思考方式(自古典时期以来,古希腊的哲学思考方式就对一元神论的塑造起到了帮助作用)并**不能**支撑哲学假设的可理解性。(这一部分虽是出于独立的兴趣,亦和当下的讨论相关。)

古希腊(和后世)的灵魂观

很明显,大多数古希腊哲学流派**并不**认为灵魂——如果它存在的话——是非物质的,是在强意义上"独立于物质"的。我已经提到了亚里士多德的观点,即灵魂与身体的关系就像形式与物质的关系(在亚里士多德看来,离开了灵魂,我的身体就不再**是**一个身体,而离开了身体的灵魂只是一个概念[8])。根据这种观念,"无灵魂的身体"是一种矛盾的说法。更令人惊讶的是,有些古希腊和希腊化时期的哲学家还接受了**物质性**灵魂这样的观念。

这里特别要提到德谟克利特学派和斯多亚派,他们认为灵魂像身体一样是由物质构成的,只不过这种物质要比一般的物质"微妙"或"轻飘"得多。或许,他们甚至认为灵魂是由**空气**组成的![9] 当我们谈论"精神"或"纯粹的精神存在"时,我们是否记得"精神"(spiritus)曾是"呼吸、喘气和空气"?[10](虽然柏拉图式的灵魂确实独立于物质,但在某种意义上它似乎仍然是"基质的"[substantial]。)

在奥古斯丁的影响下,灵魂中不存在物质性的"基质"这个柏拉图式的观念成为基督教几个世纪以来的主导教义。但有趣的是,中世纪晚期的哲学家们(包括阿奎纳)越来越倾向于回到亚里士多德的观点,他们将后者与复活的教义结合起来,指出在最终复活时,上帝会给每个人一个"改造过的"、由不朽的基质构成的身体。[11]

最后但同样重要的是,我们要注意,在我们说某物是否是"物质的"(或"物理的")时,我们的意思根本是不清楚的。那些谈论"灵魂单子"的古希腊哲学家认为他们自己是唯物论者!(而19世纪用"旋转桌子"召唤鬼魂的通灵者也会谈论"细胞外质",就好像后者是构成鬼魂的一种**物质**。)灵魂在某个特殊宗教生活形式中所扮演的角色与它在哲学论证中所扮演的角色是非常不同的,没有一种可靠的方式可以让我们将前一语境中词语的用法简单投射到后一语境当中,即使前一语境中词语的用法——在奥古斯丁和笛卡尔这样伟大的宗教哲学家看来——保证了哲学上对这些词的合法使用。

这说明,单纯在**宗教上**使用**灵魂**一词(甚至是在谈论"后世""复活"等观念的语境中)完全不能左右我们是否在**哲学上**谈论"完全非物质性的"灵魂。我们通常所说的身体并不是任何"心理属性"存在的必然条件,这个观念的背后无疑有传统基督教关于后世图景的支撑,但所有伟大的基督教神学家(包括奥古斯丁和亚里士多德主义者)都认为"按字面意思"接受这些图景的做法是有问题的。"按字面意思"接受这些图景意味着"离开身体"的灵魂是可以被**画出来**的(上帝有手指和脚趾!)[12]我们的心理属性属于某些"完全非物质性的"东西这个观念本身并不是奥古斯丁简单从前人那里继承下来的宗教教义,也不是流行宗教图景的有机组成部分。相反,心理属性属于灵魂、灵魂又独立于身体的教义和各种图景和神话一起形成了一种可以让奥古斯丁(在柏拉图主义的影响下)将哲学理论作为宗教教条和宗教希望的**注释**(exegesis)引入进来的气候。尽管如此我还是认为,在对灵魂漫不经心的谈论中,认为可以在不破坏身体或改变环境的前提下"去除"心理属性的观念是无法理解的。哲学假设表面上的可理解性也许部分地承袭自宗教神话的可理解性,但这些神话的**宗教**功能并不取决于它们是否是"有物理属性但无心理属性的可能世界",或者是否是"有心灵但无任何物质性基质的可能世界",如此等等。

另外,罗素式的论证(见前引)似乎还指出,一个控制身体的"非物质灵魂"具有科学上的可理解性,因为如果不是这样,我们如何能在科学上对此作出批判呢?然而,罗素的论证真正拒斥的是这样一种观点,即存在某些作用于身体并能解释言谈举止等行为的力量,我们无法对此种动力加以定义。这种观点并没有赋予"非物质灵魂"任何**正面**意义。

显然,在和戴维斯的争论中,金并没有要我们想象有非物质灵魂存在。相反(假定戴维斯是对的),金要我们想象的是可以像我们一样行动的无灵魂的身体。我的意思是,我们之所以能够把它作为可理解的要求接受下来,其中一个原因是因为我们承袭了这样一个传统,这个传统预设"住在"非物质灵魂中的心理属性是可以理解的,而问"去除"这个灵魂之后会发生什么自然也是可理解的。

论缺少完全的可理解性

我已经提到,一些哲学"假设"缺少**完全的**可理解性。当然,加上这样一个修饰形容词的一个原因是因为我无法完全"理解"金的论证(同样,在维特根斯坦的无灵魂场景中,我也无法完全"理解""政府和科学家"所说的话以及这些话的功能)。我能够"理解发生了什么"[13],但**这个**意义上的"可理解性"并不能保证这些话已经自恰到足以描述某种可能的情形(这就好比"可想象性"并不能保证要我们想象的东西在逻辑上是自恰的)。

正如之前所指出的,我说[无灵魂人假设]不能被**完全**理解,而不是简单地说它不可理解的另一个理由是,我们**可以**在一些语境中使用[无灵魂人假设]这样的句子去说一些正确的话(比如说一些官僚"不具有任何心理属性")。另外,正如刚刚所讨论的,有一些在语法上同[无灵魂人假设]关联在一起的宗教话语,它们的可理解性(当然这一点有争议的)也造成了[无灵魂人假设]表面上的可理解性。詹姆士·科南特(James Conant)最近指出[14],典型的哲学"胡话"不是说它根本没有意义,而是说它像以前一样包含**太多的意义**。柯南指出:"维特根斯坦做的工作……首先是指出对我们所问的问题可以有不同的理解……我们提出的'这个问题'没有答案,因为问题本身不清晰,词语的形式在这些不同的使用可能性之间不确定地徘徊。"[15]

还有一个额外的理由让人们对无法完全理解[无灵魂人假设]及其相关句子所假设的"可能情形"的想法产生强烈的抗拒(这种抗拒首先出自我们本人)。抗拒的理由是下面这种强有力的倾向,即认为我们只须简单地将注意力放到自己的"意识"(也就是当下经验)上,并对自己说"我的意思是他们(或她)不具有**这个东西**",就能够将意义赋予[无灵魂人假设](或詹姆士的"自动甜心"场景)。但是只要我们对此稍作反思,就会发现,拥有意识并不足以让我们获得意识的**概念**,拥有经验也不足以让我们获得经验的**概念**。这些概念是我们从其他人那里获得的。如果说我从别人那里学来的这些词一开始就没有任何意义,这样的说法就太离奇了!语言毕竟是公共的。"他们不具有**这个东西**"这个想法并没有明确的内容,除非**这个东西**被**概念**化,而意识、经验等**概念**能与他人的行为交织在一起并得到使用。认为其他人"无灵魂"的假设超出了我们实际拥有的所有关于意识、经验、思维等概念的标准。(**有时候**我们可以理解下面这个断言:虽然 p 满足我们的日常标准,但 p 不是真的。[16]但我们必须就每一种情况**讲一个故事**,告诉别人这是如何发生的。)

以维特根斯坦的"无灵魂族群"为例。如果我们问"科学家":"这些土著缺少的'灵魂'究竟是什么?这种'无灵魂'状态的病理学是什么?并且,你是如何发现这些人'无灵魂'的?"这些科学家会怎么说呢?我们很快就会看清,"科学家"所做的**并不是**"描述一种可能情形",而是其他极为不同的工作。

直接实在论与内部心理剧场概念

自哲学发端以来,两种极为不同的知觉概念就一直在互相争斗。古代哲学认为知觉为我们提供了"表象",而古代哲学在知觉问题上的争斗涉及的正是这些表象的性质。有些古典哲学家认为表象是外在于灵魂的事物与我们之间的**中介**。[17]比如在德谟克利特那里,表象是感觉的倾向(最终也是灵魂的倾向,灵魂即使比身体卓越,也是由原子组成的),特殊的感觉性质是根据导致它们的原子种类得到定义的。[18]斯多亚派认为表象是灵魂中的"印象"或灵魂的"变化"(他们也认为灵魂是物质性的)。[19]

另一方面,在亚里士多德看来,灵魂中的理性部分在知觉和思维的过程中**直接**接触对象的属性("可感形式")。用现代的行话来说,德谟克利特和斯多亚派一边是"表征主义者",而亚里士多德一边则是"直接实在论者"。

虽然没有一种现代表征理论会认为我们在知觉中直接意识到的是与在物理上与对象相似的微小**形象**(images)[20],但塞拉斯(Wilfrid Sellars)还是在一篇著名文章[21]中指出,至今为止表征理论背后的图景仍然是**内部剧场**或**内部荧幕**的观念。根据这种观念,"我们看到的颜色"实际上并不是外部对象的属性,而是位于内部荧幕之上的形象的属性;我们"直接看到"的对象不过是内部剧场中或内部荧幕上的对象。所谓的直接实在论者(也就是为詹姆士所谓的"平常人的自然实在论"进行辩护的人)一直在和这幅图景作斗争。在我看来,我们最好不要将"直接实在论"视为一种知觉**理论**,而要将其视为是对以下观念的否定,即在思维和知觉中设置"内在表征"是必要的,并且具有解释上的价值。

两种知觉概念的分歧一直延续到中世纪。[22]但是在笛卡尔之后,情况发生了彻底的改变:直接实在论差不多从哲学视野中消失了,直到20世纪早期,詹姆士和由佩里(Ralph Barton Perry)领导美国"新实在论"(以一种新的形式)为它辩护,它才重新回到哲学视野当中。然后它又再一次消失了(虽然罗素在《心的分析》中有力地回应了美国的新实在论),直到奥斯汀在《感觉与可感项》中对常识实在论[23]作出有力辩护之后才重新出现。虽然最近几年麦克道威尔和我自己已经为不同的"直接"实在论(更确切的说是常识实在论)作了辩护,但当下英美心灵哲学的主流观点似乎仍是所谓的"笛卡尔主义兼唯物论",也就是说,将笛卡尔自己的心理概念(心理作为内部剧场)与唯物论结合起来的观点。就我所知,金的工作也许是这一观点的最佳(因为金的辩护最为机敏)例证了。[24]

(笛卡尔为什么会认为"直接"知觉的对象**内在于**我们,对此值得作一番考察。**得出这一结论的每一步都是由怀疑推动的。**笛卡尔坚持认为,当他透过窗户,看街上行人的时候,他并没有看到"人本身",而是一些衣服和帽子;他还进一步得出结论,他看到的并不是一些衣服和帽子,而是一串"第二性的质",这些质并不存在于衣服和帽子"当中",而是存在于他自己的心灵当中。笛卡尔的每一个步骤都为无数认识理论提供了饲料,所有这些理论都预设没有人能"直接看到物质对象",并由此导致了"外部世界存在的问题"与"他人心灵的问题"。)

虽然我很早以前就知道奥斯汀的《感觉与可感项》,但是直到20世纪70年代对詹姆士进行认真研究之后,我才开始确信,这些传统问题都是基于一个错误的知觉观。根据传统的知觉概念,知觉中与我们的**认知**相关的并不是人、家具和风景,而是**表征**。这些"内部表征"作为内在效应同我们平常看到、触摸到、听到的人、家具和风景这些外在原因关联在一起,至于它们是如何明确**表征**事物的仍然是一个谜,尽管"实在论者"和"观念论者"已经做了无数勇敢的解"谜"尝试。虽然我不会在这里重复已经在其他地方提出过的观点[25],我还是要说,我们只有放弃了这幅知觉图景(有一组"表征"在内部剧场起中介作用),才能从心灵哲学(更不用提传统认识论和传统形而上学了)中那些无用立场的无尽循环中逃脱出来——这种循环至少已经持续了四个世纪。

金对"内部心理状态"的讨论

我们将会看到,我之所以重提作为"内在剧场"的心理概念,是因为金提出的心理伴随性从开始到最后都预设了这种心理概念。现在让我们来考察一下金在《心理伴随性》这篇文章中的论证步骤。[26]金首先指出，许多哲学家一度相信与如下理论"类似"的观点："心理相关性理论：对应于每个心理事件 M 都存在一个物理事件 P，并且，作为法则，一个 M 事件在有机体中发生之时必有一个 P 事件也同时发生。"[27]然而，金告诉我们，这一理论是无法成立的，因为我们通常用来描述心理事件的概念并不是严格地指涉"内部"状态，（从概念上来说，）这些概念是否在某个时候被用于有机体或者取决于另一个时候发生了什么，或者取决于存在于有机体外部的事物，或者同时取决于这两个因素。比如，"我记得今天早饭吃的是水果和麦片"这句话的正确与否不止取决于我当下的状态，还取决于今天早上我是否吃了水果和麦片（或许还取决于我是否经验到自己在吃东西）。正如金所指出的，"记忆过程并不是内在的"[28]。类似地，"我知道巴黎在哪？"这句话的正确与否不止取决于我当下的状态，还取决于巴黎的实际位置。还有人（我、泰勒·伯吉［Taylor Burge］和其他人）指出，我们大多数词语的**意义**不止取决于我们脑中的状态，还取决于环境的特征。现在大多数心灵哲学家都接受这些观点。[29]因此，在探讨心理相关性理论和类似理论是否成立之前，我们必须将它们的应用限制在一种特殊的心理状态，也就是"内部"心理状态当中。（随着内部心理状态这个概念的出现，我们开始将笛卡尔的旧心灵图景视为再次出现的内部剧场。）事实上，在用几页纸解释了这一观点之后，金写道（第 183 页）："我想提议如下的程序。让我们首先定义事物的'内在属性'或'内部状态'，然后再定义下面两个理论。伴随性理论：有机体的每一个内部心理状态都伴随于与其同步的内部物理状态；解释性理论：为了解释人类行为（心理学唯一要研究的状态），内部心理状态是心理理论唯一需要涉及的心理状态。"金稍后又说（第 186 页）："我们只要稍作反思就会发现，那些相信心理状态是由身体中的物理进程决定的人不会认为心理状态是非内部状态。这并不是因为那些非内部状态不能是心理的，……而是因为它们超出了有机体**当下此处**的心理空间。"（然而到此为止，金都没有说明**有**"内部心理状态"这种东西存在，而他所使用的"心理空间"

这一形象强烈暗示了旧的笛卡尔式的内部剧场。只有在稍后为解释性理论辩护的时候[第188—191页]，金才给出了一个关于"内部心理状态"的实际例子。）

　　金对这一理论加以限制的方法如下。他首先用下面这个例子处理认识的问题（第188页）："我知道如果我逆时针旋转旋钮，炉子会继续燃烧。因为我想让火不灭，所以就旋转了旋钮。我的认识——旋转旋钮会让炉子继续燃烧——在解释我旋转旋钮这个动作中扮演了原因的角色。"金对这个例子的处理是："事实上，导致行为的原因只是认识中的信念元素。正如史第克（Steven Stich）所说的，'知识加在信念上的东西在心理上是不相关的。'"

　　让我们停一下：这个回应当中至少存在两个问题。第一问题是，正如我们刚刚说过的，现在的哲学家大多认为主体所用词语的意义取决于外在于主体身体和大脑的事物。如果这个观点是正确的，那么**信念**就和认识一样不可能再是纯粹的"内部"状态。因为如果我们假定语义学的"外在论"图景是正确的，信念的内容本身一般会取决于关于"外部世界"的各种事实（什么是炉子？什么是火？——这些概念只有出现在某个特殊语境和某个一般环境当中的时候才具有明确的意义）。虽然金并没有讨论这个困难，但他在其著作的前言中写道："我[在《心理伴随性》这篇文章中]所持的立场……在某些方面类似于现在有些哲学家在处于心理因果性问题时喜欢采用的'狭义内容'路径。"他指出，他对这一问题的回应是，（在他所举的例子中）真正有关的"内部心理状态"并不是"相信如果我逆时针旋转旋钮，炉子会继续燃烧"，而是**拥有关于这个"狭义内容"的信念**。[30]

　　这一回应的第二个问题是由金自己提出并作出回应的（第188—189页）："我的行为是否能够成功造成预期的结果的确取决于我的信念是否是正确的。因此，我的行为是否能让炉子继续燃烧取决于我的'如果将旋钮往正确方向旋转，炉子就会继续燃烧'这个信念是否是正确的。

然而，**心理**解释的对象并不是炉子为什么会继续燃烧，而是我为什么会旋转旋钮。……一旦解释了身体为什么会作出旋转旋钮的行为，心理解释的工作就完成了。……心理理论只需解释**基本行为**，而非'派生行为'或'引发行为'。"几页之后（第191页），金将"基本行为"等同于"我们根据意愿作出的基本身体运动"。我很快会对这里所谓的"**心理**解释的对象"加以讨论。

什么是知觉状态？金不假思索地全盘接受了表征理论，他甚至用到了感觉材料理论的语言（第190页）："当我们看到一棵树时，某些内部的现象状态就发生了，树的某些内部表征在我们脑中呈现。用感觉材料理论的语言来说，我们正在感觉树的感觉材料，或者说有树样的东西出现在我们面前。解释性理论会说，无论真的有树存在还是我们只拥有树的内在表征，这两种情况所引发的行为[这种行为可以被恰当地描述为'我们根据意愿作出的基本身体运动']并无差别。"[31]因此，正如金自己所解释的，他为解释性理论进行辩护的策略是"指出在每一个用于解释行动或行为的非内部心理状态中，我们都可以找到一个'内在的核心状态'来承担非内部状态的解释性功能"，事实上也就是指出"这个内在核心是非内部状态的因果核心和解释核心。正是因为这个核心的存在，非内部状态才能扮演它的解释性角色"（第189—190页）。紧接着（第190页），金问了一个决定性的问题："但是我们为什么要相信每一个解释性的心理状态中都存在这样一个内在核心？"金指出："对因果连续性和因果相邻性的思考让我们相信行为的最近原因必须处于引发行为的有机体当中，也就是说，……必须存在最近的因果性解释来解释行为[那些"基本身体运动"]，而这种解释又必须是从有机体的**内部**状态出发的。"金再一次发问："我们为什么要认为必须存在某种内部**心理**状态来作为行为的最近原因？"

对此，金的回答是（第190页）："这是一个困难的问题，其部分回答包含于下面这个由观察所得的结论：如果这种内部状态具有非内部心

理状态在导致行为上所具有的所有因果力量,那么我们就没有理由不认为它同样也是心理的。"³²

这个回答似乎有些令人困惑,金对伴随性理论的论证(我会在下一讲涉及)也许能对此有所澄清。假设某个有机体处在一个心理状态之下,比如**相信旋转旋钮会让炉子继续燃烧**。我们已经指出,这个心理状态还不是一个"内部"状态(不管金如何认为),因为这个个体化的状态不仅包含了一个特殊的旋钮,还包含"火"这个概念(并且,根据金似乎接受的"语义外在论",**火**这种自然概念的意义不只取决于主体头脑中的内容,还取决于主体学习该词时所处的环境性质)。³³我们已经指出的,根据金所持的后退立场,该情况下的相关"内部"状态是"拥有关于'如果我旋转旋钮炉子就会继续燃烧'这个**狭义内容**的信念"。金试图指出这个"狭义内容"可以被等同于某个**单一**的内部状态。³⁴那么就让我们来试想一下该如何用刚才所引的金的论证来证明**这个**例子中存在这样一种"状态"。

我们照理应该这样来论证:首先,非内部心理状态(**相信旋转旋钮会让炉子继续燃烧**)解释了某些行为(比如,如果主体想要加热水,他就会旋转旋钮);并且,"行为的最近原因必须处于引发行为的有机体当中,也就是说,……必须存在最近的因果性解释来解释行为,而这种解释又必须是从有机体的**内部**状态出发的"。其次,我们应该进一步指出:"如果这种内部[生理]状态具有非内部心理状态在导致行为上所具有的所有因果力量,那么我们就没有理由不认为它同样也是心理的。"即便我们出于论证的目的接受了第二步,第一步是否妥当呢?

还是举上面这个例子,假设主体为了让炉子继续燃烧旋转了旋钮,这样就能将水烧热。我们确实相信主体大脑中的某些进程导致了神经冲动向肌肉的传输,并造成了包含在旋转旋钮这个动作当中的"基本身体运动"。我们甚至还可以将主体大脑中一个独特的极小进程等同于造成这些基本身体运动的(来自大脑方面的)原因——尽管这一点很成问题。但"旋转旋钮会让炉子继续燃烧"这个知识（或者金会说，这个"信念"[35]）会在其他条件下导致极为不同的行为，比如，如果我们对孩子说"别去碰旋钮"，孩子就会克制住不去旋转旋钮，等等。是否有任何理由让我们相信，在所有这些情况下，大脑中都发生了一个共同的生理事件？注意：金所说的"行为的最近原因"意义并不明确，我们不知道这个"行为的最近原因"是某个特殊情况下的（比如烧水），还是说对所有用某个特殊信念进行心理解释的情况来说都是如此。对"因果连续性和因果相邻性"的思考支持的是第一种意义上的"行为的最近原因"，也就是每一个特殊情况下的最近原因（但这些原因不一定是同一个原因），但金的论证需要对第二种意义上的，同时也更成问题的"行为的最近原因"作出解释。

以上讨论的是金对解释性理论的论证。我将在下一讲讨论金的第二个理论，也就是伴随性理论。

注释

1. 参见我的文章："How Old Is the Mind?", in *Words and Life* (Cambridge: Harvard University Press, 1994)。
2. 参见 *Renewing Philosophy* (Cambridge: Harvard University Press, 1992)第7、8章。
3. Ludwig Wittgenstein, *Philosophical Investigations* (Oxford: Blackwell, 1953), part 2, iv, p.178.
4. 除了之前引用过的 *Renewing Philosophy* 中的几个章节外，我还在以下的文章中讨论过这个话题："Negative Theology", *Faith and Philosophy*, vol. 4 (October 1997); "God and the Philosophers", *Midwest Studies in Philosophy*, vol.21(1997); and "Questions for an Analytical Thomist", *Monist*, vol.80, no.4 (October 1997)。
5. 请注意维特根斯坦也在对"无灵魂族群"的讨论中使用了这个词。（虽然是基于非常不同的理由，詹姆士和维特根斯坦都不认为这个概念最终是完全可理解的。）
6. 参见本书第一部分第三讲，以及我的文章"Pragmatism", *Proceedings of the Aristotelian Society*, vol.95, part 3(1995), pp.291–306。

7 就我所知,笛卡尔是第一位将心灵等同于灵魂的哲学家。
8 在亚里士多德看来,这里的"身体"与"尸体"(dead body)中的"身体"是同音异义的。
9 这一点是吉塞拉·斯特里克(Gisela Striker)在和我的对话中提出的。
10 犹太背景能为我们提供其他类似的例子。保罗·弗兰克斯(Paul Franks)曾告诉我,虽然我们现在倾向于认为 nephesh 和 neshamah 的意思是柏拉图或笛卡尔意义上的灵魂,但并没有证据证明在圣经时代甚至在塔木德时代它们的意思就是这样的。从字面上来说,neshamah 的意思是"呼吸",而 nephesh 的意思似乎则是"脖子"(根据闪语系的同源词)。保罗·弗兰克斯说,这两个词都是"生命的物质性必需"。
11 参见 Carolyn Bynum, *The Resurrection of the Body in Western Christianity* (New York: Columbia University Press, 1995)。
12 关于后世的思考在犹太教那里几乎完全被归为"aggadah",或者说那些不具合法地位的传统。在"halakha"(卡哈拉,律法)将被破坏的紧要关头,塔木德一般会拒斥这种思考。
13 这个回答也适用于下面这个我经常被问到的问题:"为什么金的语境不足以决定[无灵魂人假设]的内容?"这个语境足以让我"理解发生了什么",但我们对任何假设都可以有这样的"理解",不管它们是否自恰。比如,一个形而上学实在论者可以假设**石头能感觉到痛**是可理解的,并在此基础上进行"哲学论证",参见 *Reason, Truth, and History* (Cambridge: Cambridge University Press, 1981), pp.95–101;或者,大卫·刘易斯的论证:可能世界是"真实的"。哲学具有两个有趣的特征:一方面,某些论证语境中**所有**东西都是"可理解的"(在这个意义上,哲学就好像**小说**);另一方面,每个伟大的哲学家认为其他哲学家的论证包含了不可理解的假设!
14 参见詹姆士·科南特的文章"The Method of the Tractatus"和我的文章"Was Wittgenstein Really an Antirealist About Mathematics?",都收录于即将出版的 *Wittgenstein in America*, eds. Timothy McCarthy and Peter Winch (Oxford: Blackwell)。
15 James Conant, "On Wittgenstein's Philosophy of Mathematics II", *Proceedings of the Aristotelian Society*, vol.47, part 2 (1997).
16 参见卡维尔(Stanley Cavell)在 *The Claim of Reason* (Oxford: Oxford University Press, 1979)的第一部分中对"标准"所作的讨论。
17 我用"soul"来表示古希腊的"psyche",虽然灵魂或心灵这个后来的概念与古希腊不同的灵魂概念之间存在着显著的区别。
18 德谟克利特的这个观点是由忒奥弗拉斯托斯(Theophrastus)记录的,参见 Theophrastus, *De Sensibus*, ed. G. M. Stratton (London 1917; repr. Chicago: University of Chicago Press, 1967)。Mi-Kyoung Lee 在他的博士论文"Conflicting Appearances"(Harvard University, 1996)深入而富有哲学性地

讨论了我们对德谟克利特的认识。
19 斯多亚派一般将幻想描述为一种印象（就像图章戒指在蜡中留下的印象）。塞克斯都（Sextus Empiricus）曾记录了（*Adversus Mathematicos* VII, 288ff）斯多亚派就这一描述所展开的长时间的讨论。克利西波斯（Chrysippus）认为我们可以想象几个同时出现、互相冲突的"印象"，并提议将它们说成灵魂的"变化"。——来自与吉塞拉·斯特里克的交流。
20 但考斯林（Stephen M. Kosslyn）已经很接近这一立场了！参见 Stephen M. Kosslyn, *Image and Mind* (Cambridge: Harvard University Press, 1980)。
21 Wilfrid Sellars, "Empiricism and the Philosophy of Mind", *Minnesota Studies in the Philosophy of Science*, vol. 1, *The Foundations of Science and the Concepts of Psychology and Psychoanalysis*, eds. Herbert Feigl and Michael Scriven (Minneapolis: University of Minnesota Press, 1956).
22 参见 John Haldane, "Reid, Scholasticism, and Current Philosophy of Mind", in M. Delgarno and E. Mathews, eds., *The Philosophy of Thomas Reid* (Dordrecht: Kluwer, 1989)。
23 事实上，奥斯汀在《感觉与可感项》中辩护的知觉观比詹姆士自己的"彻底的经验主义"更接近"平常人的自然实在论"。参见我的文章 "Pragmatism and Realism", *Cardozo Law Review*, vol.18, no.1 (September 1996)。
24 笛卡尔主义兼唯物论并不是一个新的立场，它在笛卡尔之后就立即出现了。我们只须将笛卡尔式的心灵/灵魂/理智等同于拉美特利（La Mettrie）、狄德罗（Diderot）和其他人提出或支持的大脑概念，就可以将笛卡尔思想中所有合理的东西都保留下来。
25 参见本书的第一部分以及 "Pragmatism and Realism"。
26 收录于 Jaegwon Kim, *Supervenience and Mind* (Cambridge: Cambridge University Press, 1993)。
27 Ibid., p.178.
28 Ibid., p.185.
29 参见我的文章 "The Meaning of 'Meaning'," in *Philosophical Papers*, vol.2, *Mind, Language, and Reality*；以及 *Representation and Reality* (Cambridge: MIT Press, 1988)。
30 我将在本讲后面的某个部分指出，"狭义内容"与内部状态的等同条件毫无希望地寄生于所谓的"广义内容"与内部状态的等同条件，也就是说，信念的意义是由非正式的解释进程决定的。这一点对金的方案来说是致命的。顺带一提，金在这些话的脚注中引用了他所谓的"有些哲学家"的话，这位哲学家是福多（Jerry Fodor）。但福多已在最近的 *The Elm and the Expert* (Cambridge: MIT Press, 1994) 中抛弃了这个观点！
31 金在《伴随性与心灵》（第189页）中对记忆的处理类似于他对知觉的处理：关于记忆，解释性理论会说，不管我真的记得还是"似乎记得"早饭吃了水果和麦片，这两种情况所引发的行为并无差别。
32 金在这里补充道,"在许多情况下,比如认识和记忆中,我们可以将内在心理核心等同于某个非内部心理状态。"
33 参见我的文章"The Meaning of 'Meaning'"。
34 顺便注意一下:上述将"狭义内容"等同于心理状态的方式涉及"如果我旋转旋钮炉子就会继续燃烧"这些词的使用,也就是说,英语使用的不是声音,而是词语,也即表达。"英语"同火一样是"外在于有机体的"。
35 金认为认识是"非内部的",而信念则是"内部的"。参见下一讲。

第三讲

心理物理相关性

我在前几讲中解释了,金辩护的是一种我称之为还原论的形式。他特别坚持心理对物理的"强伴随性",而强伴随性又被解释为以下两个理论的结合:

伴随性理论:有机体的每一个内部心理状态都伴随于与其同步的内部物理状态。

依赖性理论:每一个心理属性都**依赖于**相应的物理属性。

我将在这最后一讲中质疑伴随性理论的可理解性。(因为依赖性理论是伴随性理论的前提,所以我不会单独对此进行讨论。)

金解释说[1],伴随性理论的唯一要求是,如果一个人(比如我自己)可以被"复制",也就是说,如果我们能制造一个合成人,使他在每一方面都拥有与我相同的内部**物理**状态,那么这个复制体也会拥有完全与我相同的内部**心理**状态。(但是,如果金对伴随性理论的论证[见《心理伴随性》一文的最后一部分[2]]是成功的,我们就可以说,我的每一个内部心理属性都可以通过某个特殊的物理属性实现,从而也能以这种长程的方式证明心理对物理"强"伴随性。)金认为,非内部心理状态的一个例子是"想着维也纳":"让我的复制体处在和我相同的大脑状态下,看到同样的视觉影像(比如看到一座我几年前拜访过并且很喜欢的老教堂),且拥有同样的思维(想着那年维也纳的夏天是多么热、多么潮湿),并且他和我还分享着同一个倾向,那就是在晚宴上谈论维也纳(至少表达一些包含'维也纳'这个词的话)。这个复制人是否和我一样也在想着维也纳呢?我并不这样认为。对我来说,看到某些视觉影像、拥有某些思维就算是'想着维也纳',因为我和维也纳城之间有一种历史性和认知上的关系,而我的复制体则缺少这种关系。"(金要我们假设他的复制体从未到过维也纳,也没听说过它,而他看到的视觉影像不过是爱荷华州的一座教堂。)金坚持认为,每一个**非内部**心理状态(比如"想着维也纳")都可以被分解为一个内部状态和一组外部关系("历史性和认知上的关系"),而"伴随性"只涉及非内部心理状态这个总体当中的内部状态部分。

金对伴随性理论的论证非常简略,但这一论证至少需要一个金自己也认为是有争议的前提,对于此前提是否对所有心理状态有效,金自己也犹豫不决。我想再说一次:我欣赏金的一点是,他总是愿意重新思考自己的观点。而重新思考的一部分工作就是找出自己论证当中可能存在的弱点。因此,在把金的论证当作批判靶子的过程中,我不能总是重申金自己也认为他的有些观点可能是错的,或者是基于可能存在问题的假设之上的;我真正的"靶子"当然不是金本人,而是我所批判的这一论证所代表的某些哲学路径。

下面我将完整引用金对伴随性理论的论证:假设像刚刚描述过的那样,我有一个"复制体",那么:

(3) [我和复制体和我]分享着同样的结构属性和性情属性。我们的基本物理结构是相同的(至少就当下而言),我们分享着同样的物理能力和物理倾向。

(4) 一类性情属性是以某些特殊的方式回应不同种类的内部或外部刺激。因此,我的复制体和我分享着同一个稳定的、似乎由法则规定的关系系统,这一系统的形式如下:

刺激 S_1 → 输出行为 O_1

刺激 S_2 → 输出行为 O_2

(5) 现在的问题是:我们如何**解释**这些特殊的输入—输出关系?之所以会产生这个问题,是因为其他人类不一定和我们分享这些特殊的输入—输出联系(虽然可能存在相似之处)。这种解释一般会设定某些**内**

部状态来中介特定的输入和与此相连的输出。在输入相同的情况下,不同的有机体会引发不同的输出,因为他们当时的内部状态是不同的。现在我们进展到了这一论证中最具争议的部分——功能主义的心理状态观:

(6) 我们设定的用来解释行为的内部状态**就是**心理状态。功能主义的心理状态观是:心理状态就是以恰当的方式连结感觉输入和行为输出的"功能性状态"。

(7) 如果我们将一系列的心理状态及其相互连结设定为解释我的输入—输出联系的最佳方案,那么基于方法论上的一致性,我们必须用同样的心理状态来解释我的复制体,因为他和我分享着相同的输入—输出联系。这就好像道德理论中的"概括论证"。我想科学的方法论一定需要类似的一致性,而(7)这一步是完全合法的。当然(7)这一步正是需要论证的论点,即我的复制体和我分享着同样的心理属性。因此:

(8) 如果两个有机体或结构在物理上是等同的,那么他们的心理也是等同的。如果两个有机体在一组物理属性上一致,那么他们在对应的一组心理属性上就不可能出现分歧。因此心理伴随于物理。证明完毕。

对上述论证的批判

我们的讨论似乎已经完全背离了我在前两讲中提出的观点,即心灵哲学中的传统问题以及由此产生的"哲学立场"都不是真正可理解的。我保证接下来会把这一观点与本讲所讨论的问题之间的关系阐释清楚。

我们首先注意到,前面回顾过的这一连串复杂论证引发了一小组关键的哲学概念:"内部心理属性"(金把它和"狭义内容"这个概念联系起来)、"基本身体运动"(根据心理学的解释,作为"被引发的行为")、"内部现象状态"(金把它和感觉材料理论联系起来)和"功能性状态"(来自我自己的早期著作)。我将论证,这些概念都不是可以被完全理解的。

有一些心理状况（比如，感到疼痛）在某种意义上是"内在于"有机体的。让我们出于论证的目的姑且认为说某人感到疼痛并不在概念上或逻辑上要求此人在这个特定时刻之前和之后都必须存在，也不在概念上或逻辑上要求存在任何与此人的当下存在"完全脱节"的东西（当然这些假设是存在争议的）。

由此一来，我是否承认了**疼痛**是一种金意义上的内部心理状态，从而承认了"内部心理状态"的**概念**是可理解的？对此的回答既是肯定的又是否定的。

有一种方法可以赋予"内部心理状态"这个概念以意义。我们**可以**说，我所说的疼痛、发痒或恶心状况是同金所举的"想着维也纳"的例子相对的，我的这种对"内部"的使用或许是完全可接受的。并且，这种解释确实将一部分意义赋予了"内部心理状态"这个概念，因为我们现在知道该如何对刚刚提到的四种状态进行归类。（但我们是否可以从这几个例子中获知，**回忆某人的童年**能否算作"内部"状态？）我们同意，当我们说某人感到疼痛时，我们并不在说任何存在于疼痛之前或之后的东西，也不是在说其他事物，在这个意义上，我们可以理解疼痛的根源并不在"疼痛者外部"，也不在"疼痛之时以外"。[3] 我们说某人感到疼痛这一陈述"并不要求"存在与疼痛者脱节的东西，我们一般会合乎理性地认为这一说法是正确的（除非我们给"要求"一词加上很重的哲学**分量**，那样的话争论就无休无止了！）

然而我要大家关心的并不是我们对"内部心理状况"或"内部心理状态"的某些使用是否可以理解（答案当然是肯定的！），而是在听到有人说"相信维也纳有教堂存在是**一种内部心理状态**，它扮演了同知道维也纳有教堂存在这种非内部状态一样的因果解释性角色"的时候，**我们能否理解这一陈述**。（注意：虽然金认为信念可以算作"内部心理状态"，但"**想着维也纳有教堂存在**"是他针对非内部心理状态所举的例子！）我不仅要大家思考金为什么认为信念是"内部的"，还要大家思考金为什么说信念是一种**状态**。

我们可以回忆一下。金的说法是，**相信旋转旋钮会让炉子继续燃烧，相信维也纳有教堂存在**等（又比如**记得我早饭吃了什么，看到一棵树，想吃一杯巧克力圣代**诸如此类的任何心理状态）是扮演了某种"因果解释性角色"的"状态"。另外金还说，存在有力的理由让我们相信，（对于任何拥有特殊物理结构的有机体——比如我和我的复制体——来说，）一定有一个扮演相同"因果解释性角色"的**物理**状态伴随每一个这样的"状态"。然而，如果"功能主义的心理状态观"是对的，那么心理状态（或许"感质"或"现象状态"除外）**就是**各种实现了的"角色"，处于某种特殊的心理状态**就是**以特殊的"角色"处于某种状态当中（无论是物理状态，非物质性灵魂的状态还是其他任何状态）。因为我的复制体处于这样一种状态当中（也就是"实现了"某个特殊角色的物理状态），而以这个角色处于一种状态当中**就是**处于这种心理状态当中，所以我的复制体也拥有这个信念（不管这种心理状态是信念还是其他什么东西）。这样就证明了心理对物理的伴随性。

金在说信念是一种"状态"时的意思是什么，这一论证给我们提供了许多信息。金曾引用我早年的一篇文章来阐明"功能主义的心理状态观"[4]，根据这篇文章，（对每个有能力进入心理状态的有机体来说，）某个特定的心理状态是通过一个特殊的物理状态实现的[5]；不管何时何地，一旦有机体处在这个心理状态之下，就是由同一个物理状态实现的，虽然对不同物种的有机体来说不一定如此。但是我们通常无法，也不一定非要对这个物理状态作出定义。我们所知道的只是这个物理状态所扮演的**角色**（金所谓的"因果解释性角色"）。我们是如何获知这个角色的？通过某种**以隐含的方式定义**了这个角色的"心理理论"。[6] 总之，"功能主义的心理状态观"不但预设了一种将心理状态当作与有机体的物理状态相同的理论实体（就每一个特殊物种而言）的"心理理论"，还用俗常的心理概念去指涉这种理论实体，并让它们作为（功能性的）内部事件扮演了从因果性上解释行为的角色。在这个意义上,将信念当作一种"状态"就是将它当作(元)科学理论中的一个概念,这一概念的意义是由理论的"假设"赋予的,其功能在于指涉一种内部状态(虽然每个物种的内部状态都不尽相同)。

当我问"认为信念是一种'内部心理状态'是否真的是可理解的?"的时候,我既想质疑作为一种"状态"的信念是否是可理解的,又想质疑"内部"信念是否是可理解的。

在我向别人描述我的一个信念(或一个愿望、回忆等)时,我就是**在对这些行为的内部原因作元科学上的思考**,这样的想法真的有意义吗?虽然有些功能主义者[7]认为答案是肯定的,但功能主义的原始立场[8]——也就是我在《心理状态的本质》一文中辩护过的立场——认为功能主义**并不是**一种概念分析,而是一种经验性理论。因此我同意前述问题(如果有人认为这个问题只是花巧的辞令)中所隐含的批判:当我们说"乔治相信维也纳有教堂存在",我们的意思并不是说**乔治所属的物种共有某些扮演如此这般因果解释性角色的心理状态**,而乔治则是这一物种的一员。但我还想指出,下面这种想法是一种合理的**科学假设**,即将俗常心理学中所说的"心理状态"等同于以它们所扮演的因果解释性角色("功能性"状态)为特征的生理状态。然而,即使是功能主义的"经验性理论"版本也认为俗常心理学可以通过诉诸作为理论实体的"心理状态"来**预测行为**。其所谓的经验性问题不过是这些作为理论实体的"心理状态"是否可以等同于"功能性状态"。

奇怪的是,在收录于《伴随性与心灵》中的另一篇文章的一个脚注中[9],金自己也表示不赞成这种将俗常心理学谈论作为元科学理论的观点。他写道:"在我看来,拯救俗常心理学的正确方法是不再认为它具有同'认知科学'一样的功用,也就是说,不再认为它是以产生基于法则的解释和预测为主要存在理由的'理论'。我们最好关注它所担任的评估行为和决定的规范性角色。"然而,"功能主义的心理状态观"**预设**的正是这种将俗常心理学视作"以产生基于法则的因果解释和预测为主要存在理由的'理论'"的观点。金在我们所批判的这个论证中正是以这种"功能主义的心理状态观"为关键点,他不仅假定了这种俗常心理学的观点(金就"内部心理状态"所举的两个例子——**相信和似乎记得**——就取自俗常心理学),还进一步假定信念等是通过物理状态"实现"的这种想法是有意义的(这也是功能主义的假设)。这正是他论证"强伴随性"的核心之处。不幸的是,过多的功能主义讨论遗漏了一点,那就是功能主义立场与信念等被**个体化**的方式之间着巨大的不一致。

(不过金意识到了这种不一致,他在《伴随性与心灵》的前言中指出[第 xiii 页],该书的第 11 篇文章[《心理法则》]"不管是好是坏"终究是为戴维斯作了辩护[10],并补充道,"我曾经并且现在仍然对戴维森的论证[或者我自己的版本]怀有矛盾的感情;事实上,这一论证中思考与我接受[至少在本书的几篇文章中暂时接受]的心理对物理强伴随理论并不一致。但我又必须说,我尚未确信可以完全驳斥戴维森的论证。")

首先,人们普遍认识到人类**语言**不仅在信念的个体化中,也在让绝大多数(如果不是所有)人类信念成为可能中扮演了压倒性的角色。以相信"维也纳有教堂存在"为例。[11]福多认为[12],除非我们将一整个信念网络——一般包括相信维也纳是**一座城**、相信城市是怎么样的、相信教堂是怎么样的,等等——归属于某人,否则将这个单一的信念归属于某人就是不可理解的。[13](虽然我们可以说一个学会了如何打开煤气炉的黑猩猩[一项危险的技能!]知道/相信旋转旋钮会让炉子继续燃烧,但我们有有力的理由认为这样说的意思并不是说黑猩猩拥有成年人那样的关于煤气炉、旋钮[作为为某个目的而造的产品],甚至关于火[作为自然现象]的概念。[14])简言之,我们将信念"个体化",我们通过决定信念主体除了承认这一信念之外(假定信念主体**的确**准备承认它),**还**准备相信什么,从而决定该信念的内容。[15]这听起来像证实主义,但实际并不取决于任何证实主义理论。[16]我们在上一讲中指出,**任何**断言的内容都取决于作出断言的语境；如果我们仅仅假定某人说"维也纳有教堂存在"，那么说这个人"相信维也纳有教堂存在"的断言就不具有任何清晰的内容。

信念的个体化是"整体性的"，因为它取决于和它"相互驱动"的其他信念，这一观点已经得到了广泛的接受。但我认为它的后果常常没有得到很好的考量。

下面是一种颇有影响的理解信念的模式：根据菲尔德（Hartry Field）的一篇著名文章[17]，一些基本信念以某种特殊的方式储存在大脑当中（当然不一定要储存在某个特殊的**位置**）。更准确地说，"心理语言"（mentalese）——也就是福多提出的著名的"思维语言"[18]——中的一些**句子**储存在"信念盒"当中。因为，我们的**信念**就是"信念盒"中的句子以及作为这些句子之**明显后果**的其他句子。（但菲尔德并没有假定福多的以下论断是对的，即"心理语言"的词汇是**内在的**。）

人们已经就这一模式提出了很多困难。其中一个困难是，即便是对于最基本的信念（无论我们如何定义这些信念）来说，我们似乎也很难相信它们所有的"明显后果"。指出自己所持信念的一个后果（无论它多么明显）有时会引发懊恼之情（**我怎么会没想到这个后果！**），从而不再相信原来的信念。（如果我们想通过限制基本信念和限制构成"明显后果"关系的指涉来使上面这个反对例子变得不太可能或无关紧要，最后我们就会很难说明为什么我们的**所有信念就是**这组受限的"基本信念"的"明显后果"。当然上面这些都是科学幻想，因为我们实际上既无法定义这组"基本信念"也无法定义"明显后果"关系。

另一个困难是，一个人所相信的东西与他（或一台电脑）差不多能马上"弄明白"的东西之间的区别本身或许并不明确。斯塔纳克（Robert Stalnaker）在一篇未发表的文章中提出，事实上，这种区别或许取决于语境：无论是说某人相信什么，还是说某人弄明白了什么，这些或许都取决于当时的任务以及其他因素（这对电脑来说也是类似的）。这个观点完全契合我们在上一讲中提出的观点。斯塔纳克的观点可以用上一讲的语言表述为："某人相信某某事情"这一陈述的确切内容（同样，"某台电脑拥有某某信息"这一陈述的确切内容）或许**取决于做这一陈述时的语境，该陈述的意思并不是说某人处于固定的"内部状态"**。

但我相信对于菲尔德的图景还会有一些更为严肃的反驳，这些反驳与这一图景完全忽视了信念的个体化问题直接相连。首先，假设我想知道爱丽丝是否相信维也纳有教堂存在。假设你告诉我，"维也纳有教堂存在"和其他信念一起以菲尔德所假定特殊方式储存在爱丽丝的大脑里（忽视我不知道这种特殊方式是什么这个事实！）。现在（或者说在这个科学幻想获得了某些真正的科学内容的情况下）我也许可以推论，如果我问爱丽丝："维也纳是否有教堂存在？"她应该会说"是的"（当然，她也有可能不会说"是的"，而是说"你脑子是不是不正常？"或者说"滚开！"等）。但是，**除非我知道爱丽丝知道"维也纳"、"教堂"等这些词的意思，否则我就无法得知爱丽丝是否相信维也纳有教堂存在**。简言之，问题在于菲尔德谈论的是相信**句子**，而心理学（特别是"俗常心理学"）考虑的则是信念的**内容**。相信某个**内容**——菲尔德的模式遗漏了这一点，"认知科学"的讨论也经常遗漏这一点——同拥有概念内在地联系在一起。为了相信"维也纳有教堂存在"，我们必须拥有"维也纳""教堂""存在"等概念。因此，如果"相信维也纳有教堂存在"是一种功能性状态，这种状态就必须与拥有这些概念内在地联系在一起。但拥有概念是不是一种功能性状态？（就我自己而言，这一问题的提出终结了我对功能主义的依恋。）

其次，将信念视为状态（在菲尔德的科学幻想中，这种状态就是在将一个句子放到某人的"信念盒"里）的图景假设句子具有独立于语境的**固定真值内容**，也就是说，假设"信念盒"里的句子代表的是**确定的**内容。但是假设"桌上有很多咖啡"这个句子被放到了"信念盒"里，这是不是意味着我相信桌上有很多杯热咖啡？还是说我相信桌上有很多大袋的咖啡豆？抑或说我相信有人在桌上洒了一大片咖啡？当然我们可以假设

心理语言中的句子拥有**独立于语境**的内容,"心理语言"中的句子可以以一种独立于语境的方式象征任何**取决于语境的**可能内容。但是这样"心理语言"就**不像是一种我们所知的语言,而变成了一种"我们不知道是什么"的东西**。我们只要用科学幻想就能支持信念是一种"内部状态"的观点,更确切地说,出现在科幻作品当中的句子扮演了合法的娱乐角色。但同样的句子如果出现在"认知科学"哲学家的著作当中就会让人极为困惑,因为它们声称自己起到了科学假设的作用,但实际并不具有任何科学内容。

信念的个体化

但是现在让我们回到信念如何个体化的问题。一般来说,将信念个体化的任务如果不等于将我们用来形成、交流和描述信念的词语内容和句子内容个体化的任务,至少也和后者紧密相连。但是关于如何实现后一任务以及我们个体化句子意义和信念的方式究竟具有怎样的形而上学和科学地位存在许多不同的观点。今天大多数语言哲学家和心灵哲学家都认同我的观点("语义外在论")[19],根据这一观点,句子的内容(以及由此推得的信念内容以及其他取决于语言的心理状态)至少部分地取决于句子或信念表达所使用概念的指涉内容,这种指涉由特殊语境(用技术性行话来说,也就是特殊的"外延")所决定,并且取决于那些**外在于**说话者身体和大脑的因素。比如,一个说话者说**榆树**这个词时的意思取决于许多因素,比如她是否用这个词指涉榆树,而这一点又以复杂的方式取决于她和其他说话者的关系(这个说话者有可能像我们很多人一样无法独立辨认榆树),以及此人实际看到的树的种类和她所依赖的专家所看到的树的种类。说话者的神经状态(或"大脑状态")或许并不足以决定她在使用**榆树**一词时指涉的是榆树还是山毛榉树。

至于谈论意义/信念的"地位",我认为,"谈论意义"和"谈论信念"是否在"科学"中拥有位置这个问题是建立在毫无希望的意识形态"科学"观之上的,我们应该加以拒斥。[20] 至于信念和意义有怎样的"形而上学地位"这个问题,我从古典实用主义哲学家——皮尔士、杜威、詹姆士——和维特根斯坦那里至少学到了一点,那就是在形而上学上严肃地对待那些对我们的生活和思想来说明显不可或缺的说话方式。

与此相反,蒯因则认为如果我们的兴趣是"勾画实在真实的终极结构"[21],我们就不应该严肃对待对意义和信念的谈论。这两种谈论都不具有形而上学或科学上的"地位",虽然它们对我们的实践生活来说是根本性的(因而是"我们的二级系统"的一部分)。[22] 而在塞尔(John Searle)看来,我们应该完全严肃地对待对意义和信念的谈论,但意义和指涉都不取决于说话者头脑外面的任何东西。福多认为蒯因关于意义谈论的看法是对的,意义不只是决定词语的指涉,但蒯因关于指涉的看法是错的。(我们应该在科学上——在福多那里也就意味着在形而上学上——严肃对待指涉。)福多和我一样是关于指涉的"外在论者"。我确定现在流通着的其他观点至少还有一打。

不过很清楚,金试图将心理学(他肯定在科学上和形而上学上严肃对待了心理学)局限于"内部状态"和"基本身体运动"的方案取决于找到一种**不需要**诉诸外在因素就可以将信念个体化的方式。因为如果心理学需要诉诸外在因素来个体化它的"状态",那么这些状态就不是金意义上的"内部状态"。因为根据金对"内部"的定义,有机体两个**内部**状态的异同不能取决于任何外在于该有机体的东西。这意味着如果语义外在论是对的,而我们个体化信念的平常方式又取决于考察环境和其他说话者的各种事实,那么金就需要用一种非平常的方式去个体化信念。正如金自己所指出的,持这一想法的人一般会诉诸"狭义内容"。但什么是"狭义内容"?(信念的"广义内容"包括概念的指涉,指涉并不是"内在地"固定的。)

狭义内容的概念(用于"狭义心理状态"这一术语当中)首先是我在

《"意义"的意义》一文中提出的(虽然我对这一概念在心理学上是否有用表示了怀疑)。[23]假设乔治相信加拿大有榆树存在,并且假设孪生地球上还存在一个孪生乔治,这个乔治拥有一个以同样句子表达的信念:"加拿大有榆树存在。"不幸的是,地球与孪生地球之间存在着一个偶然的微小差别:在孪生地球上,"榆树"这个词指的是**山毛榉树**。当然,在孪生地球上,"加拿大"一词指的是**孪生加拿大**,而不是加拿大。因此,孪生乔治并不是相信加拿大有榆树存在,而是相信孪生加拿大有山毛榉树存在。但是在所有相关的心理层面,孪生乔治与乔治可以是"内在"同一的,他们甚至可以处于神经元一一对应的相同"大脑状态"。[24]为了可以说乔治和孪生乔治在"现象上"拥有同一个信念(虽然他们相信的命题具有不同的"广义内容"),我提议这样说:**处于相同大脑状态下的两人所拥有的信念具有相同的"狭义内容"**。如果我们能够把行为(或"基本身体运动")的"原因"合理地理解为**经过狭义内容个体化之后**的信念,那么"内在论者"的方案也许就能成立了。我相信金在写下面这段话时指的就是这一点,他写道:"我所辩护的立场关注的正是这种失败的伴随性所体现的心理学意义[即造成有些心理状态个体化的一部分原因存在于有机体之外],这一立场在某种意义上类似于某些哲学家所偏爱的用'狭义内容'去解释因果性的思路。"[25]

但这条思路马上会遇到两个巨大的困难。首先,它提出的狭义内容的同一性标准,或者说充分条件——两个主体处于相同的大脑状态下——**永远不能在现实世界中实现**。[26]其次,如果我们说并不需要大脑状态的"同一",而只需要**相关层面**的同一,那么我们就是在预设**存在**可以被等同于信念(或信念的"狭义内容")的内部状态("相关层面")。

当然有人会说:"判断某人是否相信'加拿大有榆树存在'这个狭义内容的标准不要求两个处于相同大脑状态下的个体**实际**存在,只要求他们**在物理上可能存在**。这个标准如下:X 相信'加拿大有榆树存在'这个狭义内容=[定义]在在某个物理上可能的世界[27]中存在 X',如果 X'

相信加拿大有榆树存在，那么 X' 与 X 就处于相同的大脑状态之下。"

但是这样一来，"狭义内容"就完全**寄生于**平常内容（即"广义内容"）之上了，也就是说，寄生于当人们拥有相同或不同信念时所共享的意义之上了！没有任何理由可以让我们认为，**任何**在**这个**意义上拥有"相同"信念的两个主体必须处于**相同的**内部物理状态之下，或者用金的术语来说，认为以**这种**方式个体化了的信念状态必须"强伴随于"（内部）物理状态。（注意：如果两个主体在所有内部层面都处于相同的物理状态之下，那么由此得到的个体化信念就一定是相同的，这一点是由定义保证的。但是指出这一点并不足够，强伴随性要求一种**逆向**的表达，即如果两个主体拥有相同的信念，那么他们的某些相关物理状态就是相同的，而定义根本没有保证这一点。）

但是我又不想给大家留下这样一个印象，即唯一与"狭义内容"（被理解为内部物理状态或内部计算状态）相关的严肃问题是词语意义个体化的一部分原因来自**外部**这个事实。另一个严肃的问题是：我们以受语境影响的"整体性"方式决定两个陈述的意义是相同还是不同。虽然我们已经就此举过几个例子，但下面这个例子或许能帮助我们看清这一点是如何体现在语言学家的一个著名方案当中的。

狭义内容与"能力"

诺姆·乔姆斯基（Noam Chomsky）在不同著作中指出[28]，说话者对某个词的理解是由大脑中"语法"的某些成分引发的（虽然乔姆斯基并不是很乐意称这些成分为"语义的"，而这正是因为他所理解的语义学与**指涉毫无关系**）。[29] 如果这个观点是对的，那么我们就有了另一条定义"狭义内容"的可能路径，即将"狭义内容"等同于"内在语法"的语义成分。但这些语义成分究竟是什么？

让我们思考一下**证明**（demonstrate）这个词的以下用法，即**根据某**

些前提得出某个结论性的证明。[30] 如果被问及这个词的语法，我们可以说出很多东西而不用担心别人会不赞同，比如这是一个动词，它的过去时是 demonstrated，现在进行时是 demonstrating，第三人称单数是 demonstrates，等等。说话者在这样说的同时展现了关于这些事实的"意会知识"（tacit knowledge），从而也就拥有了与这个词相连的"语法能力"（syntactic competence）。这个说话者还知道"海伦证明了三角形的内角和等于两个直角和"是符合语法的，而"海伦证明了瓶子"则是不符合语法的。乔姆斯基的图景是，存在一种更为复杂的知识对每一个词语与其他概念之间的关系（自然也包括上面这个意义上的"证明"）进行考量，**任何"有能力"使用某个词语的人都能意会这种知识，而正是这种知识构成了该词"语法"的语义部分**。但乔姆斯基也会承认，无论是他自己还是其他任何人都永远无法将语法的这个语义部分体系化。

但事实上，每一个我们认为有能力[在上面这个意义上]使用"证明"的人并不是在意会一组固定的事实，而我们所谓的能力就是以此为基础构建起来的。我们所有人都以同样的方式构成过去时、第三人称单数等，但我们并非以同样的方式展现使用"证明"这个**概念**的"**能力**"。拥有语义"能力"的人必须能够给出一些证明的例子，并且这些例子不能是同一类的。一个在数学上毫无希望的人也许能给出一个神学证明的例子；另一个能想出几何例子的人却无法想出数论的例子，等等。存在一组特殊的技能来构成某人使用"证明"一词的"语义能力"，这样的观点是以理论为导向的幻觉。[31]

并且，乔姆斯基不但说**存在**一种与任意一词相连的"语义"能力，他还说这种能力可以想语法关系那样**被系统化**。但是，因为我们不知道我们的"语义能力"应该是怎么样的（除了乔姆斯基提供的一些关于分析性真理[或所谓分析性真理]的琐碎例子），也没人提出该如何将乔姆斯基的管辖和约束（government and binding）理论（或任何其他语法理论）拓展为"语义能力"理论，所以我们再一次进入了**科学幻想**的领域。如果

"环境适当地设定了"某些参数值,"大脑中的普遍语法"就产生了"语义能力",这种说法其实就是说,当"我们也不知道是什么"发生时,"我们也不知道是什么"的东西就产生了"我们也不知道是什么"的东西!

意义归属作为一种投射

我用**证明**这个动词为例[32]来说明了下面这个观点:为了有能力使用一个词,我们不一定要拥有一组特殊的技能。但这个观点也可以用最简单的话来阐明。查尔斯·崔维斯(Charles Travis)的著作中都是漂亮的例子。[33]一个有说话能力的人可以在大量不同的情况下完全恰当地使用任何词语,并且被其他有说话能力的人理解。我在上一讲中举了**平**这个词作为例子,一个有说话能力的人既可以将它用于欧几里德平面,也可以将它用于伊利诺伊的地形。我记得在特拉维斯的文章中看到过一个有趣的例子:一艘装着油桶的气垫船驶入了港口,那么"港口中有一艘油轮"这个话对不对?我们的第一反应也许会说,"这种情况的界限不明",但事情并非如此简单。事实上,在某些情况下这句话也许是明显正确(公司现在所用的油轮正是这种气垫船),在某些情况下也许是明显错误的,在另一些情况下则界限不明。"港口中有一艘油轮"这句话明显不能被用来在任何时候指任何意思。句中词语的意义限制了句子的使用,但句子的使用以及与此一致的词语意义则取决于我们在新的情况下**合理**使用这些(因为特定的使用历史)具有特定意义的词语的能力。乔姆斯基说,将合理性本身还原为运算法则的想法是一种科学幻想。

这一观点在斯坦利·卡维尔(Stanley Cavell)的杰作《理性的要求》中扮演了关键性的角色。卡维尔告诉我们[34],决定词语的使用在某个特殊的情况下合适与否或在某个语境中正确与否的标准是,词语是否被自然地(也可以说合理地)**投射**到了这个(具有特定使用历史的)语境当中。支撑自然性或合理性的并不是中世纪唯实论者所说的"完全存在于每一种情况中"东西(柏拉图式的"原型"或亚里士多德式的"共相")。即使是概念的外延(比如特拉维斯所举的**油轮**)也不是完全由概念的意义决定的,而是在根据语境进行调整。

上面讨论都是句子的使用符合某些特殊意义的情况,当句子的使用不符合某些特殊意义时,同样的观点依然可用于**信念**的个体化。古希伯来人[35]称小部落的首领为"melekh"。我们把这个词译为"王",并相信"噩(Og)是巴珊(Bashan)的王"。1945年英国人称自己国家的首脑为"英国国王"。是什么让人们相信噩或英国国王是**王**?只能是自然的投射!在意义中寻找被称为"狭义内容"的科学对象和在信念寻找"内部心理状态"的做法都是无用的,这就好像理性主义者错误地认为当我们将相同的句子投射到两种不同的情况中,一定有一个"实体"同时存在于这两种情况当中。

"基本行为"

金坚持认为心理状态必须被削减至一个"内核",这样它们才能获得形而上学和科学上的合法性,同样,他认为行为也必须被削减。我也要对这一观点进行批判,但不会像前面的批判那样具体。我要再次引用上一讲引用过的一段话:"我的行为是否能够成功造成预期的结果的确取决于我的信念是否是正确的。因此,我的行为是否能让炉子继续燃烧取决于我的'如果将旋钮往正确方向旋转,炉子就会继续燃烧'这个信念是否是正确的。然而,**心理**解释的对象并不是炉子为什么会继续燃烧,而是我为什么会旋转旋钮。……一旦解释了身体为什么会作出旋转旋钮的行为,心理解释的工作就完成了。……心理理论只需解释**基本行为**,而非'派生行为'或'引发行为'。"("基本行为"还被等同于"我们根据意愿作出的基本身体运动"。)首先要注意的是,金的论断并没有得到任何实际心理学理论的支持。事实上,"心理学理论"就是一种杂烩。克利福德·格尔茨(Clifford Geertz)最近这样写道:"行为主义、心理测量论、认知主义、深度心理主义、拓扑学、发展主义、神经学、进化论和文化主义在主体观上的巨大差异已经让心理学家变成了一种不稳定的职业。心理学不仅要服从流行时尚,还要像所有人文科学一样时常经历突然的逆转。范式变革和出现全新方法的时间间隔并不是以世纪来论,而是以十年来论,有时甚至几乎以月来论。"[36]如果金真的声称**以上每一种心理学**且只有这些心理学在考虑如何预测有机体根据意愿作出的基本身体运动,那么他的这个论断很容易就能被证伪。金当然没有这样做。他谈论的是一种某些哲学家所梦想的"心理学",就我所知,地球上并不存在(大约也永远不会存在)这种心理学。简言之,(用维特根斯坦的著名表达来说),金是"被一幅图像控制了",这幅图像就是心理学的**图像**。

现在让我们来考虑一个来自某个心理学分支的例子,这个分支最契合金的描述,那就是经典行为心理学,也就是"小白鼠心理学"。我们在小白鼠旁边设置一个键,如果它按这个键,(有时)会得到一小粒食物作为奖赏。金声称心理学的工作在解释了按键这个身体行为之后就结束了。但这并不是他真正想要表达的意思。

这样说的原因是,按键或旋转旋钮**并不只是**"[有机体]根据意愿作出的基本身体运动"。必须有一个**键**存在小白鼠才能按键,必须有一个**旋钮**存在人们才能旋转旋钮。因此这些行为根本不是"内部状态"。那么,金的意思是不是如果心理学解释了包含在旋转旋钮或按键中的**四肢运动**,"心理学的工作就结束了"呢?

这也不对,因为(1)当小白鼠按其他东西时也会出现同样的四肢运动,而小白鼠心理学家对**其他**按动动作的出现频率并无兴趣,他只关心**按键**的频率,也既是说他只关心小白鼠在特殊环境下(针对特殊"刺激")作出的行为。**按键是外部行为,而不是基本身体运动。**(类似地,当我旋转炉子以外的旋钮时或旋转某个不是旋钮的东西时也会出现同样的手部运动,而理性主义心理学家[或俗常心理学家]在解释我为什么会旋转炉子的旋钮时并不关心其他情况下的旋转动作。旋转旋钮是外部行为，而不是基本身体运动。)(2)事实上，对"按键"这个行为的解释可以通过一系列**不同**的身体运动实现。比如(请原谅这个恶心的思想实验)，如果小白鼠的前肢麻痹或截去了，它或许会扭向那个键，用**鼻子**或身体的其他部分去按它。(类似地，失去双手的人或许会用脚趾或牙齿去旋转旋钮。)

那么我们是否应该说，"心理学的工作"就是作出以下形式的论断？——

"当小白鼠拥有某些**感觉材料**时，比如它所熟悉的一个带键的笼子，它会制造一种用自己身体的一部分去按键的**感觉材料**并由此行动。"

或者说：

"当人拥有某些**感觉材料**，比如一个煤气炉，并且想烧点水时，**我想烧点水**这个愿望是一个'狭义内容')，它会制造旋转煤气炉旋钮的**感觉材料**并由此行动。"

(记得金是这样处理"现象状态"的："当我们看到一棵树时，某些内部的现象状态就发生了，树的某些内部表征在我们脑中呈现。用感觉材料理论的语言来说，我们正在感觉树的感觉材料，或者说有树样的东西出现在我们面前。")

但小白鼠心理学反对的正是内省心理学和内部现象状态！而现在那帮认知心理学家则从不担心是将"旋转旋钮"还原为四肢运动还是将它还原为感觉材料！

再一次指出：我并不想说金的论断——心理学预测的是"基本身体运动"，而不是一般的(外部)行为——是**错**的；我想说的是，"基本身体运动"在**这一**语境中的意义并不像它**看起来**那样清晰。金给出的"旋转旋钮"的**例子**最后无法成为一个符合其原意的例子(因为他的语境要求"基本身体运动"不包含任何与有机体"有差别"的东西，而旋钮与有机体是有差别的)，但我们又找不到一个行得通的例子去替代它。我们也许可以用维特根斯坦《逻辑哲学论》(6.53)中的话来说,金"没有赋予其命题中的某些符号以意义"。

"内部现象状态"

几年前我用了一个系列的讲座[37]去批判"当我们看到一棵树时,某些内部的现象状态就发生了,树的某些内部表征在我们脑中呈现"这个观点。我相信,这个观点要对自笛卡尔以来在核心上困惑哲学的那些顽固"问题"和无解立场负责。但这里没有空间让我将所有这些再过一遍了,相反,我只想揭示某个众所周知的论证当中存在的矛盾,我相信这个论证要为"内部表征"或"感觉材料"的盛行负主要责任。

这个论证或许可以被称为"最高共同因素论证"(highest common factor argument)。[38]用最简单的形式来表述这个论证:如果我在两种不同的情况下"拥有相同的经验",比如"看到一面覆盖着玫瑰的墙",但是在其中一种情况下我并不是在真的感知我正感知的东西(比如我在做梦),尽管如此,这两种情况还是存在某种共同的东西(所谓的"最高共同因素"),因为这种**共同的东西**不可能是外部的(因为我们假设了其中一种情况[做梦]已经排除了这种可能性),所以它一定是我经验到的某种**内部的**东西。我们可以用"表征",也可以用**表象**这个古老的词,还可以用罗素和摩尔所创造的流行术语**感觉材料**来称呼这种内部的东西。

与这一观点相对立的观点可以被称为**析取论观点**,奥斯汀为这一观点作了辩护,更晚近一点,麦克道威尔和我自己(在刚刚提到的杜威讲座中)也为此作了辩护。根据这一观点,当我说在两种情况下"我都看到了一面覆盖着玫瑰的墙",我只能推出下面这一析取关系是真的:(D)**要么我真的看到了一面覆盖着玫瑰的墙,要么我以为自己看到了一面覆盖着玫瑰的墙。**我无法推出"两种情况下"都真实存在某个有意义的对象("一面覆盖着玫瑰的墙"这样的感觉材料或"感觉到覆盖着玫瑰的墙"这样的属性)。

最高共同因素论证认为析取论观点是**不可能**对的。经验本身明显地告诉我们，**存在**一个最高共同因素。

但是我们又注意到，"最高共同因素"("感觉材料"或"内部现象状态")被认为是"表象"的**充分必要条件**。它甚至被认为**就是**"表象"！如果"最高共同因素论证"是对的，那么就会存在一些其**存在**取决于**被感知**的"内部现象状态"。**看起来**相同的内部现象状态**就是**相同的内部现象状态。如果存在两个在主体看来完全相同的不同内部现象状态 P_1 和 P_2，那么最高共同因素论证用来拒斥析取论观点的原则(这个原则是：**如果主体在两种情况下得到了相同的表象，就一定存在一个相同的"最高共同因素"或相同的现象状态**)就遇到了一个反例。

这一原则并不适用于整个场景在主体看来(或闻起来、听起来、感觉起来)是一样的情况，而只适用于某个单一方面在主体看来是一样的情况。比如，我可看到两个对象，它们的**颜色**在我看来是相同的，那么最高共同因素论证就会指示这两个经验中存在一个共同的"颜色特质"。

现在我要试着说服大家相信"最高共同因素"的观念毫无疑问是不对的。不可能有**存在**取决于**被感知**的现象状态，也不可能有遵循"**如果主体在两种情况下得到了相同的表象，就一定存在一个相同的'最高共同因素'或相同的现象状态**"这一原则的现象状态。

这里的困难很简单：现象的不可区分性并不是一种传递关系，而处于相同的状态(也就是一组互斥状态中的同一个状态)却是一种传递关系。但还是让我慢慢加以解释。

罗希特·帕里克(Rohit Parikh)曾做过一个实验。[39]他取出一罐白颜料和一包3×5寸的卡片，并给第一张卡片涂上一点颜料。然后他往颜料罐中加入**一滴**红颜料并搅拌均匀。他在第二张卡片上涂上混合颜料。("对肉眼来说"，绝对无法将第二张卡片与第一张卡片区分开来。)他继续以这种方式涂一张卡片加一滴红颜料到混合颜料当中，再用混之后的颜料涂下一张卡片,一直如此进行。最后他得到一百张卡片,我们绝对不能(在颜色上)区分两张相继的卡片,但是如果我们看中间隔了十八九张的两张卡片,就会发现后一张要比前一张略微粉红一点。

现在让我们思考下如下论证(用 C_1,C_2,C_3……C_{100} 代表这一百张卡片):C_1 和 C_2 在主体(罗希特·帕里克)看来是完全相同的,根据最高共同因素论证,相关的现象状态(相关的"颜色特质")也一定是相同的。让我们称这个颜色特质为"$Q_{1/2}$"。类似地,C_2 和 C_3 在主体看来是完全相同的,根据最高共同因素论证,相关的现象状态(相关的"颜色特质")也一定是相同的。让我们称这个颜色特质为"$Q_{2/3}$"。那么 $Q_{1/2}$ 是否等同于 $Q_{2/3}$ 呢?

$Q_{1/2}$ 不等同于 $Q_{2/3}$,那么 C_2 这一张卡片就同时具有**两种不同的主观颜色**($Q_{1/2}$ 和 $Q_{2/3}$)!这违反了一个对象只能具有一种主观颜色这个原则。并且,它还违反了最高共同因素论证背后的原则,因为主体无法区分 $Q_{1/2}$ 和 $Q_{2/3}$,而只有**被感知**到的主观颜色(和一般现象状态)才能**存在**。因此我们不得不得出 $Q_{1/2} = Q_{2/3}$ 的结论。类似地,我们可以得到 C_3 和 C_4 拥有一个共同的主观颜色 $Q_{3/4}$ 且 $Q_{2/3} = Q_{3/4}$。以这种方式继续下去,(如果最高共同因素论证是对的,)我们可以得到 $Q_{1/2} = Q_{2/3} = Q_{3/4}$……$Q_{19/20}$,当然 $Q_{19/20}$ 是 C_{19} 和 C_{20} 共同的颜色特性。但是在帕里克的这组卡片中,C_1 和 C_{20} 是**不同的**颜色——在主体**看来**它们是不一样的。因此 C_{20} 的颜色不可能是 $Q_{1/2}$,这与我们刚刚得到的结论矛盾!因此,这一论证的提前——也就是"最高共同因素"原则——就一定是错的!

但是注意,这个反例**未能**说明以下这一点:不可能存在一种极为不同意义上的"现象状态",也就是以某种方式隐含在颜色知觉当中,并为分辨不同"表象"的能力负责的大脑状态。但是这种状态不可能遵循"最高共同因素"原则。我们必须可能处于两种不同的大脑状态之下而没有注意到这一点,否则就违反了这些状态**只是**表象的观点。(比如,当今不止一个大脑模型假设大脑的"颜色辨识设备"是某种神经集合体[40],如果是这样,那么我们就可以用下面这种最简单的方法解释帕里克小实验:在不同的时间扫视同一张卡片或扫视不同的卡片会激发不同的集合体,并且特殊"色调"所激发的集合体之间会发生**多层叠加**。因此,当我们相继扫视 C_1, C_2……时,激发的细胞集合体会不断改变,虽然我们在扫视相继的两张卡片时会激发许多相同的细胞。我们无法决定这种改变会在何时导致"主观颜色"的改变,就好像我们无法决定一个掉发的人何时变成**秃顶**了一样。)能够诚实地说"我绝对无法区分这两种情况"并不能合法地推出"我处于同一种现象状态当中"。如果我们注意到现象状态的同一性条件是荒谬的,我们就会意识到**我们在最初设定它们的时候并不知道自己谈论的是什么**。[41]

如果不是"相关性",又是什么?

我在这一系列的讲座中讨论了一个自 17 世纪以来就迷惑哲学的问题,也就是"心理物理相关性"问题。我对心理物理相关性"理论"的拒斥并没有以任何方式形式一种对"二元论"或"互动论"的辩护。我所拒斥的并不是心理物理相关性"理论",而是**认为这个问题有意义的观念**。我指出,这个问题所预设的图景——作为"内部状态"的心理特征要么与**确实**发生于身体内部的事情"相关",要么就"不相关"——是错误的。我还指出,作为法则,心理特征的个体化受到语境的影响且极其复杂,其中包含外部因素(知觉、思维和行为对象的本质)、社会因素,以及我们所做的自然和不自然的投射。金当然意识到了这些困难,我今天批判的这篇文章试图英勇地挽救传统问题观,它提出,外在论式地(或整体论式地)藏于我们内部的个体化心理状态是处于心灵这个"内部剧场"中的内部的"核心"状态。如果金不能挽救这个观点,我不知道其他哲学家是否还有机会!

如果说我在这几讲中选择了金在权作为我的对手(虽然这一点无需

再提,但我还是要再说一次!),原因有二:第一,他对我所讨论的观点的论证是目前我能找到的最具挑战性的;第二,我敬仰他的哲学智慧及其哲学动机的单纯性。现在,要使我对金在权的敬仰更多一点的唯一办法就是他现在承认我的观点是对的!

注释

1 参见 Jaegwon Kim, *Supervenience and Mind* (Cambridge: Cambridge University Press, 1993)第10章"Psychophysical Supervenience"。
2 Ibid., pp.191-193.
3 金用这些概念来定义"内部"状态。
4 参见我的文章"The Nature of Mental States", in *Philosophical Papers*, vol.2, *Mind, Language and Reality*(Cambridge: Cambridge University Press, 1975)。
5 对这一观点的批判可参见 *Representation and Reality* (Cambridge: MIT Press, 1988)第5章,金在 *Supervenience and Mind* 的多篇文章中提到了这一批判。
6 对此的诟病和批判可参见收录于 Samuel Guttenplan, ed., *A Companion to the Philosophy of Mind* (Oxford: Blackwell, 1994)中的"Putnam, Hilary"一文。
7 比如大卫·刘易斯,我在 *Representation and Reality* 的第5章讨论了他的观点。
8 关于功能主义的发展及其当下形式,除了注6提到的文章之外,还可参见莱肯(William Lycan)的文章"Functionalism(1)"和布洛克(Ned Block)的文章"Functionalism(2)",均收录于 *A Companion to the Philosophy of Mind*。
9 Jaegwon Kim, "Mechanism, Purpose, and Explanatory Exclusion", *Supervenience and Mind*, p.263, n.46.
10 戴维森长久以来就反对心理状态符合物理状态的观点,他所依据的正是对心理状态如何被个体化的思考。参见 Donald Davidson, *Essays on Actions and Events* (Oxford: Oxford University Press, 1980)。
11 金在《伴随性与心灵》(第181—191页)中讨论的这个例子。
12 福多和拉波雷(Ernest Lepore)在 *Holism: A Shopper's Guide* (Oxford: Blackwell, 1992)中认为,拥有任何一个概念都不需要以事先拥有任何其他概念!
13 这里福多和拉波雷混淆了几个问题。第一,为了将罗马尼亚有奶牛存在这一信念(我自己的例子)归属于某人,某人是否必须拥有一个特殊的信念?第二,通常认为的在概念上与罗马尼亚有奶牛存在这一信念相关联的一些信念是否是分析性的？第三个问题就是我们在讨论的问题：某人是否能在不拥有任何其他信念的前提下相信罗马尼亚有奶牛存在？我所持的立场与下面这个观点是相容的，即我们可能有意义地谈论某人相信罗马尼亚有奶牛存在但不知道罗马尼亚是一个国家(但我们不得不就此讲一个故事，告诉别人此人在想什么)。福多和拉波雷所持的立场则并不相容于这个观点，在他们看来，可以存在一个相信罗马尼亚有奶牛存在但不拥有其他任何信念的有机体。

14 关于人类信念与动物信念之不同，可参见 *Renewing Philosophy* (Cambridge: Harvard University Press, 1992)第 2 章。

15 在某些情况下(不仅仅是"自我欺骗"的情况)，我们可以将一个信念归属于某个并不承认这一信念的人。并不是每个人都能很好地描述他们的信念。

16 我们要明确下面这一点：说某人相信维也纳有教堂存在，但不拥有**任何**能够让理性的解释者将"教堂"和"维也纳"概念合法地归属于此人的其他信念，这样的说法并不是**不可证实的**，而是不可理解的。

17 Hartry Field, "Mental Representation", *Emkenntnis*, vol.13(1978).

18 Jerry Fodor, *The Language of Thought* (New York: Crowell, 1975).

19 约翰·塞尔明显除外。参见我为 Andrew Pessin and Sanford Goldberg, eds., *The Twin Earth Chronicles* (Armonk, N.Y. and London: Sharpe, 1996)写的导言。

20 我在 *Words and Life* (Cambridge: Harvard University Press, 1994)第 26 章 "The Idea of Science"中也提出了这个观点。

21 参见 W. V. O. Quine, *Word and Object* (Cambridge: MIT Press, 1960), p.221。

22 W. V. O. Quine, *Ontological Relativity and Other Essays* (New York: Columbia University Press, 1969), p.24.

23 参见"The Meaning of 'Meaning'", *Philosophical Papers*, vol. 2, *Mind, Language and Reality*, p.220。

24 有人也许会反对说孪生地球上榆树的**外表**不同于地球上的榆树。但我们可以说乔治和孪生乔治都是城市居民，他们都没有见过真正的榆树或孪生"榆树"。

25 Jaegwon Kim, *Supervenience and Mind*, p.xii.

26 根据"神经达尔文主义"的立场，即便是同卵双胞胎也不可能有相同的神经结构！参见 *Neural Darwinism* (New York: Basic, 1987); Gerald Edelman 在 *The Remembered Present* (New York: Basic, 1989)第 3 章中简单易懂地总结了这一立场。

27 我用"物理上可能的"来量化世界的原因不仅因为我怀疑"形而上学的可能性"，还因为我想避免下面这个问题：如果"可能世界"中的自然法则足够不同，信念本身的性质或许也会不同。

28 乔姆斯基在 *Language and the Problems of Knowledge* (Cambridge: MIT Press, 1988)中写道，大脑中有一个"语言器官"，我们可以把它想作"某种与一个由一

阵列双向开关组成的开关盒连结在一起的错综复杂的网络"。(乔姆斯基还说这个网络是"普遍语法原则的系统"!)当孩子脑中的"开关"被经验"设定"之后,"孩子就能使用某个特殊的语言并知道该语言的事实:**某个特殊的表达具有某个特殊的意义,如此等等**"。(第62—63页,黑体字是我标的。)

29　Noam Chomsky, "Explaining Language Use", *Philosophical Topics*, vol. 20, no. 1.

30　也就是说,我不是在"演示如何做某事(比如系领带)"的意义上使用这个词。

31　有人问我这是否是"证实主义"的论证?除了上面已经提到的,我还要补充的是,这个论证并不只是简单指出信念是"原子式的",而是说,尽管拥有一个信念与拥有**其他**合适的信念内在地联系在一起(**哪些**其他信念是合适的当然要取决于语境!),仍然可能存在一个单一的"神经状态",当我们处于这个神经状态时,我们总是拥有某个总体性的信念网络,并由此可以说我们拥有"维也纳有教堂存在"这个信念**和**一切与此所需的概念;反过来,一旦我们拥有某个总体性的信念网络,我们就会处于相同的神经状态。我只能说,迄今为止没有一种所谓的"信念状态"(比如,"信念盒"中的一句心理语言)具有这些必要的属性,用来解释多元认知结构的**神经**状态不过是另一个"我们不知道是什么"的东西。这是否是说,没有明确科学内容的"科学假设"不能具有真值,因而也就不能是"证实主义"?

32　使用这个例子的一个原因与哥德尔有关,参见 *Words and Life* 中的"Reflexive Reflections"一文,以及 *Representation and Reality* 第二版。

33　Charles Travis, *The True and the False* (Amsterdam: John Benjamins, 1981); "On What Is Strictly Speaking True", *Canadian Journal of Philosophy*, vol. 15 (1985); *The Uses of Sense: Wittgenstein's Philosophy of Language* (Oxford: Oxford University Press, 1989).

34　参见 Stanley Cavell, *The Claim of Reason* (Oxford: Oxford University Press, 1979)第7章。

35　民数记21:33 – 35。

36　Clifford Geertz, "Learning with Bruner", *New York Review of Books*, vol. 44, no. 6(April 10, 1997), p. 22.

37　1994年的杜威讲座,收录于本书的第一部分。

38　这个概念由麦克道威尔在首次提出:John McDowell, "Coherence, Defeasibility, Knowledge", *Proceedings of the British Academy* (1982), pp. 457 – 479。

39　帕里克研究的是模糊逻辑。我不知道他是否在文章中提到过这个特殊的实验,但他在二十年前的一个讲座中对此做过描述。

40　我同时想到了连通论模型(connectionist model)和埃德曼(Gerald Edelman)在 *The Remembered Present* 中所描述的模型。虽然从生物学的观点来看这两个模型是不同的,但在这两个模型中,模式识别都受到恰当连接的细胞集合体影响。(根据埃德曼的模型,集合体会不断得到和失去细胞,这一点得到了生物学数据的支撑。)我们还要注意,如果我们要谈论**感知**颜色,那么就必须将细胞集合体之外的东西包括进来,也就是拥有**颜色概念**所必需的东西,不管它们是什么。基于这些理由(细胞集合体并不是一一对应于"表象",集合体的适当激发也不是感知特殊色调的唯一必要条件,甚至不是必要条件),认为**神经**状态就是金所谓的"内部心理状态"的做法就等于是给神经学贴上(误导性的)"心理学"标签。

41 我在平生发表的第二篇文章"Reds, Greens, and Logical Analysis", *Philosophical Review*, vol. 65(1956), pp. 206 - 217 中提出,为了避免非传递性问题(早在帕里克精妙的实验之前我就已经意识到了这一点),我们可以用 Ix, y(x 无法与 y 在颜色上区分)来定义 Ex, y(x 与 y 的颜色完全相同):Ex, y = df (z)(Ix, z ⟷ Iy, z)。

但是因为"Ix, z"的模糊性,这个提议是失败的。不但两个**物理**对象何时"在颜色上无法区分"是模糊的,而且两个(处于不同时间下的)"**现象对象**"是否**无法区分**通常也得不到清晰的答案。任何神经学的标准都没有用,因为相关的神经联系一直都在改变。我们无法先以一种方式激发一个细胞集合体再以另一种方式激发这个细胞集合体,然后再"比较结果",因为细胞(即使假定它们是同一批细胞!)不能同时以两种方式连接在一起。这里记忆是没有用的,因为对某个视觉景象的回忆激活的**回忆发生时**的细胞集合体,我们无法比较神经事件本身的"主观特质"。两个不同时间下的"主观颜色经验"是否无法区分,如果有人坚持认为这个问题存在一个(无法证实的)事实性答案,这个答案也不可能是一个**物理性**事实,因而也就不可能帮助金的心理物理相关性论证。但是除了对感觉材料理论不可动摇的依恋之外,还有什么能让一个人相信存在这样一个事实呢?

第三部分
后记

后记一
因果关系与解释[1]

我在本书第二部分的讲座中赞同地引用了约翰·霍尔丹的一句话："有多少种'因为'的意思就有多少种原因。"但理解这句话的意思却有好多种。其中一种我直到最近才发现很有吸引力，那就是解释优先于因果关系。但是现在看来，这个想法同它的"对立面"——因果关系（作为某种单纯独立于各种解释性实践的东西）优先于解释——一样都是错误的。解释与因果关系在任何时候都相互预设，谁都不具有可以被还原为对方的"优先性"。我要在这篇后记中解释如何如此以及为何如此。

解释实在论和解释内在论（根据金的区分）

在1994年的文章《解释性知识与形而上学依赖》[2]中，金在权提出在两种可能的解释观之间作出区分，也就是他所谓的**解释实在论**和**解释内在论**。我讲首先解释和讨论这一区分。

金区分了两个哲学家可能会问的关于因果关系的问题。第一个他称为[**认识论问题**]：当我们有了一个关于 p 的解释，我们知道什么，也就是说，我们究竟在认识上得到了什么？其次我们会问这一解释的"基础"是什么？金称这个问题为[**形而上学问题**]：如果 G 是 E 的一个解释，那么 G 与 E 分别代表的事件 g 与 e 之间要是怎样一种关系，G 才能是 E 的一个解释？事件 g 与 e 之间存在怎样一种客观关系作为 G 与 E 解释性关系的基础？在金看来，对形而上学问题的一种可能回答是否认这种"客观关系"的存在及其存在的必要性。金称这一回答为**解释内在**

论。金描述道,这一观点认为"解释本质上是一种**内在于**知识体的活动:某个解释是否是一个好的、'真的'或'对的'解释取决于知识体内部的因素,而不是外部世界中的因素,当然,除了包含在正确陈述中的解释前提"[3]。

金想到的另一种可能的回答是,对"e 为什么会出现?"这种形式的问题的正确回答必需"基于"某种或某些"关系"。这种回答就是**解释实在论**。解释实在论者(比如大卫·刘易斯[David Lewis]或威斯利·萨门[Wesley Salmon])用来作为解释基础的关系就是因果关系:能否在世界的因果结构中成功定位一个事件决定了解释的成功与否。相反,在内在论者(比如亨佩尔[C. G. Hempel]、迈克·弗里德曼[Michael Friedman]或菲利普·基切尔[Philip Kitcher])看来(用金的话来说),"解释并不是……发现或传授更为匀称的知识;解释活动就是建构推演,这些推演的结构和步骤在逻辑上或认识上以特殊的方式与信念体系的其余部分关联在一起。粗略地说,解释就是塑造和组织信念体系,而非信念内容"。虽然最后我发现"解释实在论"与"解释内在论"之间的区分是有帮助的,但我没能从一开始就看清楚这一点,我认为思考为何如此是把握真正问题的极好方法。首先让我们来思考金解释内在论时出现的一个小词"**除了**"。在内在论者看来,解释取决于"知识体内部的因素"(取决于知识体的结构,知识是如何以适当的逻辑和知识关系相互关联的),"当然,除了包含在正确陈述中的解释前提"。

金这样表述的原因是因为他将亨佩尔作为"内在论者"的范例。在亨佩尔与保罗·奥本海姆(Paul Oppenheim)合写的那篇著名文章中[4],一个"复杂"的解释被等同于一个有效推演论证,这一论证的结论是需要被解释的事实(explanandum),前提则是用于解释的陈述(explanans)。他们在这一论证结构上加上了一系列逻辑和认识要求,但除此之外,前提必须是**真的**。因此,"亨佩尔式的"解释的确符合金定义的内在论模式。

真是这样的吗？亨佩尔与他的合著者还要求某些前提必须是**法则般的**，而类似法则性单纯只是陈述的"内部"属性吗？

让我们把这个问题放一放，先来注意重要的一点：亨佩尔的逻辑经验主义立场让他作出了一个标准的经验主义/实证主义假设——**科学语言**（在实证主义者看来，全都是具有"认知意义"的语言）**可以被理解为既不包含"原因"断言，也不包含任何预设因果关系概念的断言**。这一假设在历史上可以追诉至休谟的观点：我们永远无法**观察**因果关系，我们必须像休谟那样尝试将因果关系还原为持续的相连、相邻，等等，否则（正如罗素提出的那样）我们就不要在科学中使用这个概念。（亨佩尔自己有时候似乎想用他的解释概念**替代**俗常的因果关系概念。）这一假设一旦生效，促使金区分"解释实在论"和"解释内在论"的问题就变得很自然了。既然亨佩尔式解释中的**前提**并不说某物导致了某物，那么人们自然会问：亨佩尔式解释（或其他内在论模式下的解释）是否"遗漏了某些东西"（也就是说，其实是一个或多个前提中描述的事件**导致**或**引发**了被解释对象），或者这种"遗漏"本身就是一种幻觉，是对被进步科学抛弃的前科学概念的渴望？认为"遗漏了某些东西"，你就是一个解释"实在论者"；认为没有遗漏任何东西，你就是一个"内在论者"。

如果我们**不**假设科学语言（俗常语言就更不用说了）可以被理解为既不包含"原因"断言，也不包含任何预设因果关系概念的断言，会发生什么情况？毕竟，我们对观察对象的平常描述**充满**了因果内容。如果我们问人们看到了什么，人们会用到**吃**、**喝**、**捡起**、**打破**等动词，每一个动词在语义上都包含了因果关系概念。并不是贝蒂的手接触了花瓶然后花瓶掉在地上碎了，而是贝蒂**推了**花瓶（我们也可以说贝蒂**打破了**花瓶）。甚至**花瓶**和**手**这两个名词也体现了大量不同的因果力量。如果我们无法举出一个不直接或间接预设因果判断的普通观察的例子（非观察性陈述就更不用说了），那么科学（或俗常语言）可以在"原则上"摒弃因果概念的观点就非常值得怀疑了。（还有一些经验性的发现与"我们无法观察因果关系"的观点相冲突。)[5]

当然休谟会承认我们的平常描述中充满了因果内容。在他和追随他的传统经验论者看来，问题在于如何解释因果内容。休谟会告诉我们"贝蒂推了花瓶"这种陈述的**意思**是什么。但休谟对这种陈述的解释预设了存在某种层面上的——也就是绝对基本层面上的——观察可以脱离因果假设。这就是感觉性质的层面。但是当今几乎所有哲学家[6]（包括亨佩尔本人在其生命后期）都已经抛弃了可以将谈论物理对象**还原为**谈论感觉性质的论断。这个问题也就是由康德首次提出的问题：将**时间次序**归属于感觉性质是否预设了客观物质世界及其因果结构？

我自己第一次意识到这些问题的时间要追溯到多年以前读伊丽莎白·安斯康姆的文章《因果关系与决定》。[7]我忍不住要在这里引用下面这段美妙的话（第 137 页）："首先，我们永远无法在个别情况下观察因果性。有人会说没有任何东西可以算是'对因果性的观察'。这常常发生在哲学当中，哲学家会说，'我们所能发现的所有东西'就是这样那样的特殊事件，但他所谓的'发现'当中已经排除了我们'发现'不了的东西。一旦我们思考自己'找到'的东西是什么，就能逆转休谟的论证，我们可以说我们同样也无法感知互相接近的两个物体，比如台球。一旦我们'将最大限度地的注意力放到这个问题上'，我们只能找到一个白色圆块在我们的视野中留下的由相继位置组成的运动印象，等等。'休谟式的'因果性解释必须涉及物理事物、事件等之间的持续相连，而不是经验之间的持续相连。那么，打个比方，假如我们'发现'的就是运动中的物体，哪种知觉理论能够合法地拒斥对众多因果性的知觉？"

她继续说道："'我们是如何得到关于因果性的最初知识的？'对这个问题的真实回答（虽然毫无帮助）是，我们在学习说话的过程中学会了语言表征和使用因果概念。用于说明观察对象的及物动词和其他动词就表征了许多因果概念。还有其他一些因果概念形成的并不是观察性陈述,而是因果假设的表达('感染'就是一个很好的例子)。'原因'这个词本身就是高度概括的。一个人如何说明自己拥有原因的概念?我们会说:他的词汇中必须有这个词。如果是这样,那么拥有这个概念就预设了我们需要精通语言中的大量其他东西。我的意思是:'原因'这个词可以被**附加**到已经表征了许多因果概念的语言上。下面是一小组例子:**刮擦、推、弄湿、吃、烧、碰翻、避开、挤压、制造**(比如声音、纸船)、**伤害**。如果我们想象一种不表征任何特殊因果概念的语言,那么这种语言中就不会有任何一个词来描述**原因**这个意思。这种语言甚至不会包含用于描述自然事物的词语,比如相当于'物体''风'或'火'的词语。学习使用特殊的因果性动词是学习用概念回应各种材料的一部分。在我们学习叫人名字或报告猫在桌上的时候,我们一定还学会了报告有人喝光了牛奶、狗发出了有趣的声音、东西被切开或打破了(无论是谁或什么做的)。"

现在让我们回到解释内在论与解释实在论的区分。如果有人要我解释花瓶为什么会碎落在地上,而我的回答是因为贝蒂打破了它,那么我给出的是哪种解释?这一解释的"基础"显然是一种因果关系:贝蒂推了花瓶**导致**后者掉下来打碎了。因此这是解释实在论?但是让我们回忆一下解释内在论的特征:"某个解释是否是一个好的、'真的'或'对的'解释取决于知识体内部的因素,而不是外部世界中的因素,当然,除了包含在正确陈述中的解释前提。"这一解释是否是"好的"确实取决于内部因素,比如指证贝蒂推了花瓶可以消除我们的困惑(而说花瓶的破碎是由于大力一击造成的则不会消除我们的困惑)。这一解释并不取决于任何**其他**因素,除了"包含在正确陈述中的解释前提"。因此这又是解释"内在论"!设定这一二分的整个方式都假定因果关系是**超越**于我们所知的"包含在正确陈述中的解释前提"的某些东西。这种解释前提观是逻辑经验主义的遗产!

实在论者真的是内在论者吗(或内在论者真的是实在论者吗)？

如果我们检查一些金引来用作实在论者范例的人的观点(比如大卫·刘易斯和威斯利·萨门)，解释内在论与解释实在论的区分看起来就更加令人困惑了。萨门确实认为，为了回答"E 为什么会出现？"这种形式的问题，我们必须提供一个(或一些)**原因**。但是在萨门看来[8]，(在这一点上，萨门是莱辛巴哈[Hans Reichenbach]的忠实追随者[9]，)说事件 A 导致了事件 B 就是在做一个关于不同事件序列中相对频率的复杂陈述。[10]作为解释"基础"的因果关系并不能进入解释本身；一旦进入，决定解释是否是"好的"的唯一"外部"因素就会被金的"除了"从句涵盖——在萨门看来，一旦我们涵括了相对频率的所有相关事实，一个好的解释就只需要"包含在正确陈述中的解释前提"。

大卫·刘易斯当然**不**相信可以用相对频率来分析因果性。但是在他看来[11]，我们**可以**用反事实因素来分析因果性。而反事实因素又可以用一种丰富的"可能世界"和"客观相似性"本体论来解释。但是——这一点是刘易斯因果关系**不对称**理论的关键[12]——我们在将真值分配给反事实因素时如何**衡量**可能世界之间的相似性则要取决于我们的**认识兴趣**。(比如，对于可能世界之间的相似性来说，我们有时认识法则的同一性更加重要，有时认为过去事件的同一性更加重要)。那么，刘易斯的理论也许是伪装的内在论？(如果我们像大多数当代哲学家那样拒斥刘易斯关于可能世界"真实存在"的信念，并将它们单纯的理解为世界的可能**历史**，刘易斯理论中的"实在论"残余[金意义上的]会不会流失殆尽？

刘易斯当然会回应说，一种关系可以**同时**是"客观的"和"取决于兴趣的"。(我们的兴趣决定了关系形成的标准，但在这些标准之下形成的关系又是独立于我们的事实。)我非常赞同这一点。但我并不确定金是否也是这样理解客观性的。

内在论者范例亨佩尔的情况也很复杂。正如之前所指出的，亨佩尔不只要求"正确"解释中的前提为真，还要求某些前提必须是**法则般的**，但我们不清楚这种类似法则性是否单纯是陈述的"内部"属性。1954年，我就类似法则性和因果关系与卡尔纳普（Rudolf Carnap）、亨佩尔、费格尔（Herbert Feigl）和其他一两个人进行了一场讨论[13]并得出共识：需要进一步的工作来对"类似法则性"进行分析。（卡尔纳普认为我们必须引入某些非语义性的概念，比如"基本量"［fundamental magnitude］的概念，对此亨佩尔并没有表示任何不赞同。）

我要再一次指出，所有这些哲学家之间明显存在着基本的一致（他们并不赞同安斯康姆在前述一长段引文中所表达的观点）。他们都认为因果关系的概念最终可以**得到分析**。（他们的分歧在于如何分析，是用可能世界语义学，还是只用频率，或是只用法则般的概括"形式"［当然概括必须是真的］，抑或需要诉诸关于某些概括性断言状态的形而上学事实。）像休谟一样，这些哲学家拒绝认为平常的描述性断言已经包含了因果内容。金分析的争斗是家族内部的争斗，因为这些哲学家都像休谟一样怀疑因果性，将他们当中**任何一个**描述为"解释实在论者"在我看来都是很奇怪的。

未被考虑过的备选方案：互相依赖的因果关系和解释

我赞同安斯康姆辩护的观点。这一观点有四个主要成分：第一，安斯康姆声称我们在学习语言的过程中学会了使用特殊的因果概念。没有这些因果概念，我们根本无法谈论普通对象和普通事件；第二，她声称如果不使用这些特殊的因果概念就无法描述我们大多数的所见、所闻，等等（因此她拒斥休谟式的观点——我们无法"观察"到任何因果联系）[14]；第三，她声称"导致"的概念是从这些更为特殊的因果概念中抽象出来的；第四，她不相信分析"原因"概念的方案（将这一概念还原为其他非现成的因果性概念,比如"打破""拾起",等等)会有机会成功;也许我还应该加上第五个成分:她并不认为我们最初有任何理由接受任何一种还原论的方案。

但是,我们在接受这一观点时又要当心犯相反的错误,即我们可以将"解释"还原为"因果关系"。在学习回答各种"为什么"的过程中,也就是在学习糅杂在一起的解释实践的过程中,我们学会了各种特殊的因果概念。人们在使用"意义就是使用"这句口号时常常忽视了一点(维特根斯坦认为正是这一点启发了这句口号),那就是我们不能用某些提前固定的词汇(特别是某些"科学"词汇)来描述我们使用词语的方式本身。描述一个解释实践需要使用该解释所需的概念(或相关概念)。因果关系和解释是相互依赖的。

拒斥休谟/艾耶尔的心理和物理因果关系观

我在本书的第二部分辩护了这样一种观点:某个特定的物理事件(比如水放入澡盆)也许既有一个物理解释又有一个"心理"解释(放水是因为我决定洗个澡)。这是休谟的观点,也是后期艾耶尔的观点。但是,基于某个原因我无法接受这一观点。根据休谟对因果关系的理解,说事件 A 导致了事件 B 就是说存在一种规律[15] R 使每一个 A 类型事件(在某个特定条件 C 下)都有一个 B 类型事件跟随着(休谟当然会认同我上面所批判的这个假设,即我们不需要用因果概念去描述我们在做因果断言时所谈论的"事件"本身)。在艾耶尔看来[16],这一观点解决了物理事件 P(水放入澡盆)如何既有一个物理原因(比如下面这些东西的物理状态 S_0:水管中的水、水龙头、澡盆,如果你愿意,还可以包括适当时间 T_0 下我的大脑和身体)又有一个心理原因(决定 D),且不需要将心理原因"还原为"物理原因的问题。因为说 P 同时有两个原因只是在说 D 可以同时被归入两种不同的规律之下(在适当的规律 C_1 下,S_0 类型的事件总是有 P 类型的事件跟随着;在适当的规律 C_2 下,D 类型的事件总是有 P 类型的事件跟随着)。我们为什么要认为将一个事件归入两种或多种规律之下就一定存在形而上学问题呢?

"两个不同的东西(决定和物理状态 S_0)如何能够导致**同一个事件** P(水在流)?"艾耶尔对这种标准反驳的回应是,"导致"只是一个附加于因果关系概念上的"万物有灵论式的"概念,我们必须将它抛弃。

虽然我同意艾耶尔的结论,即我们能够谈论某个事件 P——比如水在流——(根据不同的语境——读过本书第二部分的人知道我会这样说,但艾耶尔本人并没有这样说)既有一个"心理原因"(决定 D)又有一个物理原因,但我还是要再说一次:我们把**哪个**先在的物理事件作为"原因"是受语境影响的。[17] 很明显,我这样说的理由与艾耶尔的理由并不相同。我**并不**认为我们能够或应该抛弃"导致"这个概念,也不认为因果陈述只是将事件归于**规律**之下。决定这个概念的一部分意义是我们可以根据决定**行动**,可以**执行**决定,我放水的决定以及我执行这一决定的事实的确**导致**了水现在在流的事实。休谟和艾耶尔的这条思路能够轻易缓减金的忧虑:如果我们允许心理原因存在(而不将其还原为物理原因),我们就牺牲了"物理事物的因果封闭性"。[18] 但是我不想使用这个容易的方法。

还原论与(不)可理解性

与这个这个容易的方法不同,我认为,如果"在所有物理事件都相同而决定(或思维、愿望)没有出现的情况下会发生什么?"是一个完全可理解的问题,那么根据决定、思维、愿望和其他"心理现象","E 为什么会出现?"这种形式的问题会有多种答案这个事实就**会**和"物理事物的因果封闭性"发生冲突。但这个问题并不是一个可理解的问题。

有些哲学家相信为了"调和物理事物的因果封闭性和心理因果关

系"，我们必须将心理的还原为物理的，根据我的经验，这些哲学家通常受到了以下观念的制约，即自动甜心（也就是说"在所有物理事件都相同而决定［或思维、愿望］没有出现的情况下会发生什么？"这个问题）是完全可以理解的。不过根据我与金之间的谈话，金所能接受的要远远超出这一点。但我们很容易就忽视了下面这一点：**还原论本身就暗示了这个问题可理解的程度并不像我们最初想象的那样**（也就是说，并不是完全可理解的）。

为了看清这一点，让我们来思考一下克里普克的著名论断——**不存在一个水不是 H2O 的可能世界**——中的洞见。虽然我现在认为所有对"形而上学上的可能世界"的谈论都没有意义[19]，但克里普克的论证提出了很有趣的一点。初看起来，说"水只是偶然地是 H2O"是完全可以理解的。在某种意义上，这句话明显是对的——"水是 H2O"**在认识上是偶然的**，也就是说，我们需要通过实验（而不是概念分析）来得知它是正确的，由此我们认为可以得出以下结论："水或许不是 H2O"是一种完全可理解的可能性。如果有人提出，"水不是 H2O 的世界"并不是我们可以真正理解的对事件状态的描述，我们受到的挑战就是那些哲学家受到的来自威廉·詹姆士的挑战（我修改了詹姆士的表达）："一个没有任何心理属性的年轻女士，她的身体和大脑像拥有意识一样处于相同的物理状态并呈现相同的行为"并不是我们可以真正理解的对事件状态的描述。用克里普克的话来说，我们认为自己可以理解"**水本身**或许不是 H2O"这一陈述。

克里普克反对这一观点，他认为我们一旦知道"在真实世界中"水是 H2O，我们在试图描述"水不是 H2O"的世界时就很容易感到窘迫。令我们窘迫的问题很简单："为什么要将这个世界描述为**水不是 H2O 的世界**？我们所做的不过是描述了这样一个世界，在这个世界中，湖泊、身体、雨滴等当中的液体是透明、无味的，但化学式并不是 H2O。那么为什么要说存在一个可能的世界，这个世界的人用水来指称**这种不同的液**

体(这种液体在许多属性上和水相同,但肯定不是水)?"

当然,克里普克也告诉我们可以将"可能"理解为**认识上**的可能——"水不是 H2O 在认识上是可能的"。也就是说,我们可以描述这样一种情境,其中存在一种不是 H2O 的克里普克所谓的"水的副本"(克里普克甚至称之为"水")。但最初我们认为可以清晰地想象"不是 H2O 的水"时描述的并不是这样一种东西。

还有一种策略是还原论:还原论认为我们不清楚自动甜心的场景是否真的有意义,即使还原论者并非总是能认识到这一点。我的观点是,我们能在**不接受**将心理断言还原为物理断言这一乌托邦方案的前提下拒绝承认自动甜心的场景是有意义的。如果这一方案并不是乌托邦式的科学幻想式,它就能一劳永逸地指明自动甜心的场景描述的并不是一种可能性。另一方面,我**并没有**给出"一劳永逸地"指明这一场景没有意义的方法。我认为那些声称理解这一场景的人才有责任让它变得可**被我们**理解。我们通过在包含了具体对象的解释实践中学习使用所谓的心理断言才学会了后者。下面这个观点长久以来就是一幅有力的图景(这幅图景不只是单纯的图景,还是宗教性的),即心理断言所指涉的在场或缺席的"实体"是**独立于**我们的身体和行为的。但是说这个观念"也许是真的"就是在假设这种可能性明显存在,即便我们无法给出一种用这幅图景描述某个实际情况的方式。唯物论者坚持将人性身体化,坚持认为身心之间的关系太过紧密,以至于我们无法无根基地谈论脱离身体的精神、自动甜心、"无灵魂族群"等概念,这些都是对的;他们的错误在于,他们的科学主义促使他们声称,我们只能将心理事件理解为某些**在**身体中并**通过**身体行动的东西,**前提是**如果我们能将俗常心理学的概念还原为化学、物理学、神经学、计算机科学等概念。

我在本书第二部分提到,金自己也在某篇(不典型)的文章中表示不赞成将俗常心理学的谈论理解为一种元科学理论。[20]他说:"在我看来,拯救俗常心理学的正确方法是不再认为它具有同'认知科学'一样的功用,也就是说,不再认为它是以产生基于法则的解释和预测为主要存在理由的'理论'。我们最好关注它所担任的评估行为和决定的规范性角色。"但这种说法有一个问题:虽然俗常心理学确实不能产生**基于法则**(至少是物理学意义上的法则[21])的因果解释和预测,但这并不意味着俗常心理学不能"产生"解释和预测。但我同意金的观点,即俗常心理学的规范性评估角色也是基本的。

我首先赞同地引用了约翰·霍尔丹的一句话:"有多少种'因为'的意思就有多少种原因。"然后我解释了为什么不能将这句话的意思理解为解释优先于因果关系,因为这样就暗示了对解释的理解可以独立于对因果关系的理解。霍尔丹的话也不能被理解为是在声称或预设**因为**的不同意思就是因为这个词的不同**意义**。当我们说一个词、短语或句子的不同"意义"时,我们通常所做的就是这一表达的不同用法,并将这些用法视为某个单一概念的投射。(维特根斯坦举的一个例子[22]:"理解一个句子"可以指某人可以用不同的词表达同样的意思,也可以指出某人可以解释为什么**没有**其他词能够表达同样的意思——比如这句句子出现在一首诗当中。)我提议以如下的方式来理解霍尔丹这句意味深长的话:他所说的"'因为'的意思"可以被理解为解释实践不断拓展的指令系统。在这样的理解之下,这句话的意思就是我们通过掌握解释实践理解**原因**的不同用法。我们或许还可以加上:解释实践的指令系统是无限可拓展的,我们的因果关系概念(就像我们的实在概念,见第一部分第一讲)也是无限可拓展的。

我批判了休谟/艾耶尔的观点,他们认为因果解释不过是从属于规律的。这一观点虽然基于很多原因是错的,但也包含了一个洞见:同一事件的不同解释取决于问"为什么"的人为什么要问这个问题,这一点并不是不必要或多余的,其中一个重要原因是不同的解释会**产生不同类别的情况**。艾耶尔正确地指出,有时将某个事件归入某个类别,有时又将它归入某个非常不同的类别的做法(比如单纯的"水在流"或**为了洗澡把水放入澡盆**)之间并不存在冲突或矛盾。

注释

1 我在 1998 年开设的研讨班"知觉与意识"启发了这篇后记。我要感谢那个班上的同学所做的深入讨论。特别是詹妮弗·赖奇(Jennifer Lackey)关于解释和因果关系的期末论文迫使我重新思考我对这一主题的看法。我还要感谢 Yemima Ben-Menahem 帮助我避免了一个错误!

2 收录于 Enrique Villanueva, ed., *Philosophical Issues*, vol. 5 (Atascadero, Cal.: Ridgeview, 1994), pp. 51–69。詹妮弗·赖奇提醒我注意到这篇文章。

3 同上,第 57 页。

4 C. G. Hempel and P. Oppenheim, "Studies in the Logic of Explanation", *Philosophy of Science*, vol. 15(1948), pp. 135–175, in C. G. Hempel, *Aspects of Scientific Explanation* (New York: Macmillan, Free Press, 1965).

5 参见 M. W. Morris, R. E. Nisbett, and K. Peng, "Causal Attributions Across Domains and Cultures", in D. Sperber, D. Premack, and James Premack, eds., *Causal Cognition* (Oxford: Oxford University Press, 1995), pp. 577–612;亦可参见同一书中的"Visual Perception of Causation", pp. 591–599。

6 我是处于谨慎的目的说"几乎所有",并不是因为我真的认识任何活着的现象论者。

7 这篇文章是安斯康姆在剑桥的就职讲座,收录于 *The Collected Philosophical Papers of G. E. M. Anscornbe*, vol. 2, *Metaphysics and the Philosophy of Mind* (Minneapolis: University of Minnesota Press, 1981)。

8 Wesley C. Salmon, "Why Ask 'Why': An Inquiry Concerning Scientific Explanation", in *Hans Reichenbach: Logical Empiricist* (Dordrecht and Boston: Reidel, 1979).

9 对莱辛巴哈因果观的描述可参见我的文章"Reichenbach's Metaphysical Picture", in *Words and Life* (Cambridge: Harvard University Press, 1994)。

10 但是萨门在他 1984 年的著作 *Scientific Explanation and the Casual Structure of the World*(Princeton University Press)中认识到,关于这些相对频率的陈述存在一些反事实因素,他似乎认识到无法将这些反事实条件还原为统计性陈述(我说"似乎"是因为说这些反事实因素"在科学上不可或缺" [*Scientific Explanation and the Casual Structure of the World*, p. 149.])并不完全等于说它们"无法还原"。

11 参见 David Lewis, *Philosophical Papers*, vol. 2 (Oxford: Oxford University

Press, 1986)第六部分"因果关系"。
12 参见上书第 17 章"Counterfactual Dependence and Time's Arrow"以及该章的附言。
13 1954 年 1 月 2 日于卡尔纳普在高等研究院的住所。
14 安斯康姆在前述引文中是这样说的:"在我们学习叫人名字或报告猫在桌上的时候,我们一定还学会了报告有人喝光了牛奶、狗发出了有趣的声音、东西被切开或打破了(无论是谁或什么做的)。"
15 休谟和艾耶尔当然都意识到并不存在这样一种规律。让他们的理论陷入麻烦的是他们很难找到满足以下要求的额外条件(比如休谟的"相近关系"):(a)不预设因果性概念;(b)在计算因果情况时足以排除所有偶然情况和其他非因果性规律。即使经验论有时也会得出这样的共识:这一方案无法实现。
16 比如艾耶尔在 The Foundations of Empirical Knowledge (London: Macmillan, 1940)中写道:"感觉材料的原因是什么这个问题如何要被接受,就必须被理解为感觉材料如何相互联系的问题,这样我们就可以使用推断法则推断出它的出现。"(第 224 页)在艾耶尔看来,物理因果关系只是"由感觉材料引起的因果关系"的一种特殊情况,因为当时他认为物理对象本身单纯是由感觉材料建构的。
17 关于"原因"受语境和兴趣的影响,可参见 Renewing Philosophy (Cambridge: Harvard University Press, 1992), pp. 47–48 and 61–66; Meaning and the Moral Sciences (London: Routledge andKegan Paul, 1978), pp. 41–45; The Many Faces of Realism (LaSalle, IL.: OpenCourt, 1987), lectures 1 and 2; and "Is the Causal Structure of the Physical Itself Something Physical?", in Realism with a Human Face (Cambridge: Harvard University Press, 1990)。
18 金在 Philosophy of Mind (Boulder, Col.: Westview, 1996)第 147 页写道:"如果 x 是一个物理事件而 y 是 x 的原因或效果,那么 y 也必须是一个物理事件。"这一"因果封闭性"原则的形式在我看来太强了。有趣的是,金紧接着提出了一个"从某种意义上来说更弱一点的"要求:"如果一个物理事件在时间 t 有某个原因,那么它在时间 t 就有一个物理原因。"他还说:"两种形式的封闭性原则都认为我们不需要到物理领域之外去解释物理事件的发生。"金的这个结论明显有一个前提,那就是我们"需要"的解释本身并不和兴趣相关。
19 参见我的文章:"Is Water Necessarily H2O", in Realism with a Human Face。
20 Jaegwon Kim, "Mechanism, Purpose, and Explanatory Exclusion", Supervenience and Mind (Cambridge: Cambridge University Press, 1993), cf. p. 263, n. 46.
21 关于"法则"概念,我忍不住要在这里指出一点,虽然这样做是离题的:心灵哲学家的正统观点是,法则作为一种概括:(1)可以被其涵盖的观察事例所证实;(2)可以支持相反事例。这些哲学家似乎认为**这**就是用于物理学中的法则概念。但认为可以用**外延性**语言来陈述物理理论的观念是一个根本性的错误。我认为动力学理论(比如牛顿的理论、爱因斯坦的理论或量子力学)从一开始就包含了物理可能性的**模式**概念。("相空间""位形空间"、希尔伯特空间等是表征**可能物理空间**的工具,而不仅仅是外延论意义上的"概括"。)俗常心理学的概括并不是也无法假装是这个意义上的法则。我并不怀疑俗常心理学的概括可以被事例所证实——它们在这一点上并不像薛定谔的方程![薛定谔方程的"事例"包含了普西函数,但是除非我们已经假定了薛定谔方程或它的某个相关变体,否则普西涵数本身是没有意义的——并且能够支持相反事例,但一个普通的倾向性陈述(比如"每当你提到他母亲时乔治总会发抖")也能做到这一点,但没人会称后者为"法则"。试图用认识/语言学概念来描述"法则"是逻辑经验主义的残留物。]

22 参见 Ludwig Wittgenstein, *Philosophical Investigations*, p.531。

后记二
表象是"感质"吗?[1]

今天的有些心灵哲学家和心理哲学家认为意识显然就是感质的发生。但感知(qualia,单数为quale)这个概念并不是一个无罪的概念。

感质简史

刘易斯(C. I. Lewis)在1949年关于知识理论的哈佛讲座中使用了感质概念,他是我听过的第一位使用这一概念的哲学家。当时的哲学著作一般喜欢使用**感觉材料**这一概念,关于感觉材料实体的认识论地位和形而上学地位存在许多不同的观点。但**感质**所唤起的图像则是清晰的。**感质**不过是"**性质**"(qualities)的拉丁语。(刘易斯的学生尼尔森·古德曼[Nelson Goodman]在《表象的结构》中互换着使用"性质"与"感质"。)这幅图景本质上是贝克莱式的:我们看到一个苹果时意识到的感质——表皮的**红**、内部的**白**、拿起苹果时感觉到的**光滑**——存在于观看者的心灵当中,而非"外部"。**感质**概念中包含了对我在这几讲中提到的"**常识实在论**"(有时用的是**直接实在论**这个技术性概念)的拒斥。

自笛卡尔的"第一沉思"以来,认识论怀疑主义就被以下的剧本所驱动:(场景1)A拥有看到[2]某个对象——比如一扇黄门——的("可证实")经验。(场景2)B(也可以是不同时间的A)拥有一个**完全**不可证实的经验(一个梦或一个"完美幻觉"),这个经验与A经验"在质上同一"(这种"在质上同一"经常无法与**不可区分性**区分开来[3],虽然古德曼也意识到了这个问题)。[4]这部包含了两个场景的剧本引出了以下这个传统论证[5]：我们在两种情况下"直接知觉到"相同的东西（这一点应该是明显的），但在其中一种情况下黄门（或者其他无论什么东西）在物理上并不存在（想象一下在 B 环境中没有一样东西在物理上是黄色的），因此 B "直接知觉到"的东西并不是物理的，而我们在两种情况下知觉到相同的东西，这也就意味着 A 知觉到的东西也不是物理的，即使他的知觉是可证实的。"我们看到的黄色"（贝克莱会说）并不是物理的，而是心理的。

当然大多数持传统图景的哲学家会马上补充一点：我们能在某种"完美的意义"上**看到**一扇物理的门，也就是说，我们所意识到的感觉材料（感质）是由门"以某种适当的方式引发的"。（他们还会说，）我们甚至能在某种意义上说门是黄的，也就是说，"门的表面属性使它能反射一类光，当这类光到达观察者的眼睛时，就会使观察者拥有黄色感觉材料"。

其他哲学家——比如托马斯·里德（Thomas Reid）和大多数当代哲学家（我怀疑）——会修正这种说法，他们会说，我们并不是**意识到**黄色感觉材料（除非我们进行内省），而是单纯地**拥有**它们。我们意识到（或想到）的是物理的门和物理的颜色。但是正如我在第一部分指出的[6]，这样说并没有真的改变这幅图景：这幅图景的基本部分是由**感质**这个概念所占据的，也就是说，世界上不存在未经反思地想象出来的黄（我曾经听有人说，感觉上的黄），这种东西存在于我们的心灵（或者用今天的话说，存在于我们的大脑）当中，而非外部。

威廉·詹姆士、约翰·奥斯汀、约翰·麦克道威尔（和 19 世纪其他一些哲学家）反对这幅图景，他们提出了**析取式的知觉观**。根据这一观点，场景 1 与场景 2 之间实际并不存在任何"共同的"东西，也就是说，并不存在相同的"质"。A 在场景 1 中**看到了一扇黄门**，B 在场景 2 中正在看一扇黄门。根据析取论，"视觉上经验到一扇黄门"是析取性的（或者说是意义模糊的），它既可以指实际看到了一扇具有实际颜色（黄色）的门，又可以指好像看到了这样一扇门。结论是：场景 1 和场景 2 的事实并不能说明存在一个"最高共同因素"（Highest Common Factor）[7]，也就是一个心理性的"颜色感质"。

我在本书中已经一再指出我同意这些哲学家的观点。[8]我相信传统的论证是错误的(我们可以称之为"最高共同因素谬误")。我想在这篇后记中对此展开更为详细的讨论。

存在/不存在"共同因素"

(a) 首先我要对传统剧本作一点评论。奥斯汀指出[9],梦"在质上"并不"等同于"醒时经验。(一个人如何决定梦与醒时的经验不可区分,这一点我们远没有弄清楚。)[10]奥斯汀还怀疑幻觉是否"在质上等同于"醒时经验[11],我和一些心理学家讨论过这个问题,他们也持同样的怀疑。在与科学幻想(比如代表了技术和物理之不可能性的缸中之脑的故事)相对的实际生活中,"在质上等同于"醒时/正常经验的梦或幻觉也许永远不可能出现。

(b) 奥斯汀还指出[12],混淆的错觉(比如棍子在水中看起来是弯的、错视画、两根实际一样长的平行线看起来不一样长)和幻觉(或者和梦)都包含了一些不合逻辑的推论。不过有些传统错觉(比如棍子在水中看起来是弯的)看起来的确非常客观(我们甚至能把它拍下来)。

(c) 我还能想象有些人会这样来反驳麦克道威尔:"假设我是一个看到了一扇黄门的缸中之脑。(我甚至同意做这个实验并知道自己看到的并不是真的。)或者我也许服用了药物——即使这个幻觉并不是完美地等同于醒时经验,它也一定包含一扇黄门。根据麦克道威尔你的观点,知觉具有**内容**(貌似的知觉也具有内容)。与传统剧本相反,主体在场景1和场景2中都拥有一个经验,其内容'断言'了包含一扇黄门的视觉空间中的某个特定部分——某个与我的身体相关的颜色位置。**为什么这种共同内容不能是被你否定其存在的最高共同因素?**"对此的回答当然是:麦克道威尔的确坚持认为**这种**"共同因素"是存在的。不可证实经验的一部分内容的确可以和可证实经验的一部分内容相同。比如，两种经验都"告诉经验者"（在不可证实经验的情况下，是错误地告诉经验者）面前有一扇黄门。但是在不可证实经验的情况下，黄色并不像谈论感质的哲学家所认为的那样，是一种我们在经验中**拥有**的属性（或经验**本身**的属性），黄色是经验**分派**给门的属性。经验**描摹了一个包含了黄色的环境**（经验"指涉"了黄色），经验本身并不是特殊或普遍的黄色（或"主观的黄色"）。正如詹姆士所指出的，质"出于某种意图"出现在经验"当中"，但质并不是经验的"属性"。最高共同因素谬误就是将"出于某种意图"出现的红或热与作为形容词的（即作为属性的）红的或热的混淆起来。[13]

作为表征的表象

理查德·赫克（Richard Heck）最近指出[14]，当下关于是否**所有**的知觉经验都可以被"概念化"的争论[15]经常与几个不同的问题联系在一起。其中一个问题是：经验仅仅是具有某些性质的心理事物（比如休谟心灵模式中的心理图像），还是拥有包含了世界的**内容**？[16] 我们已经讨论过这个问题。还有一个争论是：内容是否可以被"自然化"，也就是说，是否可以被还原为因果共变？我已经在许多地方指出[17]，我们不能用这种方式还原意向性（内容）。我还指出，因果性概念本身就是和兴趣有关的[18]（这一特征使因果性不适合扮演还原论形而上学家想让它扮演的角色）。这里我将不再重复这些观点。

除此之外还有另一个争论：是否所有内容都是**概念性的**？这个问题远不是一个清晰的问题，但它明显取决于我们对"概念性"的要求是什么。赫克指出，存在一种比概念性**更弱**的属性，也就是麦克道威尔所理解的概念性（比如他与加里斯·埃文斯［Gareth Evans］在这个问题上的分歧[19]），这种概念性足以满足麦克道威尔的许多目的。为了让一个知觉经验的内容概念化，麦克道威尔和埃文斯都要求**存在能够向思维描述这一内容的概念**，这里的思维不仅是将经验想成如此这般的思维，还是包含了相同概念以及主体拥有的**其他**概念的其他思维。（这是对埃文斯"一般性限制"[Generality Constraint]概念的大致陈述[20]，赫克对这一概念的表述是这样的："根据一般性限制概念，没有一个思考者能够以某种特殊的结构进行思考，除非他能够将这一结构中的元素重新组合并形成其他的相关思维。"）在这个意义上，赫克提出的用来替代概念性的弱属性就是**表征**（或者说**呈现**）一部分世界（或主体周遭的一部分空间）的属性。

赫克指出[21]："感觉材料理论……容易受到我们设想的这些反驳的攻击，因为它否认经验具有**意向性**或**表征性**的内容。这些反驳利用了感觉材料理论的一个事实：经验只是主体事件，与外部世界无关。从表面上看，我们可以通过坚持知觉经验具有表征性内容来避免这些反驳。但非概念性内容**就是**表征性内容，我们很不清楚为什么还要加上经验具有**概念性**内容这一断言。"促使赫克说这些话的是麦克道威尔在《心灵与世界》中提出的观点。[22]麦克道威尔指出（在赫克看来是对的），经验不仅**导致**我们拥有信念，还**证成**了我们的某些（我们的希望是许多）信念。经验与我们的信念之间存在理性关系，包括证成和使后者可能。但是如果经验缺少内容就无法胜任这些工作。看到一扇黄门的经验所具有的内容让我们相信前面真的有一扇黄门。这并不意味着每次我经验到这一内容就必须接受这个信念。我知道有人告诉我某地有一扇黄门意味着那里有一扇门，但我仍然不相信那里有一扇门（因为我不相信那人的话）；同样，我能拥有在某地看到一扇黄门的经验但不相信那里有一扇门（因为基于这样或那样的原因，我不相信这个经验）。赫克的意思是，如果经验可以证成信念，那么这就在经验具有内容上加了一个限制（我们不清楚对内容的因果共变论解释是否可以满足这一限制）：证成信念的经验内容必须是——用一个别扭的概念来说——**呈现性的**（presentational）。（赫克所用的概念是表征性的［representational］。我之所以觉得别扭，是因为赫克自己——在我的观点看来是对的——**拒斥**了经验**对象**就是表征的观点，他称后者为"表征论"。用我的术语来说，赫克相信经验**呈现**［present］了具有某些特征的世界，但拒斥了我们经验到的是表征的观点。）赫克在麦克道威尔的观点中看到了一个缺陷：为了满足一般性限制，麦克道威尔离开了呈现性，走向了"概念性"。

然而在我看来，我们的**许多**经验的确具有预设人类概念能力的属性（没人会否认这一点，也许福多除外），并且——这也是争论的中心——**这些经验不能被还原为具有非概念内容的经验**。尤其是"看作"（seeing-as）的经验，这种经验明显包含了我们在说（或想）经验对象被看作什么的时候用到的**概念**。我无法理解如果没有兔的概念，我们如何将兔鸭图看作是一只兔子。23 维特根斯坦希望通过对"兔鸭图"的讨论指出24，下面这种观念是一种虚构，即我们可以将"看作"的经验**还原**为缺少相关内容（鸭或兔）的看加上一个**推论**（这个推论是由主体作出的，并不是发生于大脑某处的数据进程）。我自己的"党派"立场是：虽然有些经验内容也许是非概念性的，也就是说不能被**概念化**，但是那些重要的认识论内容（比如将某物辨识为某种对象）则是概念性的，且**不能被还原**为非概念内容。25 我们在信念的**证成**中诉诸的就是这些经验。

对此，丹尼尔·丹尼特（Daniel Dennett）在一次谈话中这样回应，"谈论证成将我们放到理性重构的领域，我不知道其中的法则应该是怎么样的"。我赞同丹尼特的观点，即所有对证成的讨论和认识论都包含**某些**"理性重构"，我也无法给出任何理性重构的理性"法则"（我也无法给出**哲学**的法则！）但我希望我们由此就准备得出我们职能谈论有效因果关系，并放弃对自然科学进行哲学思考的结论。

顺带一提，我们经常会忽视（如果不是实际否认）下面这一点：概念化视觉经验的一部分内容是**看到**经验对象的某个特殊面貌或方面。与自休谟开始一直延续至卡尔纳普构造（Aufbau）概念的传统观念相反，当我闭上眼睛时，我不需要**推论**那扇黄门已经不存在了。我**经验到**自己看到了那扇门就等于是我看到了那扇门，而不是说"有视觉感质存在"。闭上眼睛是我经验到的为了不看到那扇门而做出的动作，而不是说某些感质不存在了。

有些经验取决于拥有适当的概念，下面的经验就是一个例子。我看到一个写着"STOP"的标志，这个标志告诉我"停下"，但不认识英语字母的人也许只能看到"不认识的某些字母"，而认识英语字母但不会英语的人虽然能看到字母但不知道它的意思是"停下"，就像见过鸭子但没有兔子概念的人不能将著名的兔鸭图看作兔子一样。麦克道威尔和他的一些对手的争论就是在回放罗素[26]和詹姆士的争论：知觉经验的某个基本"层面"（比如视觉空间中的颜色布局）是否是非概念性的？罗素认为任何知觉经验都可以被划分为两部分：非概念性部分和通过概念化"添加"的部分。詹姆士的立场是，虽然所有知觉经验都有概念性和非概念性（"感性"）层面，但是将经验划分成两部分的做法是无用的。"感性与统觉性观念[在一个'呈现且被识别的物质对象'中]紧密地融合在一起，我们无法说出前者在何处结束，后者又从何处开始，就像最近展出的那些欺骗性的环形全景画，真正的前景和画布上的画是连在一起的。"[27]

认为我们看到的只是一系列色块的经验主义观点是一种歪曲，因为它没有考虑到我们的知觉经验有多少被概念化了（用詹姆士的术语来说，"与统觉性观念融合在一起"了）。比如，当我看到一把扶手椅时，我在那一瞬间也许并没有看到椅子的背面（我肯定也没有看到椅子的填充物），然而我在一个最为重要的意义上将它**看作**了一把扶手椅——它是一个三维的固体对象，具有**能被我看到**的背面和侧面，有一定软度，也许"看上去很舒服"，能够坐人，还有大量其他特征。卡尔涅阿德斯（Carneades）和塞克斯都（Sextus Empiricus）已经注意到了这一点："比如，我们对某人产生印象的同时必然对与此人相关的事物（比如他的肤色、体格、体型、动作、言语、服装和鞋子)和此人的外部环境(比如空气、光线、天日、天空、土地、朋友和其他任何东西)产生印象。"[28]正如胡塞尔所指出的,知觉经验("直觉")是"被召来实现其他意向认识行为"。[29]查尔斯·帕森(Charles Parsons)在解释这段话时举了一个例子,这个例子同我们的扶手椅例子非常类似:"向外的知觉行为有一个特征:它们包含了实现了的和未实现的意向;比如对桌上一个杯子的知觉在表征杯子时会将它视作是有底的,但因为杯子的底部是不可见的,所以这个意向并没有实现。"[30]

即使我们将注意力限制为注视墙上的一块简单色块,类似的观点也依然适用。如果我们是在日光下看色块,色块就会在云经过太阳的时候改变表象。如果色块是光面的,有些地方看起来就几乎会是白色的(如果我们用画家或知识论者的眼睛去看色块),并且白色的位置会随着我的移动而改变。这说明的远不是色块的真实颜色并非我们想象的那样(这是罗素在《哲学问题》中得出的论断[31]),而是说明,正如我在本书的第一部分所指出的[32],每一个视力正常的成年人都清楚地知道颜色具有**外观**,而外观则取决于照明和看对象的角度。扶手椅有不同的面相(胡塞尔式的"未实现意向"),但它(在经验上,而非在"客观上")仍然是一把单一的扶手椅;同样,即便一块色块有"反光区域",即便(我意识到)随着观看位置或照明的改变它会有其他不同的外观,并且这些外观会变成"实现了的意向",但我们仍然能将它视为一块颜色统一的色块。杜威会这样说,知觉是**交互性的**(transactional)。我们意识到自己处于与知觉对象的**互动**当中。我意识到一系列对椅子的**视角**(视觉、触觉等),但又在这些视角改变的同时将椅子**知觉**为一个不变的对象。[33]

这些视角不仅取决于照明以及我们看视觉对象的距离和角度(其他感觉则取决于各种我们所熟悉的因素)[34],还取决于我们自身的生理条件。黄疸病可以让对象看起来是黄的,有些药物会改变我们看到的颜色或让对象带上有颜色的"光晕",斜眼看会改变视觉表象,近视、散光等就更不用提了。长久以来,哲学中都存在一种倾向,即认为视角性属性是主观的,而不是"外在事物"的真正属性,这种观点是错的。(这个错误与我在《实在论的多副面孔》中驳斥过的错误联系在一起,后者否认我们的许多基本概念与概念性程式之间的相关性。)在缪勒-莱耶错觉(Müller-Lyer illusion)中,两条线段用尺量是一样长的,而在一个正常人看来却是不一样长的。但这只是一对线段——我们可以与之进行多种知觉交互和其他交互,并相应得到各种**关于它们的客观相对属性**。

关于动物知觉的一些评论

有人告诉我[35],许多认知科学家认为下面的说法是合理的,即婴儿和一些动物能够"知觉到某些三维对象是如此这般的",比如,他们会在绕到对象背后时表现出惊讶,他们会"注意到这不是一个三维对象,而只是一个布景"。当然我并不否认有些心理学家这样使用**知觉**和**注意**。但我不会得出以下结论:我们要么放宽概念性概念,要么减弱"看作"与"拥有一个概念"之间的联系;我会说,以这种方式使用这些高度意向性的概念经常(特别是在所谓的"科学"语境中)包含了一种混淆,即混淆了我在《重建哲学》中所说的"元概念"与更高意义上的概念。让我们假定事实是这样的:如果婴儿和有些动物绕到后面看到了布景的背部,他们会表现出(或者有时会表现出)"吃惊的反应"(这里我在逻辑学家所谓的"透明"意义上使用**看**这个动词,在这个意义上,说一个人或动物看到了X射线管的意思只是他/它实际上看到了X射线管,而不是他/它将其看作或认作是X射线管)。有些认知科学家还假设大脑或大脑的一部分(作为亚人处理器)构建了场景的"3D模型"并把它呈现给主体的眼睛。这些科学家会说,导致吃惊反应的原因是,当布景的背部被看到之后,原来的"3D模型"就不再"适合"眼前所见了。让我们假定这是对的。问题是:这种建构是包含了作为"三维对象"的事物的概念,还是"将事物**看作**了三维对象"?

我在《重建哲学》的第一章中想象我们发现狗的大脑包含了某个"模块"(或某组模块),这个模块能够识别肉的外观、气味、味道,等等。我提议,(在这种想象的情况下,)我们说狗拥有肉的"元概念"。为什么只是**元概念**?我给出了两个理由。第一个理由是,这个模块**并非**固定地被解释为专门识别肉的模块,物种的进化史并没有断定这种解释一定正确。这只是一种与狗的进化史相容的解释,我们既可以更为宽泛地描述这个模块的"功能",比如它能识别"看起来和尝起来像肉的东西",也可以更为狭窄地将它的功能描述为能识别"无毒的肉"。进化的事实并没有固定地选择其中一个选项(也没有固定地选择其他选择)。(如果我们说这个模块的"功能"是识别肉,那么当狗接受素肉时,我们就得说这个模块被"愚弄"了;如果我们说它的功能是识别"无毒的肉",那么当狗接受有毒肉时,我们也得说它被"愚弄"了;如果我们说它功能是识别"看起来和尝起来像肉的东西",那么我们可以说在这些情况下它没有被"愚弄",但这些情况并没有足够平常到可以让我们忽视这个模块对包容性的遗传适合度所作的一般贡献。)一个成熟语言使用者可以区分**肉、无毒肉与看起来和尝起来像肉的东西**,而犬类则不能。(丹尼特会说,)除了你的解释,你无法得到更多关于"进化功能"的确定意义。

第二个理由是,在任何特定的情况下,犬类的反应(无论是行为反应还是神经反应)可以是成功的或不成功的,但是称这个反应"对"或"错"是毫无意义的。人类能够想象一个在各方面都成功但"实际是错的"信念。(比如,早上醒来时我相信自己是躺在自己的床上,这个信念是成功的,因为我的所有经验都证实了这一点。但是有人花费巨资并克服了巨大的困难将整个卧室,甚至我的整个生活环境搬上了舞台。在这种情况下,我的信念当然是错的。但是就我们目前所知,狗并不能想象看起来和尝起来像肉的东西"并非真的是肉"。)如果我们问狗的一个成功的"元信念"是否会错,我们就是在假设狗的"元概念"具有比实际更确定的意义。

我想当动物发现对象（比如一棵树）变成了"布景"时所表现出的吃惊反应也是类似的情况。动物（或者不会说话的婴儿）或许拥有某个固体对象的元概念。元概念性的行为与完全概念性的行为之间当然存在可能性的连续体（在高等灵长目动物那里，两者之间的界限也许是模糊的）。但是如果我们仅将"元概念"解释为"吃惊反应"，那么我不会说婴儿或动物"将事物**看作**了三维对象"，虽然我或许会说他/它拥有一个元概念，这个元概念的一个可能解释（对成人来说也许是最自然的一个解释）是"三维对象"。当我们看到吃惊反应时，我们可以对此"做"这样的解释。但这与完全拥有三维对象的概念有根本性的不同。

主体性和"反转色谱"

"反转色谱"这个著名的思想实验是由洛克首次提出的。这个实验要我们想象两个拥有不同颜色经验系统的主体（我对被你我同称为"绿色"的事物的经验在质上等同于你对被你我同称为"红色"的事物的经验，如此等等）。奈德·布洛克（Ned Block）的"反转地球"实验是这个实验的最近形式[36]，这一图景的支持者似乎接受了这样一种可能性：两个主体可以处于相同的内部物理状态且谁也没有错误地知觉他的环境，但他们可能拥有**不同质**的知觉经验。我们经验的质为什么不能由"非物质性灵魂"的状态或其他独立于生物和物理环境的神秘实体和状态决定？我在本书的第二部分指出，我们尚未能赋予这个问题以清晰的意义。布洛克的"反转地球"剧本同样也是如此。（"反转色谱甜心"是"自动甜心"的一个琐碎变种。）

然而我们似乎并未触及"主体性"这个棘手问题，即使我们接受了我所主张的交互论知觉观。如果我们对某个对象的知觉不可否认地受到生理状态的影响，那么我看到的"绿的表象"为什么**不能**与你看到的"红的表象"相同？这个问题需要更仔细的考量。

下面是一篇短篇科幻小说。在遥远的银河系有一颗星球 Ixxz，上面居住着一种智慧生物，除了视觉他们的其他感觉都和我们很像。他们当然是有视觉的，但他们只能区分三种"颜色"：灰$_{Ixxz}$、白$_{Ixxz}$ 和 grix（对此我们不作翻译）。我们称作"黑"或"灰"的对象在他们那里都被叫作灰$_{Ixxz}$，我们称作白的对象（包括各种"米白"色调）在他们那里都被叫作白$_{Ixxz}$，而所有其他颜色的对象——红、橙、黄、绿、蓝、紫——在他们那里都被叫作同一种颜色：grix。地球科学家对 Ixxz 星人所做的心理学实验表明，他们无法区分一红一绿、一黄一蓝等两个相似对象。并且，他们把色谱之外的颜色（比如棕和各种紫红[37]）都看作是 grix。除了能够区分不同色调的灰$_{Ixxz}$，他们并不能知觉饱和度和亮度上的不同。

神经学研究揭示出 Ixxz 星人的大脑是这样"配线"的：来自眼睛的"颜色"信息通过三种脑纤维：α、β 和 γ。α 纤维连接大脑皮层中的 A 区域，β 纤维连接 B 区域，γ 纤维连接 C 区域。当 α 纤维将一个信号从 Ixxz 星人视网膜的某部分传输到 A 区域时，视野中的某个相应部分被视为白色。类似地，B 区域接收到的 β 纤维刺激让视野中的某个适当部分被视为灰色，C 区域接收到的 γ 纤维刺激让视野中的某个适当部分被视为"grix"。

某天一位 Ixxz 星神经学家做了一个实验，他试图将一个 Ixxz 星人的大脑"重新配线"：α 纤维刺激的不是 A 区域而是 C 区域，γ 纤维刺激的不是 C 区域而是 A 区域。实验对象 Jaxxz 报告说所有 grix 对象现在看来都是白色（或白$_{Ixxz}$），所有白色（或白$_{Ixxz}$）对象现在看来都是 grix。他的"色谱"被反转过来了![38]（但是这位神经学家并没有成功地将 α 纤维或 β 纤维与 γ 纤维进行"转换"。其原因似乎是能够区分不同"灰"**色调**的 β 纤维所携带的信号并不是简单的"是/非"，A 区域和 C 区域无法"读取"来自 β 纤维的信号，而 B 区域也无法接收来自 α 纤维或 γ 纤维的简单"是/非"信号。

我们可以针对这个故事提出许多问题，有些问题我会在下面谈到。

但是让我们假定这个故事代表了一种概念上的可能性,那么这种假定的可能性具有何种哲学上的意义?

感觉材料理论(唯物论版本)的辩护者当然会这样说:"你必须承认 Ixxz 星人经验的主观特征符合他们**脑中**的某些东西。因为'色谱反转'表明'客观颜色'(也就是外部对象的反射属性、光线,等等)并不决定主观经验,唯一能够决定后者的是大脑的哪个区域——A、B 或 C——受到了刺激。"

对此的第一个回应当然是:经验的"特征""符合"Ixxz 星人脑中所发生的事件,**这样说的意思是**,如果同视网膜某个特殊部分相连某束纤维适当地刺激了 A 区域,**Ixxz 星人就会觉得**自己在视野的某个适当部分看到了"白$_{Ixxz}$"。即使"那里"并不存在任何白色(或"白$_{Ixxz}$")的东西。但析取论的拥护者当然不会否认一个主体可能觉得自己正在知觉白色(或其他任何颜色)但实际并非如此。为"平常人的自然实在论"(詹姆士的表达)辩护的人会说,你所做的不过是幻想这样一种情况:某些知觉者错误地认为自己知觉到了某种颜色。但无论是平常人的自然实在论还是它的各种哲学辩护都不会否认或忽视这种情况确实在发生的事实。

有人也许会反驳第一个回应,说它将这篇科幻小说复杂化了。

我们所引入的"复杂性"是这样的:现在让我们想象在 Ixxz 星人的胚胎发育进程中,α、γ 纤维与脑中 A 和 C 区域的连接是**随机**的。[39] 这样就存在两种 Ixxz 星人。一种天生 α 纤维连接 A 区域,γ 纤维连接 C 区域;另一种天生 α 纤维连接 C 区域,γ 纤维连接 A 区域。(结构中更为复杂的 β 纤维始终连接 B 区域,我们无法在不破坏相关色觉的前提下对此进行"转换",即使动手术也不行。)在这个改编后的故事中,**不存在一个区域能够让 Ixxz 星人"正常地""看到白$_{Ixxz}$"或"看到 grix"**。任意两个 Ixxz 星人拥有或不拥有"反转色谱"的可能性是相同的。并且这并不是说其中一个人看错了,至少我们不能说这个人看东西"不正常"。

我认为为常识实在论辩护的正确方式是承认在这个故事中,没有一个 Ixxz 星人看错了东西。并且，如果这个故事代表了一种可能性，它所表达的是，（我们已经指出过这一点）存在于地球人身上的现象同样也存在于 Ixxz 星人身上，尽管是以不同的方式：一个人的"视角"不仅取决于外部因素（比如照明）和眼睛的位置，还取决于内部的生理因素。当一个 Ixxz 星人看到蓝墙上的一块白色时（这是我们对此的描述），他所看到的是 grix 墙上的一块白$_{Ixxz}$（根据 Ixxz 星人的两种生理可能性）。

到这里读者也许会问，"白$_{Ixxz}$**是什么**？"我的回答是：虽然"白$_{Ixxz}$"肯定不是一个定义明确的**科学**属性，但它肯定是一个对 Ixxz 星人的知觉器官来说完全过得去的常识属性。毕竟 Ixxz 星人完全能够同意（并非总是如此，但在足够多的情况下）哪些对象、色块、闪光等是"白$_{Ixxz}$"的。

可以比较一下我们文化当中**山**这个概念。山**也**不是一个定义明确的科学属性，但极少有人会得出"山实际不存在"的结论，那些得出这个结论的人是错误的。并不是所有将事物概念化的方式都是科学的，但我们也不能由此得出结论说所有的常识方式都是**迷信**。

我们还可以进一步用**山**这个概念作类比。虽然基于很多理由（山这个概念的模糊性，两座山峰是算一座山还是两座山有时候只是**习俗**的问题，等等）我们无法将**山**这个概念**还原**为物理学概念。我们可以对山作出归纳，**地理学**这门特殊科学会很乐意做这件事。类似地，虽然我们无法将人类或 Ixxz 星人的颜色概念还原为物理学概念，我们还是可以对颜色作出归纳，许多科学活动已经并且还会继续做这样的工作。[40]

但是笛卡尔主义兼唯物论者并不想得出这样的结论。他们会这样说："只要两个 Ixxz 星人脑中的相同区域（A 或 C 中任何一个）受到了刺激，他们就会拥有相同的主观颜色经验，这一事实（也就是**你在这个假设剧本中所接受的事实**）表明，颜色表象**就是**脑部区域所受的刺激（灰色就是对 B 区域所受的刺激）。人类大脑和人类主体也与此类似。"

这样说当然忽视了另外一种可能性，也就是我所辩护的观点：上面假设的两个 Ixxz 星人**知觉到了相同的颜色**，但他们知觉到的是同一颜色的不同"**外观**"或**视角**属性。Jaxx 看到墙上的色块是"白$_{Ixxz}$"的,他看"白$_{Ixxz}$"的方式就是他这类 Ixxz 星人看"白$_{Ixxz}$"的方式;Jilxxx 看到墙上的色块是"白$_{Ixxz}$"的,她看"白$_{Ixxz}$"的方式就是她这类 Ixxz 星人看"白$_{Ixxz}$"的方式。但这并不意味着他们**真的**意识到了他们脑中的某些东西。[41]

有人认为如果我们对相关的神经生理学足够了解,就能从大脑视觉皮层的状态中得到视觉经验的同一条件,这些人所犯的错误就是以下观点所犯的错误,即认为大脑的**总体**状态能提供"狭义内容"的同一条件(我在本书第二部分第三讲中讨论了这个错误)。因为即使我们假设"当[注意:并非"当且仅当",因为这样说明显是错的]我们在拥有经验 X 和曾经/将要拥有经验 Y 时的大脑视觉皮层状态完全相同时,颜色经验 X 就与颜色经验 Y 同一",这样的规定也只是颜色经验"同一"的**充分**条件。并且,同狭义内容设定的符合性规定一样,这一充分条件**永远无法在真实的(人类)世界中实现**。

事实上,即便是在 Ixxz 星人那里,视觉经验**等**同于神经集合体(A、B 或 C)所受刺激的建议也是错的,即使我们只关注 Ixxz 星人的"白$_{Ixxz}$"和"grix"经验,而忽视更为复杂的"灰$_{Ixxz}$"经验(Ixxz 星人哲学家在"灰$_{Ixxz}$"经验上遇到的无法传递问题就是人类在颜色经验上遇到的传递性问题)。但是我们不需要通过思考假设的 Ixxz 星人去发现这一提议的错误之处,因为人类也有(合理的)非连续性经验;不像对颜色的辨识,对**词语**的辨识可以被认为"要么都是神经集合体所受的刺激要么就都不是"。并且有人还相信,当且仅当主体听出某个特殊词语(比如"bug")时,就会有一个特殊的"模块"(作为法则)给出某个特殊的信号。(这个例子来自福多,他就这一话题写了一本书。)[42] 在大脑建筑的现存模式下,这里的模块可以作为非常简单的神经集合体实现。福多在《心的模块性》中一以贯之地将"输入模块"的输出等同于**表象**[43],也就是那些被我们知觉为声音、颜色等的"现象上可接近的"[44]特征以及某些语言表现。但是如果这个观点是对的,那么我们原则上就可以获得一个**试管**中的表象。因为我们在原则上可以将一束神经集合体(也就是"模块")养在一个缸(或一个试管)中,给它提供营养物质并用电极激发它,这样就能获得一个不被任何人**经验到**的表象(比如"bug"这个词)。同样的论证也可被用于反驳将 Ixxz 星人的颜色经验**等同于**知觉模块 A、B 或 C 的输出的建议。

如果我们试图清晰地思考心灵和身体,将脑部事件(或进程)同某个特定心理现象联系在一起的传统谈论方式是我们会遇到的一部分重要问题。除了本书第二部分第三讲强调的命题性态度(相信怎么样、认为怎么样,等等)问题,这种谈论方式还有一个问题,即便是最原始的心理状态(比如看到一种颜色或丹尼特一再让我们注意的感到某种疼痛[45])也受到这个问题的影响。这个问题是:与某个心理现象相连的**不只有一个脑部事件**。当我们说大脑视觉皮层中的某些事件或某些神经集合体的"激发"与一个特殊的"经验""相连"时,我们的意思一般是,**在大脑和神经系统运作正常的语境下**,一个事件只有在另一个事件发生时才会发生。在这个意义上,事件 E(比如来自某个福多式"模块"的信号)可以一对一地与对"bug"这个词的辨识相连,E 和 M(M 是短期记忆)**也**可以这样相连,E 和 M 和 S(S 是语言中心对信号的接收)**也**可以这样相连,如此等等。我在本书的第二部分指出[46],在哲学家谈论了一百年多年关于心理事件的相连之后,人们自然会觉得**同一性**是有问题的,而(独特的)"相连性"没有任何问题。但是我在《理性、真理与历史》中更为具体地讨论了独特的相连性观念所面对着巨大的认识论和形而上学问题。[47]因此,除了本书所讨论的与心脑语境下的"同一性"意义相连的其他所有问题之外,我们还必须强调,如果对"相连性"(比如颜色经验的相连性)的谈论真的像我认为的那样在根本上是不清晰的,那么经验与相连脑部事件的"同一性"至少也是不清晰的。

关于人类与幻想中的 Ixxz 星人的比较我还要说最后一点。如果我们接受 Ixxz 星人的故事代表了一种可能性,那么这个故事"表明",不可能存在某个普遍罹患"色谱反转"的物种。(事实上,在大多数科幻小说中,这个故事的情节极少被描写。)以下这部分我想让大家关注这个"科幻故事"的一个特征,这一特征让我们很难据此得出任何可能适用于人类情况的寓意。

首先我要提出一个简单的问题:假设你要用一个连接器替换电话上的一个插孔,这样你就可以通过连接器将电话与录像机后部的视频输入端口相连。这样做会发生什么?

答案是(你可以自己试想一下!)"不会发生任何事情"。来自电话线是信号是编码形式的,录像机的构造无法读取这种编码。我们不是没有可能生产一种能将来自电话线路的、本身是编码音的电脉冲以某种系统的方式"翻译"成颜色的设备,但我们需要根据这一目的特别设计这种设备。

以下是这个问题和对比人类/Ixxz星人的相关之处:杰罗姆·莱特文(Jerome Lettvin)已经指出[48],由人眼传输至大脑的颜色信息是人眼本身进行复杂"计算"的结果。在"Ixxz星人"的故事中,不存在(当然不存在!)让每一种可能的颜色从视网膜传输到大脑视觉皮层的"纤维"。视觉神经传输的是**编码后的信息**。虽然某些事件有可能会打断这些信息,从而造成不同的状态(色盲、颜色的闪烁、对象周围的颜色"光晕",等等),但我们几乎不可能通过对视觉通路的"重新配线"而达到"转换颜色"的效果,就像录像机几乎不可能将来自电话的电脉冲"翻译"成相应颜色一样。我们根本没有理由认为"色谱反转"对于人类来说是一种物理上的可能性。

本书的目的

关于意识,我们当然还能进一步讨论许多问题。让我大致陈述一下在本书中选择这些问题加以讨论的原因。我的考量(特别是在第一部分中)是提供一种将我们的知觉经验概念化的路径,这条路径不将知觉经验视作我们与世界之间的**界面**,也不将其视作我们头脑或心灵当中的银幕(我们直接经验到的**不是**杯子、门、猫、人、山和树,而是这块银幕)。一旦我们用我所谓的**交互性**概念来理解知觉经验,将它们理解与真正对象属性的(成功)亲熟,贝克莱式的彻底怀疑论就永远不会产生,这种怀疑论认为知觉经验(传统观念认为所有知觉经验都是"内部"的)与"外部"对象的独特联系的**不可理解**的。[49]从根本上来说,我在《理性、真理与历史》和《模式与实在》一文[50]中提出的反对实在论的模型论论证就是一种我所谓的"贝克莱式的怀疑论",我相信如果不抛弃知觉理论的界面观,这些怀疑是无法击败的。

我们不应该否认下面这个事实(不幸的是,一些"外在论"心灵哲学家正是这样做的):即使我们将颜色属性(这篇后记通篇都以此为例)理解为"外部"对象的属性,我们也必须承认它们是**视角性**的,它们有不同的**外观**,并且这些外观取决于知觉主体的状态。[51]但是从实在论和反实在论的角度来看,自从贝克莱否认"外部"对象的**构想**是有意义的之后,这个问题就一直困扰着哲学,但这并不影响我所提出的解决(消解)方案。

我们在本书的第二部分看到,由另一条路径产生了感质的问题。我长期以来辩护的观点是,心灵并不是一个事物;谈论我们的心灵就是谈论**我们所拥有的包含了世界的能力和我们所参与的包含了世界的活动**。杜威曾简洁地指出:"心灵首先是一个动词。它指示了我们在意识和表达上处理所处情境的所有方式。不幸的是,一种颇有影响的思维方式将行动的模式变成了执行这些活动的根本基质。它把心灵当作是能够关注、打算、关心和记忆的独立实体。"[52]传统观点将心理状态视为"根本基质"的状态,认为它们是某些"内部"事物的属性(也就是唯物论哲学家那里的**大脑属性**)。因此接下来的问题自然是:"要把这些心理属性'还原'为大脑的**哪个神经属性**?"因为我们的**大脑**怎么可能具有非神经性的属性？唯物论哲学家就是这样看问题的，直到心灵哲学和语言哲学中出现功能主义和语义外在论这样的新选项。

我们在第二部分第二讲中看到，金在权对问题的复杂性过于敏感，以至于忽视了下面这个事实，即"俗常心理学"的心理状态（如果我们不考虑科学主义也称它们为"状态"）不能被还原为大脑状态，因为它们包含了许多"外在论"元素。金的结论是，他的心理物理相关性理论以及类似理论必须被限制为某种特殊的"内部"心理状态，这样它们才有可能为真。因此金试图寻找一个符合所有"非内部"心理状态（我们称之为"俗常"心理状态）的、完全处于"内部"的"内在核心"。在**这一**语境下，感质就是作为"非内部"心理状态的"内在核心"出现的，比如看到蓝墙上的一块白色块。如果我们拒斥平常知觉状态可以被"因素分解"或划分为感质和各种关系（心灵与感质的关系、感质与"外部世界"的关系）的观点，这里的问题同样也能得到消解。将感质"还原"为神经进程/状态/事件的问题同贝克莱式的实在论/非实在论问题所提出的知觉界面观念一样，都是**人为的**产物。

但是我是否忽视了"意识问题"？

有些人一定会说我忽视了一个深刻的难题，那就是"意识本质"的问题。他们还会说，即使"感质的本质是什么？"是一个错误的问题，也没有什么大不了的。他们会说，毕竟我们还可以通过其他方式问这个问题，比如"你所说的这些'外观'和'表象'的本质是什么？"

关于意识的本质，**的确**有许多困难的概念性问题需要探索。[53]但那些说意识的本质是一种"神秘"的人（这些人通常还认为，只有成功地将所有心理事件还原为神经生理学和计算机科学才能解决这种神秘。）似乎并不对**概念性**的澄清特别感兴趣。[54]他们认为"意识的本质是什么？"是一个**事实性**问题[55]，这个问题——如果它能得到回答——需要通过**经**

验性研究来回答。但"事实性问题"究竟是什么意思？

现在人们通常认为"X 的本质是什么？"这种形式的问题通常只有一个值得讨论的意义，那就是"如何将 X 还原为物理学、化学、神经生理学，等等？"有些哲学家认为意识的本质是一种以我们现今所知的科学无法解决的神秘，他们相信在意识可以被还原为物理学之前，我们的物理理论必须在根本层面上发生某些改变。[56]其他的"神秘主义者"悲观地相信，为了获知意识的本质，科学必须作出**超出人类想象能力**的改变。[57]但这些"神秘主义者"与更为乐观的还原论者分享着同一个信念：意识的本质是一个科学问题，并且（这时他们都不是彻底的二元论者）我们必须将其还原至某些类似于物理学（同时又不类似于物理学，因为超出了我们的想象）的层面才能作出回答。然而每一个"如何将 X 还原为物理学"（或上面提到的其他科学）形式的问题都有一个预设，即这里所讨论的还原是**有意义**的。

但是有些情况下谈论的还原明显没有意义。很少有人会认为"如何将**虚拟条件式**还原为物理学？"或"如何将'A 是 B 的好解释'（A 和 B 都是实际的文本）这一关系还原为物理学？"的问题具有任何清晰的意义。很多哲学家（包括那些相信意识由"感质"组成，而感质又必须被还原为物理关系的哲学家）都像我一样不相信**指涉**及其相关"意向性"概念可以被还原为物理关系，对此我并不感到奇怪。就我所知，也没有多少人愿意接受卢斯·米利肯（Ruth Millikan）或保罗·霍维奇（Paul Horwich）的提议，前者认为**进化**会解决将指涉还原为"非语义性"属性的问题[58]，而后者则认为能够通过"间接引用"来解决问题[59]。但我们又找不出多少关于虚拟条件式、解释或指涉的"神秘主义者"。或隐或显地，人们似乎能普遍理解"虚拟条件式的本质是什么？""解释的本质是什么？"和"指涉的本质是什么？"这些问题不需要被还原为物理学或其他科学。（这种理解不需要改变物理学，也不需要一种我们无法想象的基本科学。）如果说人们没有以相同的态度来对待意识，我怀疑其原因是笛卡尔式图景的长期掌控,后者让二元论和"同一性理论"(还原)成为(1)有意义的选项和(2)**唯一**选项。(从根本上来说,神秘主义不过是这样一种愿望:只有改变基本科学才能使还原论变得可行;同时这种愿望又与悲观主义结合在一起:这种改变超出了人类力量的界限。)是时候拒斥这两个假设了!

当然,现在不具有清晰意义的问题之后会因为各种新知识而获得清晰意义。

例如[60],对生活在非欧几何发展以前的人来说,"同时垂直于第三条线的两条线如何相交?"这个问题只有一个答案,那就是"不能相交"。如果有人说:"我告诉你它们能相交。现在你告诉我它们如何相交?"他们就会觉得这个人是在"胡说八道"。这是来自科学史的朴素例子。其寓意**并不是每个问题都具有意义**,而是认为一个问题没有意义的判断总是可错的、可修正的。(而那些愿意向伟大的美国实用主义者皮尔士、杜威和詹姆士学习的人永远不会就**任何**问题——包括概念性问题——得出绝对正确的知识。)我一直在构成本书的讲座中强调并不是所有哲学问题都是有意义的。但这并不意味着我赞成有些人所谓的认知意义标准,这些人认为我们可以根据这一标准一劳永逸地区分出有意义和无意义的问题。我也没有因为我们在这些问题上的明显可错性而得出我们必须接受所有哲学问题和所有所谓的"可能性"都具有(足够清晰的)意义的结论。在**当下此处**说"有一天科学或许会找到将意识(或指涉,或无论什么东西)还原为物理学的方法"就是在说有一天科学或许会以我们不知道的方法做我们不知道的事情。我们也许会在**未来**理解这句话的意义,但这一事实并不能让我们**现在**就能理解这句话所表达的意思,这就好比**有一天**我也许会拉小提琴的事实并不能让我现在就会拉小提琴。

我特别指出,无论是在表象(包括外观)的语境下还是在命题性态度的语境下,还原论者的结论都不具有真正的科学或哲学意义。我指出,在表象的语境下,被还原概念的逻辑与还原根据的逻辑极为不同;(与不可区分性相对)的**同一性**并没有得到定义。另外我还指出,表象是**承载**

了内容的状态（无论我们是像麦克道威尔所希望的那样将所有内容都称作是"概念性的"，还是像埃文斯和赫克那样在某些情况下区分出另外一种内容），而内容则是一个**意向**概念。我相信，出现在**指涉**这个范式性意向概念中的问题同样也会出现在知觉状态的内容当中。

有些哲学家（包括赞同前面所有论证的哲学家）会说，即便我是对的，那也只是"迁移"了这种神秘，但是并没有消解掉它。在许多人看来的"神秘"正是产生于下面这一事实：一方面我们发现存在一些不可或缺的不同话语，但另一方面这些话语又无法被还原为其中任何一种话语，特别是物理学的话语。我曾经听到一位年轻哲学家（我很尊重他的智慧和博学）这样说，这种神秘就在于意识和意向性这样的东西是如何"浮现"（emerge）的。但**浮现**并不是一个好的隐喻。

之所以不好是因为它暗示所有能够用"基本"科学（物理学、化学、生物学等）的词汇表达的真陈述都可以在**不成为**意识或意向性的情况下为真。简单之，它暗示我们完全有可能都是自动甜心，而"神秘"之处在于我们**都不是**。

当然，如果心理事件是一种"神秘"的说法只是在表达心理事件是某种**绝妙**的东西，某种值得我们敬畏和惊叹的东西，那么在这个意义上，心理事件肯定是一种"神秘"。但是在同样的意义上，正如爱因斯坦一再提醒我们的，物理宇宙本身也是一种神秘。许多东西都值得我们惊叹，但提出一个可理解的问题所需的并不只是惊叹。

最后的话

最后我还想说一点。本书中的任何一个词都不能被理解为是在反对对心理生活之物理基础的严肃研究。科学家已经就这一基础作了一些最好的研究，他们很好地认识到了寻找触发思维、感觉、记忆、知觉等物理进程与还原论断言（不管这种还原论是坚持思维、感觉等与大脑进程"同一",还是以"取消唯物论"的形式认为整个平常心理词汇都是胡说[61])之间的区别。拒斥还原论图景**并不**意味着抛弃严肃的科学研究,事实上,经常使研究者误解经验性问题的正是这一图景。

下面是这种误解的一个例子:我在最近一次去欧洲的旅途中和一位受人尊敬的神经科学家进行了一番谈话。我们谈的是美国神经科学家杰拉德·埃德曼(Gerard Edelman)所著的《被记住的当下》。[62]我非常欣赏这本书,它很明显背离了还原论。但我的谈话者说了一些令我困惑的话,他说:"我没有在这本书中找到任何关于**意识**的东西。"

埃德曼这本书的总话题正是意识的神经学基础,并给出了大量话题的神经学模式。作者针对一种情况(模式识别)给出的细节足以在电脑上建模,而针对其他情况,作者则给出了无可非议的思辨性观点。埃德曼针对模式识别提出的神经网络模式在生物学上是合理的,而经典的连接论架构则不然。[63]埃德曼的模式认识到模式识别必须得到一定递归量的补充(连接论者在这一认识上则很迟钝,这也使他们受到了来自平克和其他人的有力批评[64])。埃德曼还提出了一种以记忆在**情感**中的连续修正为特征的记忆模式(顺便一提,詹姆士的《心理学原理》已经预示了这一观念)。他指出了存在于看见和令人迷惑的"盲视"现象这一区别背后的神经基础。他甚至还指出了人类(可能还有黑猩猩)独特自我意识背后的神经基础:他的主要观点是,自我意识取决于生物所处世界的内在模式,这一世界包括了生物本身独立于时间的表征。

我的欧洲神经科学谈话者当然像我一样知道这本书里有什么。因此,当他说它并不包含任何"关于意识"的东西时,他实际是在抱怨"埃德曼的确对视觉及其他感觉、记忆,甚至自我意识作出了假设,但**意识本身在哪里**?"而这正是詹姆士在他那篇经常被误解的文章《意识存在吗?》中批判过的那种抱怨。[65]在詹姆士看来,看、听、想、记忆、想象、愿望、害怕等问题**之外并不存在意识的问题**。否则我们就是在将意识作为某种神秘的**图画**附加在自动甜心的大脑上。

我觉得用上星期刚刚发生的这次谈话结束本书是合适的,因为它很好地阐明了我想要表达的寓意:哲学上的困惑远远超出了职业哲学家和业余哲学家的研究。澄清哲学上的困惑不仅有益于我们的道德生活和政治生活,还有益于神经科学、语言学和其他所谓的认知科学。但最重要的是,这样做自身是有价值的,所有深刻思考任何哲学问题的人都应该知道这一点。

注释

1. 我要热忱地感谢雅各布森(Hilla Jacobson)对此篇后记的批评和她提出的许多很好的实质性建议。
2. 虽然同样的论证也适用于听、闻、触摸等情况,但讨论知觉的著作常常被认为是压倒性地关注不对对象进行操纵或修改的视觉。这也许是怀疑主义为何如此不可抗拒的一个深层原因。
3. 参见本书第二部分第 128 页(原版页码)以下对不可区分性与同一性的讨论。
4. 参见 Nelson Goodman, *The Structure of Appearance* (Cambridge: Harvard University Press, 1941), 4th ed. (Dordrecht and Boston: Reidel, 1977), p. 196ff. 注意古德曼的"相配"(matching)概念就是我们所谓的"不可区分性"。
5. 奥斯汀在 *Sense and Sensibilia* (Oxford: Oxford University Press, 1962)中引用了给出这一论证的几个当代哲学家,并异常小心(而富有智慧)地反驳了这一论证。
6. 参见本书第一部分第一讲,特别是第 10—11 页。
7. "最高共同因素"这个概念最初是由麦克道威尔在"Coherence, Defeasibility and Knowledge"一文中提出的。
8. 特别参见本书第一部分第二讲的前三部分,以及更为简略地,第二部分第二讲中的"直接实在论与内部心理剧场概念"部分。
9. John Austin, *Sense and Sensibilia*, pp. 48–49.
10. 最近我做了一个梦,梦中的我不仅知道自己在做梦,还试图分辨这个梦是否像一个醒时的经验!(在那个梦中,我的结论是不像。)
11. 我认为奥斯汀在 *Sense and Sensibilia*, p.49 所作的关于"看到粉红老鼠"的评论表达的就是这个意思。
12. 同上,第 20—25 页。
13. 关于**出于某种意图、形容词、属性**的讨论可参见 William James, "Does Consciousness Exist", in *The Works of William James: Essays in Radical Empiricism*, eds. Frederick Burckhardt and Fredson Bowers (Cambridge: Harvard University

Press, 1976), pp. 17–18。

14　Richard Heck, "Nonconceptual Content and the 'Space of Reasons'",未出版手稿。

15　除了麦克道威尔,参与争论的还有晚期的加雷斯·埃文斯、皮科克(Christopher Peacocke)和卫丁·戴维斯(Martin Davies)。

16　当然在休谟看来这是一个错误的二分:一个拥有"内容"的观念就类似于一个印象。正如 Elijah Milgram 所指出的(哈佛博士论文"Instrumental Practical Reasoning", 1991),休谟的"语义学"是图像式的。但我们不再相信这种类似能在本质上起到参考作用。

17　参见我的文章"Is the Causal Structure of the Physical Itself Something Physical?", in *Realism with a Human Face* (Cambridge: Harvard UniversityPress, 1990)。福多是最有名的"自然化者"之一,我在 *Renewing Philosophy* (Cambridge: Harvard UniversityPress, 1992)第 4 章中讨论了福多的尝试。

18　参见 *Renewing Philosophy*, pp. 47–48, 61–66; *Meaning and the Moral Sciences* (London: Routledge and Kegan Paul, 1978), pp. 41–45; *The Many Faces of Realism* (LaSalle, Ill.: Open Court, 1987)第一及第二讲; "Is the Causal Structure of the Physical Itself Something Physical?", in *Realism with a Human Face*。

19　这一分歧是 John McDowell, *Mind and World* (Cambridge: Harvard University, Press, 1994)第三讲的主题。

20　Gareth Evans, *The Varieties of Reference* (Oxford: Oxford University Press, 1982)。

21　Richard Heck, "Nonconceptual Content and the 'Space of Reasons'",未出版手稿。

22　麦克道威尔在《心灵与世界》导论的第一页就提出了这一观点,并贯穿整部著作。

23　希拉·雅各布森问,"设想有人之前见过鸭子并能认出它们,但从未见过兔子,有时他会看到一种不是鸭子的不熟悉生物,这种生物的耳朵是长在那里的,等等。这个人拥有'眼睛''耳朵'等概念,但没有兔子的概念。那么他看到的兔子是否不同于我们看到的兔子?"我想回答应该是:"当然不同。"让我们设想另外一种情况:设想有人从未见过兔子,但看到一幅清楚的兔图。如果这幅图是彩色的(比如丢勒的一幅妙图),那么他很有可能就此得知兔子是怎么样的(或者至少那个兔子是怎么样的),并在某种意义上"像我们一样看兔子"。(我之所以说"在某种意义上",是因为当我看到一个兔子时,我看到的是一种胆小的、会跳、受惊时会僵硬的动物,而这个人则不然。当我们不只知道丢勒的画告诉我们的兔子的样子,还知道更多关于兔子的事情时,兔子的现象"意义"就会有所不同。)但是如果只有由简单的线条和点构成的画,如果有人将它看作是兔子(甚至认为这就是丢勒精确描绘的动物),不管它是否可以被看作"鸭图",那就不是很神奇了。

24 Ludwig Wittgenstein, *Philosophical Investigations*, pp.194–199.
25 我所谓的"概念性"是指，我们无法将这些经验分派给那些缺少相应概念的人，这里并不包含任何因果假设。我觉得麦克道威尔对概念能力运作的谈论让人不舒服地联想起官能心理学。
26 参见 Bertrand Russell, *The Analysis of Mind* (New York: Macmillan, 1921)第8章。罗素称经验中的概念要素为"记忆"(mnemic)，因为他认为概念要素取决于对之前经验的记忆。
27 William James, *Essays in Radical Empiricism*, p.16.
28 Sextus Empiricus, *Against the Professors*, 7. pp.176–184. 塞克斯都虽然是在解释卡尔涅阿德斯的立场，但他并没有表达任何异议。
29 Edmund Husserl, *Logische Untersuchungen*, 1, 9 and 14, in Husserl, *Husserliania*, ed. E. Panzer, Vols.19.1 and 19.2(The Hage: Nijhoff, 1984), Cf. Charles Parsons, "Intuition and the Abstract in *Philosophie in Synthetischer Absicht*", (Stuttgart: Klett-Cotta, 1998), p.162.
30 Ibid.
31 Bertrand Russell, *The Problems of Philosophy* (Oxford: Oxford UniversityPress, [1912]1980), pp.2–3.
32 参见本书第一部分第二讲，第39页。
33 休谟当然意识到了这一点：他的心理学大部分都在试图解释这个无法抗拒的错觉。
34 17和18世纪知觉理论的基本观点是，冷热的感觉是视角性的。一个熟悉的例子是，如果我的两只手——冷一热，同一个对象在冷手感觉起来是热的，在热手感觉起来则是冷的。人们认为这说明了我们感觉到的并不是感觉对象的属性，但他们忘了一点，这并不是等于说我们的感觉是**主观的**。如果我们假设神经系统（在进化之后）探测到的不是**温度**而是**热流**，那么这种情况就完全能够得到解释：热从热手**流向**对象，从对象**流向**冷手。
35 引自雅各布森(Hilla Jacobson)。
36 Ned Block, "Mental Pain and Mental Latex", in Enrique Villanueva, ed., *Philosophical Issues*, vol. 7, *Perception* (Atascadero, Cal.: Ridgeview, 1996), pp.19–49.
37 顺便一提，紫红色调由紫色延伸至蓝色但没有经过色谱，这一事实直到19世纪才被认识。
38 当然，真正的"色谱"并不存在，我其实应该说"颜色转换器"。但是因为人类的思想实验总是提到**色谱反转**，我也就用这个概念来指想象中Ixxz星人的颜色转换器了。
39 一个民族中的不同子群也许有不同的视觉"配线"，这一点至少可以从色盲族群普遍存在的事实得到说明。参见 Oliver Sacks, *The Island of the Color-Blind*

(New York: Knopf, 1997)。

40 参见 Jonathan Westphal, *Colour: A Philosophic Introduction* (Oxford and Cambridge, Mass.: Blackwell, 1991)。

41 泰勒·伯吉(Tyler Burge)在一次谈话中借用戴维森的"沼泽人"(因为某个几乎不可能的量子理学"偶然事件"而从沼泽中诞生的人类复制体)针对我所持的立场提出了一个疑难:因为(戴维森和我都同意这一点)**指涉受到因果性的限制**,而沼泽人在"自发创生"之前并没有和**任何东西**进行因果互动的历史,我们就无法说沼泽人拥有任何的概念。但(伯吉相信这一点)说沼泽人没有**经验**又是荒谬的。我的回应是,沼泽人在开始经验任何东西的同时也开始和经验对象进行某种携带了信息的因果互动,这足以将某些最小化的内容提供给他在经验中所使用的概念。

42 Jerry Fodor, *The Modularity of Mind* (Cambridge: MIT Press, 1983), p.79。

43 我曾经在福多的一个讲座中听到他明确地用**表象**这个概念来指称这种输出。

44 Jerry Fodor, *The Modularity of Mind*, pp.93-94。

45 参见 Daniel Dennett, *Brainstorms* (Cambridge: Bradford, 1978)第11章(第8章也与这一话题相关)和 *Content and Consciousness* (Boston: Little, Brown, 1991)。

46 本书第二部分第三讲。

47 Hilary Putnam, *Reason, Truth and History* (Cambridge: Cambridge University Press, 1981)第4章。

48 Jerome Lettvin, "XIV. Neurology", in *Quarterly Progress*, report no. 87 (Cambridge: MIT, Research Laboratory of Electronics, 1967)。类似的观点还有 David Hilbert, *Color and Color Perception: A Study in Anthropocentric Realism* (Stanford: Center for the Study of Language and Information, 1990)。

49 另一个似乎较不极端的怀疑论版本并不否认我们可能与"外部世界"接触,它"只是"挑战了我们**知道**自己在与外部世界接触的观点。我在下面两篇文章中讨论了这种怀疑论:"Strawson and Skepticism", in Lewis E. Hahn, ed., *The Philosophy of P. F. Strawson: The Library of Living Philosophers*, vol. 26 (Chicago and Lasalle, Ill.: Open Court, 1998); "Skepticism", in Marcelo Stamm, ed., *Philosophie in Synthetischer Absicht: Synthesis in Mind* (Stuttgart: Klett-Cotta, 1998)。我说"似乎"较不极端,是因为这种怀疑论的"认识论"形式经常预设和"极端"怀疑论相同的经验图景。

50 Hilary Putnam, "Models and Reality", in *Journal of Symbolic Logic*, vol. 45 (1980), pp. 464-482; *Philosophical Papers*, vol. 3, *Realism and Reason* (Cambridge: Cambridge University Press, 1983)。

51 外在论者一般认为"外部"属性(他们认为是非交互性的)足以决定特殊的外观。他们认为承认外观取决于知觉主体的状态就等于是接受"心理图画"存在的观点,也就是接受了某种形式的界面观念。我相信认为被表征属性是交互性属性的观点调和了以下两种观点:一种是将质性特征等同于被表征外在属性的外在表征论;另一种观点则认为外观/质性特征取决于知觉主体的状态。生理状态参与了质性特征/外观的决定,接受这一不可否认的事实并不等于承认质性特征/外观处于我们大脑的**内部**。

这样的外在者有弗雷德·德雷兹科(Fred Dretske)、吉尔伯特·哈曼(Gilbert Harman)、麦克·泰(Michael Tye)和威廉·莱肯(William Lycan)。在他们关于这一主题的著作当中,以下这些特别重要。Fred Dretske, *Naturalizing the Mind* (Cambridge: MIT Press, 1995),特别是第 5 章;"Externalism and Supervenience", pp. 123 - 168;亦可参见"Phenomenal Externalism",收录于 Villanueva, *Perception*, pp. 143 - 158;Gilbert Harman, "The Intrinsic Quality of Experience",收录于 J. E. Tomberlin, ed., *Philosophical Perspectives*, vol. 4, *Action Theory and Philosophy of Mind* (Atascadero, Cal.: Ridgeview, 1990),再版于 N. Block, O. Flanagan, and G. Guzeldere, eds., *The Nature of Consciousness* (Cambridge: MIT Press, 1997), pp. 663 - 675;Michael Tye, *Ten Problems of Consciousness: A Representational Theory of the phenomenal Mind* (Cambridge: MIT Press, 1995),特别是第 5 章第 4 部分"Can Duplicate Brains Differ Phenomenally", pp. 150 - 155;William Lycan, *Conscious Experience* (Cambridge: MIT Press, 1996)。

52 John Dewey, *Art as Experience*, in *John Dewey: The Later Works, 1925 - 1953*, vol. 10, *1934* (Carbondale, Ill.: Southern Illinois University Press, 1991), p. 268.

53 希拉·雅各布森提醒我注意,意识到某物与持赞成或反对态度(希望、喜欢、不喜欢、觉得某物有吸引力或令人厌恶、迷人或无聊,等等)之间存在被忽视了的本质联系。她计划在她的博士论文中探索这一问题。

54 约瑟夫·列文(Joseph Levine)是一个例外。人们认为他是一个神秘主义者,但他强调这是一个概念性问题,也就是说,(在他看来)正是意识这个概念让我们无法从根本上解释意识现象。但列文将标准的科学性还原作为他的解释模式。希拉·雅各布森指出,我们可以这样来看他的论证:他的论证表明,谈论感质的还原是没有意义的,或者说这种还原的意义不同于其他情况下的还原。列文在下面两篇文章中论证了"解释性鸿沟"的存在:Joseph Levine, "Materialism and Qualia: The Explanatory Gap", *Pacific Philosophical Quarterly*, vol. 64 (1983), pp. 354 - 361;Joseph Levine, "On Leaving Out What It's Like", in M. Davies and G. W. Humphries, eds., *Consciousness* (Oxford: Blackwell, 1993), pp. 121 - 136,再版于 Block, Flanagan, and Guzeldere, *The Nature of Consciousness*。

55 有些人会问:"在蒯因攻击了分析/综合区分之后,我们该如何谈论'概念性'问题?"回答是:概念性真理不能被理解为是分析的,我们关于概念性真理的知识也不是固定不变的。我们所能理解的东西并没有真正的界限。那些"临时的"（詹姆士语）界限在哲学上并非不重要或不存在。

56 这一立场可见于 Roger Penrose, *Shadows of the Mind* (Oxford: Oxford University Press, 1994) 和 Galen Strawson, *Mental Reality* (Cambridge: Bradford and MIT Press, 1994)。

57 这一立场可见于 Colin McGinn, *The Problem of Consciousness* (Oxford: Blackwell, 1991), 或许亦可见于 Noam Chomsky, "Explaining Language Use", *Philosophical Topics*, vol. 20, no. 1, *The Philosophy of Hilary Putnam* (Spring 1992), pp. 205 - 233, 后者认为指涉是一种不可解释的神秘。

58 我在 *Renewing Philosophy* 第 2 章中讨论了米利肯的各种观点。

59 参见本书的第一部分第三讲。

60 我第一次使用这个例子是在"It Ain't Necessarily So", *Journal of Philosophy*, vol. 59, no. 22 (October 25, 1962) 一文中, in *Philosophical Papers*, vol. 1, *Mathematics, Matter, and Method* (Cambridge: Cambridge University Press, 1975)。

61 因此,这一学派的杰出代表保罗·丘奇兰德（Paul Churchland）写道："取消唯物论背后的真正动机是担心'命题'运动学和俗常心理学的'逻辑'动力构成了对人类及一般高等动物的认知活动的彻底**错误**的解释。……简言之,这种对命题性态度的担心是,……它们太像（明显并不存在的）燃素、热质和中世纪炼金术的四大原则了！"Paul Churchland, "Activation Vectors Versus Propositional Attitudes: How the Brain Represents Reality", *Philosophy and Phenomenological Research*, vol. 52, no. 2 (June 1992)。

62 Gerard Edelman, *The Remembered Present* (New York: Basic, 1989)。

63 D. E. Rumelhart, and J. L. McClelland, and the PDP Research Group, *Parallel Distributed Processing: Explorations in the Microstructure of Cognition* (Cambridge: Bradford and MIT Press, 1986), vol. 1; (Cambridge: Bradford and MIT Press, 1987), vol. 2.

64 Steven Pinker and Alan Prince, "On Language and Connectionism: Analysis of a Parallel Distributed Processing Model of Language Acquisition", *Cognition*, vol. 28(1988), pp. 73 - 193.

65 William James, "Does Consciousness Exist", *Essays in Radical Empiricism*.

索引

（索引中的页码为原版页码）

A

American new realists，美国新实在论者，11，101

Analysis of Mind, The (Russell)，《心的分析》（罗素），101

Analytic philosophers/philosophy，分析哲学家/分析哲学，4，7，12，84—85

Animal perception，动物的知觉，159—62

Animals：cognitive states of，动物的认知状态，48；experiences of，动物的经验，192n16

"Annals of Analysis" (Travis)，《分析年鉴》（崔维斯），87

Anomalous monism，变异一元论，75

Anomalous token identity，不规则的个例同一，32，36，38

Anscombe, Elizabeth，伊丽莎白·安斯康姆，75—76，141—42，144—45，197n52，199n8

Antirealism，反实在论，4，13，70，169，170；Dummettian，达米特式的反实在论，49—54，55；global，全局性反实在论，17；and mathematical necessity，反实在论与数学必然性，63；strong，强反实在论，17；of Wittgenstein，维特根斯坦的反实在论，44，47

Appearances，表象，30，31，100，129，131；as presentations，作为表征的表象，154—59；as qualia，作为感质的表象 151—75

Aquinas, St. Thomas，圣托马斯·阿奎纳，22，97，186n11

Aristotle，亚里士多德，5，48，77，93；perception in，亚里士多德论知觉，22—23，100；view of soul，亚里士多德的灵魂观，96

Assertability，可断言性，47，53，55；degrees of warranted，有根据的可断言性的程度，194n31

Augustine, St.，圣奥古斯丁，97，98

Austin, John，约翰·奥斯汀 11—12，41，44，87，101，102，129，151，153，180n20；versus traditional refutation of "naive realism"，反对对"天真实在论"的传统驳斥，24—28

Automata，自动人，203n27

(AUTOMATA)，[自动人观点]，76，79—81，82，202n24；intelligibility of antecedent of, reconsidered, 重新思考[自动人观点]前件的可理解性, 82—84

Automatic sweetheart, 自动甜心, 73—91, 95, 99, 162, 174, 175

Automatic sweetheart scenario, 自动甜心场景, 147, 148—49

Ayer, A. J., A·J·艾耶尔, 11, 25, 28, 52, 145—46, 150

B

Basic actions, 基本行为, 105, 125—28

Basic bodily movements, 基本身体运动, 105, 107, 112, 121, 126, 127, 128

Behavioral psychology, 行为心理学, 126—28

Belief(s): content of, 信念的内容, 104; individuation, 信念的个体化, 116—17, 118, 119—22, 125; 信念作为内在心理状态, as internal psychological states, 114—15, 118—19; justification of, 信念的证成, 157; model of, 信念的模式, 117—19; psychological, 心理信念, 33; truth of, 信念的真, 105

Belief states, 信念状态, 211n31

Berkeley, George, 乔治·贝克莱, 23, 29, 39, 151, 152, 169

Berkeleyan skepticism, 贝克莱式的怀疑主义, 169

Bivalence, 二值, 52

Block, Ned, 奈德·布洛克, 162

Bohr, Niels, 尼尔斯·玻尔, 195n41

Brain, 大脑, 170; computer programs in, 大脑中的计算机程序, 14; language organ in, 大脑中的语言器官, 210n28; mental properties identified with computational properties of, 心理属性等同于大脑的计算机属性, 19; mind and, 心灵与大脑, 9, 17, 36, 44, 167—68, 181n22; and sense data, 大脑与感觉材料, 30—32

Brain event(s), correlated to mental phenomenon, 与心理现象相连的大脑事件, 167—68

Brouwer, L.E.J., L·E·J 布劳维尔, 183n39

Burge, Tyler, 泰勒·伯吉, 103, 219—20n40

C

Carnap, Rudolf, 鲁道夫·卡尔纳普, 52, 145, 158, 194n27, 203n35

Carneides, 卡尔涅阿德斯, 158

Cartesianism, 笛卡尔主义, 30, 172

Cartesianism cum materialism, 笛卡尔主义兼唯物论, 15, 16, 19, 30, 43, 44, 45, 48, 58, 101, 165—66, 184n46

Causal relations, 因果关系, 74—75, 76; laws grounding, 因果关系法则, 200n11

Causal theory of perception, 知觉的因果理论, 16, 22

Causality, 因果性, 154

"Causality and Determination" (Anscombe), 《因果性与决定》(安斯康姆), 75—76,

141—42,200n8
Causation; and explanation, 因果关系与解释, 137—50; interdependent with explanation, 因果关系与解释的相互依赖, 144—45
Cavell, Stanley, 斯坦利·卡维尔, 87, 89, 94, 125
Chomsky, Noam, 诺姆·乔姆斯基, 123, 124, 125
Churchland, Paul, 保罗·丘奇兰德, 223n60
Claim of Reason, The (Cavell), 《理性的要求》(卡维尔), 87, 89, 125
Classes, 类别, 21
Cognition, 认知, 16, 43—70
Cognitive relations to world, 与世界的认知关系, 69
Cognitive science, 认知科学, 9, 14, 15, 22, 35, 45, 58, 115, 118, 119, 149
Color(s), 颜色, 23, 24, 38, 39—41, 130—32, 153, 158—59, 169
Color experience(s), 颜色经验, 162—64, 165—66, 167, 168—69
Commonsense realism, 常识实在论, 18, 20, 48, 54, 101, 164—65; difference from metaphysical, 与形而上学实在论的不同, 56; different from traditional, 与传统实在论的不同, 68; Dummett's rejection of, 达米特对常识实在论的拒斥, 60; rejection of, 对常识实在论的拒斥, 151
Competence, narrow content and, 狭义内容与能力, 123—24
Computation theory, formalisms for, 计算机理论, 34—35
Conant, James, 詹姆士·科南特, 99, 180n15
Concept of Mind, (Ryle), 《心的分析》(赖尔) 11
Conception, 概念, 58; naive realism with respect to, 关于概念的天真实在论, 44—49
Consciousness, 意识, 30, 31, 36, 99, 100, 200n15; issues with, 概念的问题, 169—70; neurological basis of, 概念的神经学基础, 174—75; phenomenal, 现象概念, 20; problem of, 概念的问题, 171—74, 175; qualia in, 概念中的感质, 151
Consciousness Explained (Dennett), 《意识的解释》(丹尼特), 31
Conservation of Momentum, 动量守恒, 78—79
Content, 内容, 122, 172; of beliefs, 信念的内容, 118—19; conceptual, 概念化内容, 154—57
Context sensitivity, 语境的影响性, 88—89, 90—91, 204n37
Counterfactual conditionals, 反事实条件句, 201n21
Criterion of Cognitive Significance, 认知意义的标准, 173
Critical reflection, capacity for, 批判性反思的能力, 192n16

D

Davidson, Donald, 唐纳德·戴维森, 7, 36—37, 74—77, 81—82, 88, 98, 116, 189n37, 192n46; "Swamp Man", 《沼泽人》, 219—20n40

De Anima(Aristotle),《论灵魂》(亚里士多德),22

Decisions,决定,77—78,79,146

Deconstruction,解构,4

Deflationism,紧缩论,52,53,54,58,67,69,70;about truth,关于真的紧缩论,55,56

Deflationists,紧缩论者,50,51—53,54,68

Democriteans,德谟克利特学派,96—97,100

Democritus,德谟克利特,57

Dennett, Daniel,丹尼尔·丹尼特,20,31,157,161,167

Dependence Thesis,依赖性理论,109

Descartes, Rene,勒内·笛卡尔,23,73—74,78—79,95,185n6;dreams in,笛卡尔论梦,25;First Meditation,《第一沉思》,151—52;perception in,笛卡尔论知觉,101—2;soul in,笛卡尔论灵魂,95,97

Descartes(Williams),《笛卡尔》(威廉姆斯),190n40

Dewey, John,约翰·杜威,3,5,38,48,120,159,172;on mind,杜威论心灵,170

Diamond, Cora,科拉·戴蒙德,59—64

Diderot, Denis,丹尼斯·狄德罗,30,207n24

Direct realism,直接实在论,10,11—12,19,24,151,184n46,186n11;in Aristotle,亚里士多德的直接实在论,22;and inner theater conception of the mental,直接实在论与心理的内部剧场概念,100—2

Discourse on Method(Descartes),《谈谈方法》(笛卡尔),73—74

"Does Consciousness Exist?"(James),《意识存在吗?》(詹姆士),176

Dreams,梦,25—27,28—29,152,153

Dretske, F,F·德雷兹科,221n50

Dualism,二元论,37,38,43,95,132,172,181n22;Cartesian,笛卡尔式的二元论,16,31,44,78—79,96

Duck-rabbit drawing,鸭兔图,45—46,156,157

Dummett, Michael,迈克·达米特,4,46,58—61,191n4;antirealism of,达米特达反实在论,49—54,55;interpretation of Wittgenstein's views on philosophy of mathematics,对维特根斯坦数学哲学观的解释,61,62,63—64;realism issues,实在论问题,17,18

E

Early modern metaphysics and epistemology,近代早期的形而上学与认识论,43,44,45

Early modern philosophy,近代早期哲学,9,15,18

Early modem realism,近代早期的实在论,38

Edelman, Gerald,杰拉德·埃德曼,174—75,212n40

Einstein, Albert,阿尔伯特·爱因斯坦,174,215n20

Epiphenomenalism，副现象论，78，93，95

Epistemological question，认识论问题，137

Evans, Gareth，加雷斯·埃文斯，155，156，173，180n18

Event identity: criterion for，事件同一性的标准，189n37

Experience(s)，经验，12，20，23—24，43，99，100，154; see also Nonveridical experience; Veridical experience 还可参见不可证实经验; 可证实经验

Explanation，解释，201n17; causation and，因果关系与解释，136—49; causation interdependent with，因果关系与解释的互相依赖，143—44

Explanatory internalism, and explanatory realism，解释性内在论与解释性实在论，137—44

"Explanatory Knowledge and Metaphysical Dependence" (Kim)，《解释性知识与形而上学依赖》（金），137—39

Explanatory Thesis，解释性理论，103，104，105—6

External things，外部事物，23—24; can be experienced，外部事物可以被经验，20; referential access to，对外部事物的指涉，18

F

Faculty psychology，官能心理学，2186n24

Feigl, Herbert，赫伯特·费格尔，144

Field, Hartry，哈崔·菲尔德，117，118

Fodor, Jerry，杰里·福多，21，30，36，37，116，117，120，156，167，196n46

Forms，形式，6

Frege, Gottlob，戈特洛布·弗雷格，65，185n1

Friedman, Michael，迈克·弗里德曼，13

Functional state，功能性状态，112，115，118

Functionalism，功能主义，18—19，34—35，85，86，115，116，118，170，184n46，199n7

Functionalist conception of psychological states，功能主义者的心理状态概念，111，114—15

G

Geertz, Clifford，克利福德·格尔茨，126

Generality Constraint，一般性限制，155，156

Gidel, Kurt，柯特·吉德尔，197n54，210n32

Goodman, Nelson，纳尔逊·古德曼，4，29，151，152

Greek views of soul，希腊人的灵魂观，96—98

Grice, Paul，保罗·格赖斯，87，88

H

Haldane, John，约翰·霍尔丹，77，137，149—50

Hallucination，幻觉，26，152，153

HCF(Highest Common Factor)，最高共同因素，153—54；HCF argument，最高共同因素论证，129—31

HCF Fallacy，最高共同因素谬误，153，154

Heck，Richard，理查德·赫克，154，155，156，173

Hempel，C.G.，C·G·亨佩尔，138，139，140，143，144

Hobbes，Thomas，托马斯·霍布斯，23

Horwich，Paul，保罗·霍维奇，53，55，172，193nn26，27，194n31

Hot and cold，are perspectival，视角性的热与冷，219n33

Human being who lacks all mental properties，缺少所有心理状态的人，73—74，76，78，80，83，84，90，91；see also Automatic sweetheart 还可参见自动甜心

Hume，David，大卫·休谟，23，29，139，140，144，145—46，150，157；model of mind，心灵的模式，154；psychology of，休谟的心理学，219n32

Husserl，Edmund，埃德蒙德·胡塞尔，24，38，158，159

I

Idealism，观念论，18，23，44

Identity，同一性，173；across metaphysically possible worlds，可能形而上学世界间的同一性，4；in mind-brain context，心脑语境中的同一性，168

Identity theories，同一性理论，85，86，95，172；emptiness of，同一性理论的空洞性，30—38

Illusions，错觉，25，27，153

Imagining，想象，45—46，48，191n11

Impressions，印象，9，10，43，45

Incompleteness theorem，不完全性定理，197n54

(INDEPENDENCE)，[独立原则]，84—87

Intelligibility，可理解性，205n13；antecedent of(AUTOMATA)，作为[自动人观点]的前件，80，82—84；of internal psychological states，内在心理状态的可理解性，112—14；of philosophical hypotheses，哲学假设的可理解性，96，98—100；of reductionism，还原论的可理解性，84；of religious language，宗教语言的可理解性，95，96，98，99；of Supervenience Thesis，伴随性理论的可理解性，109—33

Intentionality，意向性，154，173—74；reducing to causal connections，还原为因果联系的意向性，43—44，190n1

Interactionism，互动论，78—80，95，132；rejection of，对互动论的拒斥，79，80，81，83

Interface：between cognitive powers and external world，认知能力与外部世界间的界面，10，11，18；between mind and external objects，心灵与外部对象间的界面，43，44，45，59；perceptual experiences as，作为界面的知觉经验，169，170

Internal core state，内部核心状态，105—6，125，132，170

Internal phenomenal states，内部现象状态，112，113，128—32

Internal psychological states，内部心理状态，109—10，111，120，125，132，170，212n40；intelligibility of，内部心理状态的可理解性，112—14；Kim on，金在权论内部心理状态，102—7

Internal realism，内在实在论，13，17—18，182n36，183n41，184n46

Internal representations，内在表征，128，129

Internal states, psychological conditions as，作为内部状态的心理条件，93—107

"Inverted Earth"，"反转地球"，162

Inverted spectra, subjectivity and，主体性与反转色谱，162—69

Inverted spectrum puzzle，反转色谱谜题，40—46

"Inverted Spectrum Sweetheart"，"反转色谱的甜心"，162

J

Jacobson，Hilla，希拉·雅各布森，221n52，222n53

James，William，威廉·詹姆士，10，11，27，28，38—39，41，44，101，102，120，147，152，154，157，158，164，172，175，177n1，222n54；account of perception，知觉观，24；automatic sweetheart，自动甜心，73，76，80，95，99；metaphysics，形而上学，178n10；natural realism，自然实在论，15；pragmatism，实用主义，9；realism，实在论，5—6

Judaism，犹太教，205n12

K

Kant，Immanuel，伊曼努尔·康德，89，140，192n16

Kim，Jaegwon，金在权，74—75，76，77—82，83，84，90，91，98，99，122，128，146，147，149，170；application of (INDEPENDENCE)，[独立原则]的应用，85，86；Cartesianism cum materialism，笛卡尔主义兼唯物论，101；explanatory realism/internalism distinction，解释性实在论与解释性内在论的区分，137—42，143，144；on internal psychological states，论内部心理状态，102—7，120—21，125—26，132—33，212n40；Supervenience Thesis，伴随性理论，109—16

Kitcher，Philip，菲利普·基切尔，138

Knowing, as mental state，作为心理状态的认识过程，104

Knowledge claims，知识断言，4，8，25；definite totality of，知识断言的明确总体，21—22；fixed once and for all，知识断言一经固定便永远固定，20，68；responsible to reality，知识断言对实在负责，7

Kripke，Saul，索尔·克里普克，67，147—48，177n2，191n4，198n54，202n2

L

La Mettrie，Julien de，茹利安·拉美特利，23，30，207n24

Language,语言,48; and beliefs,语言与信念,116; and cognitive relations to world,语言与和世界的认知关系,69; extending mental abilities,拓展的心理能力,57—58; interpretation of,语言的解释,16,17,19,20; ordinary,日常语言,25; philosophical pictures of how functions,语言运作的哲学图景,86—87; and powers of observation,语言与观察的力量,56; and reality,语言与实在,9,12,68; religious,宗教语言,68,94,99; of science,科学语言,138,139; use of,语言的使用,14—15,16,17; see also Philosophy of language 还可参见语言哲学

Language games,语言游戏,54; change in rules of,语言游戏法则的改变,63—64; use of the sign in,语言游戏中符号的使用,66,67; use of words in,语言游戏中词语的使用,14

Law, notion of,法则,215n20

Law of the Excluded Middle("p v-p"),排中律,51,53

Leibniz, Gottfried,戈特弗里德·莱布尼茨,93

Lepore, Ernest,恩斯特·拉波雷,209n13

Lettvin, Jerome,杰罗姆·莱特文,169,189n32

Levine, Joseph,约瑟夫·列文,222n53

Lewis, C.I.,C·I·刘易斯,151

Lewis, David,大卫·刘易斯,21,138,143,177n2,204n37,205n13

Liar paradox,说谎者悖论,197—98n54

Locke, John,约翰·洛克,162,185n6

Loewer, Barry,巴里·劳尔,34

Logical Basis of Metaphysics, The(Dummett),《形而上学的逻辑基础》(达米特),49

Logical behaviorism,逻辑行为主义,80—81,83—84

Logical constants,逻辑常量,57—58

Logical empiricism,逻辑经验主义,139,142

Logical positivism,逻辑实在主义,53

Lycan, W.,W·莱肯,221n50

M

McDowell, John,约翰·麦克道威尔,1,18,101,129,152,153—54,155—56,157,173,180n18,192n16

McGinn, Colin,柯林·麦吉恩,11

Many Faces of Realism, The(Putnam),《实在论的多重面相》(普特南),159

Material soul,物质性灵魂,96—97

Materialism,唯物论,22,38,43,181n24

Materialism cum cognitive science,唯物论兼认知科学,4

Mathematical necessity,数学必然性,63

Mathematics,数学,182n32

Meaning，意义，6—7，69，87；ascribing as projection，归因于投射的意义，124—25
Meaning is use，意义就是使用，15，145，197n50
"Meaning of Meaning, The"（Putnam），《意义的意义》（普特南），121
Meaning talk，谈论意义，120
Memory，记忆，175，207n31，212n41
Mental（the），direct realism and inner theater conception of，直接实在论与关于心理的内部剧场概念，100—2
Mental abilities, extended by language，经语言拓展的心理能力，57—58
Mental causation，心理因果关系，87，145—46
Mental events, and physical events，心理事件与物理事件，74—75，77
Mental images，心理形象，45，46
Mental life, physical basis of，心理生活的物质基础，174—75
Mental predicates，心理断言，81，148
Mental properties：belong to soul，属于灵魂的心理属性，97—98；are epiphenomenal，心理属性是副现象的，76，77，82；independence of，心理属性的独立性，84—87；propositions about，关于心理属性的命题，80—81；reducible to physical，能够还原为物理属性，78
Mental representations，心理表征，9—10，15，22，45，102
Mental states，心理状态，170；causal efficacy of，心理状态的因果效应，93；see also Automatic sweetheart 还可参见自动甜心
Metaphysical impossibility，形而上学上的不可能性，80
Metaphysical question，形而上学问题，138
Metaphysical realism，形而上学的实在论，4，5，52—53，54，56
Metaphysics，形而上学，94，102
Milgram, Elijah，以利亚·米尔格拉姆，217n15
Millikan, Ruth，卢斯·米利肯，172
Mind，心灵，29，35，37；and body，心灵与身体，19，73，78，148；and brain，心灵与大脑，9，17，44，167—68，181n22；bundle theory of，心灵的捆束理论，187n20；computational conception of，计算机式的心灵概念，184n46；in Descartes，笛卡尔论心灵，78，79；Hume's model of，休谟的心灵模式，154；inner theater model of，内部剧场式的心灵模式，103，132；not a thing，心灵不是一个事物，169—70，180n18；post-Cartesian notion of，后笛卡尔的心灵观，95—96
Mind and World（McDowell），《心灵与世界》（麦克道威尔），155—56，192n16
Mind/brain identity theory，心灵/大脑同一理论，36
Model theory，模型论，16
"Models and Reality"（Putnam），《模式与实在》（普特南），13，15，169
Modularity of Mind, The（Fodor），《心灵的模块性》（福多），30，167
Montague, Richard，理查德·蒙塔古，181n25

Moore, Richard, 理查德·莫尔, 11, 27, 187n20, 190n46
Müller-Lyer illusion, 缪勒-莱耶错觉, 159
Mysterians, 神秘主义者, 171, 172
"Myth of Nonreductive Physicalism, The"(Kim),《非还原论物理主义的神话》（金）, 74, 84

N

Naive realism, 天真实在论, 60; Austin versus traditional refutation of, 奥斯汀反对对天真实在论的传统拒斥, 24—28; with respect to conception, 关于概念的天真实在论, 44—49
Naming and Necessity(Kripke),《命名与必然性》（克里普克）, 202n24
Narrow content, 狭义内容, 121—22, 125, 166; and competence, 狭义内容与能力, 123—24
Natural realism, 自然实在论, 10, 11, 12, 15, 20, 24, 41, 164, 186n11; arguments against, 反自然实在论论证, 38
Nature, mathematization of, 自然的数学化, 20, 23
"Nature of Mental States, The"(Putnam),《心理状态的性质》（普特南）, 115
Neural Darwinism, 神经达尔文主义, 210n26
Neural states, 神经状态, 211n31, 212n4
Neutral monism, 中立一元论, 38, 189—90n39
Newton, Isaac, 艾萨克·牛顿, 215n20
Noe, Alva, 阿尔瓦·诺埃, 179n13
Nontransitivity, 非传递性, 212n41
Nonveridical experience, 不可证实经验, 25—26, 38, 152, content of, 不可证实经验的内容, 154
(NOT-AUTOMATA),［反自动人观点］, 78, 79, 80, 81

O

Objects, 对象, 22; fixed totality of, 对象的固定总体, 7—8, 21
Observational/theoretical dichotomy, 观察的/理论的二分 59—61
Occasionalism, 偶因论, 95
"On What There Is"(Quine),《论何物存在》（蒯因）, 85
Ontological commitment, criterion of, 本体论承诺的标准, 179n2, 196n46
Operational constraints, 运作性限制, 16, 19, 20
Oppenheim, Paul, 保罗·奥本海姆, 139
Our Knowledge of the External World(Russell),《我们关于外部世界的知识》（罗素）, 190n39

P

Parikh, Rohit, 罗希特·帕里克, 130—31

Parsons, Charles, 查尔斯·帕森, 159

Pattern recognition, 模式识别, 174—75

Perception, 知觉, 45, 48, 69, 70, 184n46; accounts of, 知觉观, 10—12, 22—23, 30, 43—44, 45; in Austin, 奥斯汀论知觉, 207n23; causal theory of, 知觉的因果理论, 12, 181n26; conceptions of, 知觉概念, 100—2; content of, 知觉内容, 154; disjunctive view of, 析取式知觉观, 129—30, 152—53, 164; fallibility of, 知觉的可错性, 25; objects of, 知觉对象, 9, 27, 184n46; sense datum theory, 感觉材料理论, 28—29; transactional view of, 交互式知觉观, 159, 162, 169; see also Animal perception; Causal theory of perception; Philosophy of perception; Representational theory of perception 还可参见动物的知觉, 知觉的因果理论, 知觉哲学, 知觉的表征理论

"Perception and Its Objects" (Strawson), 《知觉及其对象》(斯特劳森), 39

Perception modules, 知觉模式, 30, 36, 37

Perceptual experience, conceptuality of, 知觉经验的概念性, 154—59, 169

Perceptual relativity, arguments from, 知觉相对性论证, 38—41

Perceptual states, 知觉状态, 105, 170

Peirce, Charles S., 查尔斯·S·皮尔士, 172, 186n11

Perry, Ralph Barton, 拉尔夫·巴顿·佩里, 101, 181n25

Philosophical hypotheses, 哲学假设, 94—95; intelligibility of, 哲学假设的可理解性, 96, 98—100; post-Cartesian, 后笛卡尔的哲学假设, 95—96

Philosophical Investigations (Wittgenstein), 《哲学研究》(维特根斯坦), 25, 46—47, 66, 82, 195n36

Philosophical perplexity, 哲学困惑, 25

Philosophical problems, 哲学问题, 13, 69—70, 175

Philosophical questions, 哲学问题, 173

Philosophy: new insights in, 哲学的新洞见, 3, 4; recoil phenomenon, 哲学的后退现象, 3—4, 31, 70

Philosophy of language, 语言哲学, 12, 51, 58, 170

Philosophy of mathematics, 数学哲学, 15—16, 62—64

Philosophy of mind, 心灵哲学, 69, 76, 102, 170; of Davidson, 戴维森的心灵哲学, 74—75, 76; in early modern realism, 近代早期实在论中的心灵哲学, 23—24; philosophical hypotheses in, 心灵哲学的哲学假设, 94—95; problems in, 心灵哲学的问题, 78, 112

Philosophy of perception, 知觉哲学, 12—13, 16, 19—20, 24, 41; in Russell, 罗素的知觉哲学, 189—90n39

Physical causation，物理因果关系，145—46

Physical laws，物理法则，215n20

Physical properties, independence of，物理属性，84—87

Physical reductionism，物理还原论，80，82

Physics，物理学，8；consciousness reduced to，意识被还原为物理学，171—72，173；conservation laws of，物理学的守恒法则，79；primary qualities of，物理学的第一性的质，24，38；sense data terms reduced to，感觉材料被还原为物理学，32，33—34，35—36，37—38；theoretical entities of，物理学的理论实体，184n46

Physics cum computer science，物理学兼计算机科学，32，35，38

Pinker, Steven，斯蒂芬·平克，175

Plato，柏拉图，94

Platonic soul，柏拉图式的灵魂，97

Platonism，柏拉图主义，47

Positivism，实证主义，186n14

Possible Worlds Semantics，可能世界语义学，144

Pragmatism，实用主义，9，70

Presentations, appearances as，作为表征的表象，154—59

Price, H. H.，H·H·普赖斯，25，28

Primary qualities，第一性的质，38—39

Principle of Bivalence，二值原理，49，194n27

Principle of Charity，宽容原则，89

Principles of Psychology(James)，《心理学原理》(詹姆士)，175

Private Language Argument，私人语言论证，25，41

Problems of Philosophy, The(Russell)，《哲学问题》(罗素)，24，38，39，159，189n39

Projection: ascribing meaning as，归因于投射的意义，124—25

Property(ies)，属性，8；fixed totality of，属性的固定总体，6，7，21；perception of，对属性的知觉，38，39—40；relational，关系性属性，24，40 Proposition(s)，命题，66—67，68，197n54

Protoconcepts，原概念，160—62，192n17

Psychological conditions, as internal states，作为内部状态的心理学条件，93—107

Psychological explanation, object of，心理学解释的对象，105

Psychological theory, ideal，理想的心理学理论，34—35

Psychology，心理学，120，126—27

Psychophysical correlation，心理物理相关性，109—33，167—68

Psychophysical Correlation Thesis，心理物理相关性理论，102—3，170

Psychophysical laws，心理物理学法则，74—75，76—77，81

Psychophysical parallelism，心理物理平行论，32

Psychophysical supervenience，心理物理伴随性，102

"Psychophysical Supervenience"(Kim),《心理物理伴随性》(金),102—6,110

Q

Qualia,感质,19,20,30,43,93,113,183n42,184n46;appearances as,作为感质的表象,152—76;history of,感质的历史,151—53;see also Sense data 还可参见感觉

Quantum mechanics,量子力学,8,195n41,215n20

Quine, Willard V.,威拉德·V·蒯因,16,37,52,61,85,120,189n37,222n54;criterion of ontological commitment,本体论承诺的标准,179n12,196n46

R

Ramsey, Frank P.,弗兰克·P·拉梅塞,55

Rat psychology,小白鼠心理学,127—28

Realism,实在论,44,46,49,52—53,55,169;antinomy of,实在论的二律悖反,12—17,18;metaphysics of,实在论的形而上学,4,21;model-theoretic argument against,反实在论的模型论论证,169;as problem,作为问题的实在论,9—12;see also under specific terms, e.g., Direct realism 还可参见某些特殊辞条,比如直接实在论

"Realism and Reason"(Putnam),《实在论与理性》(普特南),13,15,182n36

Realism/antirealism debate,实在/反实在之争,69—70

Realism problem,实在论问题,13—14,15

Realists, and mathematical necessity,实在论者与数学必然性,63

Reality:independence of,实在的独立性,8—9;term,实在的概念,9

Reason, Truth, and History(Putnam),《理性、真理与历史》(普特南),17,18—19,30,32,43,168,169

Reducibility,可还原性,85,86,87,91

Reduction, theoretical,理论还原,35,36

Reductionism,还原论,70,74,76—77,95,171—72,173,174;with animals,关于动物的还原论,190n16;intelligibility of,还原论的可理解性,84;of Kim,金在权的还原论,109;physical,物理还原论,82;and(un)intelligibility,(不)可还原性,146—49

Reductionist physicalism,还原论的物理主义,80,82

Reference,指涉,31,119,120,123,172,173;causal constraints on,指涉的因果限制,220n40;theory of,指涉理论,21

Reichenbach, Hans,汉斯·莱辛巴哈,143,195n41

Reid, Thomas,托马斯·里德,152,186n11

Relational properties,关系性属性,24,40

Relations,关系,184—85n1

Religious belief,宗教信念,96,97—98

Religious language,宗教语言,68,94,99

Remarks on the Philosophy of Psychology(Wittgenstein),《论心理哲学》(维特根斯坦),89—90

Remembered Present,The(Edelman),《被记住的当下》(埃德曼),174—75,212n40

Renewing Philosophy(Putnam),《重建哲学》(普特南),160

Representation,表征,59,70

Representational theory of perception,关于知觉的表征理论,100—1,102,105

Rhees,Rush,拉什·里斯,198n55

Rorty,Richard,理查德·罗蒂,46,191n4

Russell,Bertrand,伯特兰·罗素,11,24,25,27,38,39,40,78,79,98,101,139,157—58,159,181—82n32,185n1,187n20,189n39,190n46

Ryle,Gilbert,吉尔伯特·赖尔,11,12

S

Sagi,Avi,阿维·萨吉,14—15

Salmon,Wesley,卫斯理·萨门,138,143

Santayana,George,乔治·桑塔亚那,76,77—78

Satz,句子,67,68,191n8

Science,科学,39,48,173;language of,科学语言,139,140;natural realism and,自然实在论与科学,20

Searle,John,约翰·塞尔,120,209n19

Second naivete,二次天真,15,44,45;need for,需要二次天真,21—41

Second Order Logic,二阶逻辑,182n33

Secondary qualities,第二性的质,24,38,39,101

Self-consciousness,自我意识,175,192n16

Sellars,Wilfrid,威尔弗里德·塞拉斯,100—1

Semantic externalism,语义外在论,106,119,120—21,171,189n33

Semantic underdetermination,语义的非充分决定性,203n36

Semantical paradoxes,语义悖论,197n54

Semantics:conceptual role,语义的概念性角色,35;of natural language,自然语言的语义,87,88;verificationist,证实主义者,14,17

Sense and Sensibilia(Austin),《感觉与可感项》(奥斯汀),11,25,27,101,102

Sense data,感觉材料,12,18—19,22,26,40,43,127—28,129,151,152,184n46,187n20,189n39;brain and,大脑与感觉材料,30—32;and dreams,感觉材料与梦,26—27;immediate perception of,对感觉材料的直接知觉,31;qualitative,质性的感觉材料,32,35—36;in Russell,罗素论感觉材料,190n46;terms of,reduced to physics,还原为物理学的感觉材料概念,32,33—34,35—36,37—38

Sense datum epistemologists, 感觉材料认识论者, 26—27, 187—88n24

Sense datum theory, 感觉材料理论, 28—29, 30, 33, 41, 105, 112, 128, 163—64

Sense qualities, 感觉性质, 140, 141

Sensory experiences, 感觉经验, 37

Sentences: content of, 句子的内容, 87—88, 119—20; in mentalese, 心理语言中的句子, 117, 119, 211n31; role in thinking, 在思维中扮演的角色, 46—47; truth of, 句子的真, 55—56, 65, 67, 196n46; truth-evaluable contents of, 可评估真假的句子内容, 118—19; understanding, 理解, 51, 65; verification, 证实, 58, 60—61

Sextus Empiricus, 塞克斯都·恩披里克, 158

Skepticism, 怀疑主义, 23, 94, 169

Skolem, Thoralf, 托拉尔夫·斯科伦, 181n32

Skolem Lowenheim Theorem, 斯科伦—勒文海姆定理, 16

Skolem Paradox, 斯科伦悖论, 15—16

Soul, 灵魂, 93, 94—95, 96, 100; views of, 灵魂观, 96—98

(SOULLESS), [无灵魂人假设], 83—84, 85, 90, 91, 99

Soulless automata, 无灵魂自动人, 90, 91

Soullessness, 无灵魂, 95, 98, 100

Speaking sensitivity, 受言谈影响, 87, 88—89, 90

Species-specific bridge laws, 种类—特殊的连结法则, 74

Spectrum inversion, see Inverted spectra 色谱反转, 参见反转色谱

Stalnaker, Robert, 罗伯特·斯塔纳克, 117—18

Startle reactions, 吃惊反应, 160, 161—62

Stich, Stephen, 斯蒂芬·史第克, 104

Stoics, 斯多葛学派, 96—97, 100

Strawson, Peter, 彼得·斯特劳森, 12, 39

Strong supervenience, 强伴随性, 74, 76, 86, 109, 110, 116, 122

Structure of Appearance, The (Goodman), 《表象的解构》(古德曼), 151

Subjectivity, 主体性, 183n42; and inverted spectra, 主体性与反转色谱, 162—69

Sufficiently good epistemic circumstances, 足够好的认识条件, 18

Supervenience and Mind (Kim), 《伴随性与心灵》(金), 74, 116

Supervenience Thesis, 伴随性理论, 103, 106, 107, 109—12; criticism of, 对伴随性理论的批判, 112—19

Swamp Man, 沼泽人, 219—20n40

T

Tarski, Alfred, 阿尔佛雷德·塔斯基, 65, 68, 88; concept of truth, 真概念, 49—50, 51

That-clause, 名词从句, 196n46

Theoretical identification, 理论同一性, 85; identity of, 理论同一性的同一性, 32—36

Things too small to see, 因为太小而无法用肉眼看清的事物, 56, 59—64

Thinking, 思维, 49; role of words and sentences in, 词语和句子在思维中扮演的角色, 46—47

Tractatus(Wittgenstein),《逻辑哲学论》(维特根斯坦), 48, 128, 203n35

Traditional realism: assumptions of, 5—9; 传统实在论的假定, metaphysical fantasy of, 传统实在论的形而上学幻想, 68

Travis, Charles, 查尔斯·崔维斯, 87, 88, 124—25

Truth, 真, 52—53, 54, 69, 70; as bivalent property, 作为二值属性的真, 51; conceptual, 概念性的真, 222n54; deflationism about, 紧缩论者的真, 55, 56; notion of, 真的概念, 17—18; recognition transcendence of, 认识真的超越性, 49—50, 64, 65, 69; as substantive property, 作为本质属性的真, 54, 55, 56

Truth predicate, 真断言, 193n26, 194n28

Twin Prime Conjecture, 孪生素数猜想, 51

"Two Dogmas of Empiricism" (Quine),《经验主义的两个教条》(蒯因) 85

Tye, Harman, 哈曼·泰, 221n50

U

Understanding, 理解, 69, 70; is context sensitive, 理解受语境影响, 91

Unger, Peter, 彼得·恩格, 11, 89

Unintelligibility, 不可理解性, 80, 81; reductionism and, 还原论与不可理解性, 146—49

Universals, 共相, 6

Uses of Sense, The(Travis),《意义的用法》(崔维斯), 87

V

Veridical experience, 可证实经验, 28, 29, 38, 152; content of, 可证实经验的内容, 154

Verification, 证实, 50—51, 65, 70; sentences, 句子, 60—61

Verificationism, 证实主义, 49, 54—59, 70, 80, 81, 82, 83—84, 211n31; moderate, 适度的证实主义, 183n41

Verificationist semantics, 证实主义语义学, 14, 17

Vernacular psychology, 俗常心理学, 115, 118, 149, 170

Visual experiences, 视觉经验, 166—67

Visual imagery, 视觉形象, 45, 110

Visual perception, theory of, 视觉理论, 189n32

Visual perspective, 视角, 165

W

Williams，Bernard，伯纳德·威廉姆斯，177n2，190n40

Wisdom，John，约翰·韦斯顿 41

Wittgenstein, Ludwig, 路德维希·维特根斯坦，6，11，14，15，24，25，41，44—48，49，54，58，82，89—91，120，126，128，145，149，156，195n36，203n35；automata，自动人，203n27；on language，论语言，198n54；later philosophy of，维特根斯坦的晚期哲学，87；on philosophy of mathematics，论数学哲学，61，62—64；on religious language，论宗教语言，94；soulless tribe，无灵魂人部落，89—90，99，100；on truth，论真理，64—69

Wolenski，Jan，扬·华伦斯基，195n25

Words，词语，9；contents of，词语的内容，119—20；correspond to properties，词语对应于属性，21；interpretation of，词语的解释，17；meanings of，词语的意义，6—7，46，87—91，103，104，122，125，179n12；recognition of，词语的辨识，166—68；role in thinking，词语在思维中扮演的角色，46—47；understanding of，词语的理解，123—24；use of，词语的使用，145

Wright，Crispin，克里斯平·赖特，191n4

实用主义与美国思想文化研究

丛书主编：刘放桐　陈亚军

《杜威哲学的现代意义》

　　　　　　　　　　刘放桐　主编，复旦大学出版社，2017年1月

《匹兹堡问学录——围绕〈使之清晰〉与布兰顿的对谈》

　　　　　　　陈亚军　访谈　周　靖　整理，复旦大学出版社，2017年1月

《实用主义的研究历程》

　　　　　　　　　　刘放桐　著，复旦大学出版社，2018年3月

《匹兹堡学派研究——塞拉斯、麦克道威尔、布兰顿》

　　　　　　　　　　孙　宁　著，复旦大学出版社，2018年8月

《真理论层面下的杜威实用主义》

　　　　　　　　　　马　荣　著，复旦大学出版社，2018年8月

《后现代政治话语——新实用主义和后马克思主义》

　　　　　　　　　　董山民　著，复旦大学出版社，2019年7月

《"世界"的失落与重拾——一个分析实用主义的探讨》

　　　　　　　　　　周　靖　著，复旦大学出版社，2019年7月

《罗伊斯的绝对实用主义》

　　　　　　　　　　杨兴凤　著，复旦大学出版社，2019年7月

……

实用主义与美国思想文化译丛

丛书主编：陈亚军

《三重绳索：心灵、身体与世界》

　　　　希拉里·普特南　著，孙宁　译，复旦大学出版社，2017年1月

《经验主义与心灵哲学》

　　　　威尔弗里德·塞拉斯　著，王玮　译，复旦大学出版社，2017年1月

《将世界纳入视野：论康德、黑格尔和塞拉斯》

　　　　约翰·麦克道威尔　著，孙宁　译，复旦大学出版社，2018年8月

《自然主义与存在论》

　　　　威尔弗里德·塞拉斯　著，王玮　译，复旦大学出版社，2019年6月

《阐明理由——推论主义导论》

　　　　罗伯特·B.布兰顿　著，陈亚军　译，复旦大学出版社，2019年8月

《推理及万物逻辑——皮尔士1898年剑桥讲坛系列演讲》

查尔斯·桑德斯·皮尔士　著，张留华　译，复旦大学出版社，2019年8月

……

复旦大学出版社　　　复旦社
天猫旗舰店　　　　　陪你阅读这个世界

图书在版编目(CIP)数据

三重绳索:心灵、身体与世界/[美]希拉里·普特南(Hilary Putnam)著;孙宁译.
—上海:复旦大学出版社,2017.1(2019.6重印)
(实用主义与美国思想文化译丛/陈亚军丛书主编)
书名原文:THE THREEFOLD CORD:MIND, BODY AND WORLD
ISBN 978-7-309-12577-1

Ⅰ.三… Ⅱ.①希…②孙… Ⅲ.普特南,H.-哲学思想 Ⅳ.B712.59

中国版本图书馆 CIP 数据核字(2016)第 235834 号

THE THREEFOLD CORD:MIND, BODY AND WORLD
by Hilary Putnam
Copyright© 1999 by Columbia University Press
Simplified Chinese translation copyright© 2016 by Fudan University Press Co., Ltd.
Published by arrangement with Columbia University Press through Bardon-Chinese Media Agency
(博達著作權代理有限公司)
ALL RIGHTS RESERVED
上海市版权局著作权合同登记图字:09-2016-723 号

三重绳索:心灵、身体与世界
[美]希拉里·普特南(Hilary Putnam) 著 孙 宁 译
责任编辑/方尚芹

复旦大学出版社有限公司出版发行
上海市国权路 579 号 邮编:200433
网址:fupnet@fudanpress.com http://www.fudanpress.com
门市零售:86-21-65642857 团体订购:86-21-65118853
外埠邮购:86-21-65109143
崇明裕安印刷厂

开本 787×960 1/16 印张 14.5 字数 178 千
2019 年 6 月第 1 版第 2 次印刷

ISBN 978-7-309-12577-1/B·591
定价:48.00 元

如有印装质量问题,请向复旦大学出版社有限公司发行部调换。
版权所有 侵权必究